Kohlhammer

Der Autor

PD Dr. med. Dr. phil. **Alfried Längle** ist Professor für praktische Psychologie an der HSE-Universität Moskau, Gastprofessor an der Sigmund-Freud-Universität Wien, Dozent an der Alpen-Adria-Universität Klagenfurt, Past-Präsident der Internationalen Gesellschaft für Logotherapie und Existenzanalyse, Wien. Er war acht Jahre Vizepräsident der International Federation of Psychotherapy (IFP – Sitz in Zürich) und besitzt zwei Ehrendoktorate und sechs Ehrenprofessuren, Goldenes Ehrenzeichen für Verdienste um die Republik Österreich, über 400 Publikationen.

Mein besonderer Dank gilt Frau Mag. Verena Buxbaum für ihre große Hilfe bei der Erstellung des Manuskripts.

Alfried Längle

Existenzanalyse und Logotherapie

Verlag W. Kohlhammer

Dieses Werk einschließlich aller seiner Teile ist urheberrechtlich geschützt. Jede Verwendung außerhalb der engen Grenzen des Urheberrechts ist ohne Zustimmung des Verlags unzulässig und strafbar. Das gilt insbesondere für Vervielfältigungen, Übersetzungen und für die Einspeicherung und Verarbeitung in elektronischen Systemen.

Pharmakologische Daten verändern sich ständig. Verlag und Autoren tragen dafür Sorge, dass alle gemachten Angaben dem derzeitigen Wissensstand entsprechen. Eine Haftung hierfür kann jedoch nicht übernommen werden. Es empfiehlt sich, die Angaben anhand des Beipackzettels und der entsprechenden Fachinformationen zu überprüfen. Aufgrund der Auswahl häufig angewendeter Arzneimittel besteht kein Anspruch auf Vollständigkeit.

Die Wiedergabe von Warenbezeichnungen, Handelsnamen und sonstigen Kennzeichen berechtigt nicht zu der Annahme, dass diese frei benutzt werden dürfen. Vielmehr kann es sich auch dann um eingetragene Warenzeichen oder sonstige geschützte Kennzeichen handeln, wenn sie nicht eigens als solche gekennzeichnet sind.

Es konnten nicht alle Rechtsinhaber von Abbildungen ermittelt werden. Sollte dem Verlag gegenüber der Nachweis der Rechtsinhaberschaft geführt werden, wird das branchenübliche Honorar nachträglich gezahlt.

Dieses Werk enthält Hinweise/Links zu externen Websites Dritter, auf deren Inhalt der Verlag keinen Einfluss hat und die der Haftung der jeweiligen Seitenanbieter oder -betreiber unterliegen. Zum Zeitpunkt der Verlinkung wurden die externen Websites auf mögliche Rechtsverstöße überprüft und dabei keine Rechtsverletzung festgestellt. Ohne konkrete Hinweise auf eine solche Rechtsverletzung ist eine permanente inhaltliche Kontrolle der verlinkten Seiten nicht zumutbar. Sollten jedoch Rechtsverletzungen bekannt werden, werden die betroffenen externen Links soweit möglich unverzüglich entfernt.

1. Auflage 2021

Alle Rechte vorbehalten
© W. Kohlhammer GmbH, Stuttgart
Gesamtherstellung: W. Kohlhammer GmbH, Heßbrühlstr. 69, 70565 Stuttgart
produktsicherheit@kohlhammer.de

Print:
ISBN 978-3-17-034198-2

E-Book-Formate:
pdf: ISBN 978-3-17-034199-9
epub: ISBN 978-3-17-034200-2
mobi: ISBN 978-3-17-034201-9

Geleitwort zur Reihe

Die Psychotherapie hat sich in den letzten Jahrzehnten deutlich gewandelt: In den anerkannten Psychotherapieverfahren wurde das Spektrum an Behandlungsansätzen und -methoden extrem erweitert. Diese Methoden sind weitgehend auch empirisch abgesichert und evidenzbasiert. Dazu gibt es erkennbare Tendenzen der Integration von psychotherapeutischen Ansätzen, die sich manchmal ohnehin nicht immer eindeutig einem spezifischen Verfahren zuordnen lassen.

Konsequenz dieser Veränderungen ist, dass es kaum noch möglich ist, die Theorie eines psychotherapeutischen Verfahrens und deren Umsetzung in einem exklusiven Lehrbuch darzustellen. Vielmehr wird es auch den Bedürfnissen von Praktikern und Personen in Aus- und Weiterbildung entsprechen, sich spezifisch und komprimiert Informationen über bestimmte Ansätze und Fragestellungen in der Psychotherapie zu beschaffen. Diesen Bedürfnissen soll die Buchreihe »Psychotherapie kompakt« entgegenkommen.

Die von uns herausgegebene neue Buchreihe verfolgt den Anspruch, einen systematisch angelegten und gleichermaßen klinisch wie empirisch ausgerichteten Überblick über die manchmal kaum noch überschaubare Vielzahl aktueller psychotherapeutischer Techniken und Methoden zu geben. Die Reihe orientiert sich an den wissenschaftlich fundierten Verfahren, also der Psychodynamischen Psychotherapie, der Verhaltenstherapie, der Humanistischen und der Systemischen Therapie, wobei auch Methoden dargestellt werden, die weniger durch ihre empirische, sondern durch ihre klinische Evidenz Verbreitung gefunden haben. Die einzelnen Bände werden, soweit möglich, einer vorgegeben inneren Struktur folgen, die als zentrale Merkmale die Geschichte und Entwicklung des Ansatzes, die Verbindung zu anderen Methoden, die empirische und klinische

Evidenz, die Kernelemente von Diagnostik und Therapie sowie Fallbeispiele umfasst. Darüber hinaus möchten wir uns mit verfahrensübergreifenden Querschnittsthemen befassen, die u. a. Fragestellungen der Diagnostik, der verschiedenen Rahmenbedingungen, Settings, der Psychotherapieforschung und der Supervision enthalten.

Nina Heinrichs (Bremen)
Rita Rosner (Eichstätt-Ingolstadt)
Günter H. Seidler (Dossenheim/Heidelberg)
Carsten Spitzer (Rostock)
Rolf-Dieter Stieglitz (Basel)
Bernhard Strauß (Jena)

Die Buchreihe wurde begründet von Harald J. Freyberger, Rita Rosner, Ulrich Schweiger, Günter H. Seidler, Rolf-Dieter Stieglitz und Bernhard Strauß.

Inhalt

Geleitwort zur Reihe 5

1 Herkunft und Entwicklung der Existenzanalyse 11
   1.1 Viktor Frankl und die Hintergründe der
         Logotherapie 11
         1.1.1 Für ein ganzheitliches Menschenbild 15
         1.1.2 Logotherapie 16
   1.2 Weiterentwicklung der EA als eigenständige
         Psychotherapierichtung 19

2 Verwandtschaft mit anderen Verfahren 22
   2.1 Humanistische Psychotherapierichtungen 22
   2.2 Tiefenpsychologisch fundierte Richtungen 23
   2.3 Verhaltenstherapie 25
   2.4 Systemische Psychotherapierichtungen 25

**3 Wissenschaftliche und therapietheoretische
Grundlagen** 27
   3.1 Definition: Existenz und Existenzanalyse 27
   3.2 Anthropologie – Menschenbild 29
   3.3 Die Person 32
   3.4 Dialogischer Zugang 36
   3.5 Personsein in der Welt: die »doppelte Wirklichkeit«
         des Menschen 41
   3.6 Die existentielle Vorfindlichkeit als Basis
         menschlicher Motivation 42
   3.7 Das Wesen der existentiellen Antwort – die innere
         Zustimmung 44

3.8	Die vier Grundmotivationen – das Strukturmodell der Existenzanalyse	45
	3.8.1 Die 1. Grundmotivation – sein können	49
	3.8.2 Die 2. Grundmotivation – leben mögen	55
	3.8.3 Die 3. Grundmotivation – sich selbst sein dürfen	57
	3.8.4 Die 4. Grundmotivation – Sinnvolles sollen	60
3.9	Die Personale Existenzanalyse (PEA) – das Prozessmodell der Existenzanalyse	66
3.10	Formen nicht-personaler Verarbeitung: die Coping-Reaktionen	71
4	**Kernelemente der Diagnostik**	**75**
4.1	Das Spannungsfeld zwischen Phänomenologie und Diagnostik	75
4.2	Die Grundlage der Diagnostik: Phänomenologisches Verstehen	77
4.3	Diagnostische Anbindung an internationale Diagnoseschemata	82
5	**Kernelemente der Therapie**	**88**
5.1	Phänomenologische Vorgehensweise	89
	5.1.1 Ziel der Phänomenologie ist das Verstehen	89
	5.1.2 Was ist Phänomenologie?	90
	5.1.3 Der phänomenologische Prozess	93
	5.1.4 Die praktische Anwendung	96
	5.1.5 Praktische Konsequenzen der phänomenologischen Haltung	102
5.2	Personale Existenzanalyse (PEA) als dialogisches Prozessmodell personaler Verarbeitung	105
5.3	Grundmotivationen als strukturelle Kategorien	111
	5.3.1 Therapeutischer Zugang zu den personal-existentiellen Grundmotivationen	112
	5.3.2 Coping-Reaktionen	117
	5.3.3 Psychische Störungen und Krankheiten	119
5.4	Existenzanalytische Behandlungsmethoden	121
	5.4.1 Existentielle Wende	122

	5.4.2	Umgang mit Aggression	123
	5.4.3	Einstellungsänderung	124
	5.4.4	Paradoxe Intention	125
	5.4.5	Personale Positionsfindung (PP)	127
	5.4.6	Dereflexion	129
	5.4.7	Phänomenologische Dialogübung (»Sesselmethode«)	130
	5.4.8	Sinnerfassungsmethode (SEM)	130
	5.4.9	Willensstärkungsmethode (WSM)	131
6	**Klinisches Fallbeispiel**		**132**
7	**Anwendungsgebiete und spezifische Indikationen**		**143**
8	**Die therapeutische Beziehung**		**146**
9	**Settings**		**150**
	9.1	Gruppenpsychotherapie	151
	9.2	Anwendungen der EA mit Paaren und in anderen Beziehungen	152
	9.3	Existenzanalytische Psychosomatik und Körperarbeit	153
	9.4	Weitere Settings in der Existenzanalyse	155
10	**Wissenschaftliche und klinische Evidenz**		**156**
	10.1	Wissenschaftliche Evidenz und ihr existenzanalytisches Verständnis	156
	10.1.1	Haltung zum Forschungsparadigma	159
	10.1.2	Empirische Forschungen in der EA	161
	10.2	Klinische Evidenz	165
	10.2.1	Lebensqualitätsforschung	165
	10.2.2	Klinische Studien	167
	10.2.3	Einzelfallstudien	169
11	**Institutionelle Verankerung**		**170**
	11.1	Die Gesellschaft für Logotherapie und EA (GLE)	170
	11.2	Andere Vereinigungen	172

12	Informationen zu Aus-, Fort- und Weiterbildungsmöglichkeiten	174
	12.1 Die Ausbildung in Existenzanalyse (GLE)	174
	12.2 Adressen der Fachverbände	175

Literatur **178**

Sachwortregister **193**

1 Herkunft und Entwicklung der Existenzanalyse

»Wer ein Warum zum Leben hat, erträgt fast jedes Wie«. Das ursprünglich auf Nietzsche (1889, § 12) zurückgehende Zitat, das Viktor Frankl in diese Form abänderte, kann als Leitsatz für Frankls Werk gelten. Schon als Gymnasiast setzte er sich mit der Sinnfrage auseinander, ein Thema, das ihn beruflich und persönlich-biografisch ein Leben lang beschäftigte.

1.1 Viktor Frankl und die Hintergründe der Logotherapie

Mit dem Namen Viktor Frankl (1905–1997) ist die Sinnthematik unzertrennlich verbunden, wie schon Yalom (2010) hervorhob. Frankl bekommt den Verdienst zugeschrieben, das Thema Sinn in die Psychotherapie eingeführt zu haben. In den 20er und 30er Jahren des letzten Jahrhunderts hat er als Neurologe und Psychiater die Logotherapie begründet (Frankl 1938a; b; 2005). Sie wird oft als die »dritte Wiener Schule der Psychotherapie« nach Sigmund Freuds Psychoanalyse und Alfred Adlers Individualpsychologie bezeichnet (Soucek 1948; Hofstätter 1957). Das frühe Interesse Frankls für die Psychologie brachte ihn zunächst zur Psychoanalyse. Er stand über 2–3 Jahre in brieflichem Kontakt mit Sigmund Freud. Nachdem er sich für eine Ausbildung in der Psychoanalyse beworben und auf Anraten Freuds ein Gespräch mit Paul Federn geführt hatte (Längle 2013a), wandte sich Frankl aber von ihr ab und durchlief seine psychotherapeutische Ausbildung in der Individualpsychologie Alfred Adlers. Dort fand er auch seine eigentlichen Lehrer, Oswald Schwarz, den Begründer der Psychosomatik, und Rudolf Allers, der ihn mit der philosophischen Anthropologie von Max Scheler bekannt machte. Unter ihrem Einfluss und in Verbindung mit seinem genuinen Interesse für die Sinnthematik entwickelte sich im jungen Frankl ein Anliegen, für das er sich ein Leben lang einsetzen sollte, nämlich den Psychologismus in der Psychotherapie zu bekämpfen (Frankl 1995; Längle 2013a; Kretschmer 2000; Rattner 1991).

Für Frankl stand das »spezifisch Humane« stets im Mittelpunkt des Interesses: die Geistigkeit des Menschen, die sich in seinen Augen besonders in der Suche nach Sinn artikuliert. Sie sollte nicht einem psychischen oder methodisch-mechanistischen Reduktionismus zum Opfer fallen. Mit dieser Intention geriet Frankl bald in Konflikt mit Alfred Adler, besonders nachdem er sich öffentlich bei einem Kongressvortrag dazu geäußert hatte. Adler verzieh ihm das nicht. Nach dem Austritt von Schwarz und Allers schloss Adler den jungen Frankl 1927 aus dem Verband aus (Längle 2013a). Wohl eine Ironie des Schicksals, dass Adlers letztes größeres Werk mit dem Titel »Der Sinn des Lebens« (1933) jene Inhalte thematisiert, um die es Frankl in seinem Vorstoß gegangen ist.

Dieser Ausschluss war ein herber Schlag für Frankl und versetzte ihn in eine gewisse Orientierungslosigkeit und in eine Sinnkrise. Über viele Jahre hinweg war er wenig motiviert, sich ernsthaft weiter mit der Psychotherapie zu beschäftigen. Zwar setzte er sich mit der Existenzphilosophie und Phänomenologie Max Schelers auseinander, jedoch konnte er sich über Jahre hinweg nicht aufraffen, seine Gedanken und Entwicklungen niederzuschreiben. Erst nachdem er seine Frau kennengelernt hatte, wurde er wieder motiviert, sich neben seiner ärztlichen Karriere auch der Psychotherapie zu widmen. Inzwischen hatte Frankl als jüdischer Arzt viele Rückstellungen und Entwertungen erleben müssen, und es war bereits Krieg, bald wurde das jüdische Spital im Zuge der »Endlösung« aufgelöst und auch Frankl und seine Familie kamen in Konzentrationslager. Kurz davor hatte er 1941/42 sein grundlegendes Werk zur Logotherapie (1982a), die »Ärztliche Seelsorge«, niedergeschrieben.

Zweieinhalb Jahre verbrachte Frankl in verschiedenen Konzentrationslagern und verlor in dieser Zeit praktisch seine ganze Familie. Was ihn die Gräuel überleben ließ, waren drei Lebensinhalte: die geistigen Beziehungen zu seiner Familie, verbunden mit der Hoffnung auf ein Wiedersehen;

1.1 Viktor Frankl und die Hintergründe der Logotherapie

der unbedingte Wille, das verloren gegangene Grundwerk der Logotherapie noch einmal zu schreiben und der Nachwelt zu hinterlassen, und schließlich seine tiefe Religiosität, zu der er im KZ gelangte. Diese Grenzerfahrung war für ihn gewissermaßen der Prüfstein für die Richtigkeit und das helfende Potenzial, das in seiner Logotherapie steckte. In einem authentischen Bericht schildert Frankl ([1946] 2009) wie der Sinn als geistige Orientierung und als Lebensinhalt dem Menschen die Kraft zum Überleben selbst unter schwierigsten Lebensbedingungen geben kann. Sinn ist nicht nur »lebenswichtig«, sondern in Extremsituationen sogar »über-lebenswichtig«, wie er später oft sagte. Der Titel, den er bei späteren Auflagen dem Buch gab, ist paradigmatisch für Frankls Leben: »... trotzdem Ja zum Leben sagen«.

Nach seiner Befreiung aus dem Konzentrationslager kehrte Frankl nach Wien zurück. In den 1950er Jahren begann eine rege Vortragstätigkeit, die ihn schon damals nach Nord- und Südamerika führte. Er wurde an über 200 Universitäten auf allen Kontinenten zu Gastvorlesungen eingeladen. Allein 80 Vortragsreisen führten ihn in die USA. Durch die persönliche Bekanntschaft mit praktisch allen führenden Psychotherapeuten seiner Zeit, die Übersetzungen seiner Bücher in 24 Sprachen und ihre hohen Auflagen wurde Frankl zu einem der bekanntesten Psychotherapeuten seiner Zeit bis heute. Mit seinen 28 Ehrendoktoraten, zahlreichen Orden und Ehrenmitgliedschaften gehört Frankl zu den am meisten ausgezeichneten Persönlichkeiten der Psychotherapie und Psychiatrie seines Jahrhunderts.

Frankl wollte mit der Entwicklung der Logotherapie ursprünglich eine *Ergänzung zur Psychotherapie* der 1930er Jahre schaffen. Obwohl er anfänglich der Psychologie Freuds und Adlers folgte, wurde ihm in der Auseinandersetzung mit beiden deutlich, dass diese Psychologie noch einer weiteren Dimension bedarf. So wollte er einen Kontrapunkt schaffen mit einer anthropologisch fundierten Psychologie, die auch das geistige Suchen und Streben des Menschen würdigt und integriert. Die Logotherapie ist daher nicht als eigenständige Methode konzipiert. Sie sollte als *Korrektiv des Psychologismus* in *jeder* Psychotherapie zur Anwendung kommen (Frankl 1982a). Er konzentrierte sich daher auf die Entwicklung einer *psychotherapeutischen Anthropologie*, welche die geistige Dimension des Menschen umfasst, und schaute vorwiegend auf das Leiden, das durch den

Sinnverlust entsteht. Sein Anliegen war, dem Menschen einen geistigen Beistand zur Bewältigung seelischer Not, Belastungen und Krankheiten zu verschaffen. Darum sprach er auch von »ärztlicher Seelsorge«, was zum Titel seines Grundlagenwerkes wurde, welches bis heute maßgeblich für die Logotherapie ist. Damit wollte er schon in den 1940er Jahren zum Bewusstsein beitragen, dass sich jeder Arzt nicht nur um den Körper, sondern immer auch um die Seele und die geistige Bewältigung der Krankheiten der Patienten kümmern sollte (heute ein Thema der medizinischen Psychologie). Daneben entwickelte er aber auch andere Behandlungsformen, wie z. B. die sehr bekannt gewordene *Paradoxe Intention* (▶ Kap. 5.4.4).

Zentral im Leben Frankls war sein Eintreten für ein ganzheitliches Menschenbild. Darum war Frankl beseelt davon, gegen den Reduktionismus in der Psychologie anzutreten, wie gegen den eben genannten Psychologismus als eine Form des Reduktionismus. Ein Reduktionismus liegt dann vor, wenn ein komplexer Sachverhalt von seiner mehrdimensionalen Beschaffenheit auf weniger Dimensionen heruntergprojiziert wird. Frankl (1990, S. 198–202) verwendete zur Veranschaulichung gerne ein geometrisches Beispiel. Wenn man die Dreidimensionalität einer Kugel auf zwei Dimensionen hinabprojiziert, sieht man eine Kreisscheibe. Wird daneben ein Zylinder in die Ebene projiziert, oder eine kreisförmige Scheibe, sind sie in der reduzierten Form nicht mehr voneinander zu unterscheiden, denn das Wesentliche ihrer Körpergestalt ging verloren. Eine zweite Verwirrung entsteht, wenn die Projektionen in unterschiedliche Ebenen erfolgen. Wenn zum Beispiel ein Wasserglas einmal auf die horizontale und einmal die vertikale Ebene projiziert wird, ergibt dies einen Kreis und ein Rechteck, die sich in ihrer Abbildung widersprechen, obwohl sie vom selben Gegenstand stammen. Unschärfen des Reduktionismus führen also notgedrungen zu Widersprüchlichkeiten und Mehrdeutigkeiten (ausführlicher in Längle 2013b, S. 177 ff.). Mit einer solchen »Dimensionalontologie«, wie er sie nannte, wollte er auf die *Mehrdeutigkeit* verweisen, die entsteht, wenn man aus einer Ebene (z. B. von der psychischen Ebene, von körperlichen Reaktionen oder sozialen Aktionen) auf die Dreidimensionalität des Menschen schließt.

Schon 1938 hatte Frankl (1938a; b) das Konzept der Logotherapie und der existenzanalytischen Anthropologie geschaffen, um auf die Gefahr dieser verkürzten Sichtweise des Menschen hinzuweisen, die bei aller Richtigkeit der Teilaspekte ihm in seiner Ganzheit nicht gerecht wird. Es sind in erster Linie fünf Formen des Reduktionismus gegen die sich Frankl (1982a, S. 21–38) mit der Logotherapie wendet: gegen den Psychologismus, den Pan-Determinismus, den Pathologismus, den Soziologismus und den Biologismus (ausführlicher in Längle 2013b, S. 142–148).

Einen entscheidenden Anstoß für die Entwicklung seiner Theorie erhielt Frankl aus der philosophischen Anthropologie des deutschen Philosophen Max Scheler (1980), dessen Philosophie er zur Grundlage der Logotherapie machte. Mit der Wortschöpfung Logotherapie (LT) markierte Frankl bereits das, worum es ihm vorwiegend ging. Das griechische Wort Logos heißt Wort, und es steht im philosophischen Kontext für Sinn. Logotherapie ist daher »sinnzentrierte Psychotherapie« (Frankl 1982a, S. 235). Weil der Mensch nicht durch Instinkte bestimmt ist, sondern über Freiheit verfügt, muss er mit sich und seiner Welt umgehen und sich und sie gestalten. Um dies aber konstruktiv tun zu können, braucht er ein Verstehen, worum es geht, eine Orientierung. Diese Orientierung ist der Sinn; er ist eine zukunftsorientierte, konstruktive Ausrichtung. So sieht Frankl den Menschen aufgrund seiner geistigen Veranlagung wesentlich als einen Sinnsuchenden. Natürlich ist er auch ein physisches Wesen mit psychischen Trieben. Doch diese machen ihn nicht aus, denn er ist *mehr* als das. Menschsein bedeutet, mit Körper und Psyche und ihren Bedürfnissen und Erfordernissen zu leben, und auf ihrer Grundlage und gemeinsam mit ihnen sich dem zu widmen, was man in dieser Situation als wichtig, wertvoll, lebensförderlich und stimmig ansieht. Diese spezifisch menschlichen Qualitäten und Fähigkeiten liegen in einer »geistigen Dimension«, die nicht den physischen oder psychischen Prozessen zugeordnet werden kann, wenngleich sie von ihnen getragen ist und sie gemeinsam die Einheit Mensch darstellen. Dank dieser spezifischen menschlichen Fähigkeiten kommt der Mensch in die Existenz. Die geistig-personale Dimension macht ihn weltoffen, sinn- und wertorientiert.

1.1.1 Für ein ganzheitliches Menschenbild

Für Frankl hatte der Reduktionismus in der Psychologie und im Lebensverständnis eine unmittelbare gravierende Folge. Er sah in dieser Versachlichung des Menschen und seines Lebens eine Hauptursache für den Sinnverlust. Sein Anliegen war daher, der »Sinnleere« eine »Sinnlehre« entgegenzustellen (Frankl 1981, S. 63; 1994), die eben diese geistige Dimension beinhalten würde.

Er vertrat die Ansicht, die Psychotherapie müsse durch die Einführung der »geistigen Dimension« ergänzt und erweitert werden, um dem Menschen in seiner Ganzheitlichkeit gerecht zu werden. Frankl (1959, S. 700) fand für die Psychologismusdebatte eine geradezu plakative Formel, mit der er das darin enthaltene Problem der fehlenden Differenzierung zwischen psychischen Vorgängen und geistigen Inhalten knapp fassen konnte: »Zwei mal zwei ist vier, auch wenn ein Paranoiker es sagt«.

Im Blick auf die verschiedenen Psychotherapierichtungen seiner Zeit sah er den Reduktionismus vor allem in der Motivationslehre. Bei Freud sei der Wille des Menschen von der Lust geprägt, und bei Adler von der Macht, und darum müsse es in der Logotherapie als Korrektiv zu diesen Motivationsverständnissen um einen »Willen zum Sinn« gehen, wie er seine Motivationstheorie bezeichnete (Frankl 1982a; 1991).

1.1.2 Logotherapie

Schon ab 1926, als er noch bei Adler war, sprach Frankl von »Logotherapie«. 1938 publizierte er den Namen erstmals und stellte sie als eine an der Sinnsuche orientierte Anthropologie vor. Ihre theoretischen Grundlagen bezeichnete er ursprünglich als Existenzanalyse, ab den 1960er Jahren als Logo-Theorie. Da er den Begriff Existenzanalyse danach fallen gelassen hatte, wird heute der Begriff der Logotherapie meistens für jene Behandlungsform gebraucht, die von Frankl als Ergänzung der herkömmlichen Psychotherapie für sinnrelevante Themen geschaffen wurde. Dagegen wird der Begriff Existenzanalyse heute von den Mitgliedern der Gesellschaft für Logotherapie und Existenzanalyse (GLE) als Bezeichnung für die umfassende existentielle[1] Psychotherapierichtung verwendet (Längle 2016). Als es 1991 zur Trennung der Schulen kam, hat Frankl wider Erwarten den

---

1 In der Tradition V. Frankls wird die Schreibweise »existentiell« mit t beibehalten, die früher auch als eine offizielle Schreibweise galt.

Begriff Existenzanalyse reaktiviert und innerhalb der logotherapeutischen Szene weltweit angeordnet, dass seine Schule hinfort nicht mehr einfach nur »Logotherapie«, wie er selbst sie jahrzehntelang bezeichnet hatte, sondern »Logotherapie und Existenzanalyse« heißen soll. In der GLE hingegen steht der Begriff »Existenzanalyse« für die Bezeichnung der Psychotherapie-Methode, und Logotherapie als Beratungs-, Begleitungs- und Behandlungsform für sinnrelevante Themen.

Als tiefstes Streben des Menschen sah Frankl den Willen zum Sinn nicht nur als Ergänzung der beiden tiefenpsychologischen (psychodynamischen) Motivationskräfte Libido und Machtstreben, sondern als die *primäre* Motivationskraft des Menschen. Darum solle die Psychotherapie nicht nur unbewusste Triebhaftigkeit bewusst machen, sondern es müsse vielmehr in jedem Fall (auch und in erster Linie) um die *Bewusstmachung des (unbewussten) Geistigen* gehen (Frankl 1982a, S. 39), um der Ganzheitlichkeit des Menschen zu entsprechen.

Frankl verwendete gerne den Begriff des »Geistigen« (wir sprechen heute in der Existenzanalyse mehr vom »Personalen«). Dieser Begriff ist in der Psychologie wenig geläufig und steht in Gefahr, mit Geistlichem oder Esoterischem (»Geister«) verwechselt zu werden. In der existenzanalytischen Anthropologie bedeutet das »Geistige« aber eine Veranlagung eines jeden Menschen, die seine personale Freiheit darstellt, und die ihn nach Sinn streben lässt, nach Werten und nach verantwortlicher Bindung, nach Gewissenhaftigkeit, Selbsttreue, Authentizität, Gerechtigkeit, Schönheit und Kunst usw. Der Begriff markiert eine Differenz zum Psychischen (zur vitalen Dynamik der Lebenserhaltung, der Triebe, Stimmungen, Persönlichkeitszüge und Schutzverhalten) und zum Körperlichen. Ein existentieller Zugang zum Menschen bedeutete daher für Frankl (1990, S. 271) das Bewusstmachen der Freiheit und des Verantwortlichseins »als Wesensgrund der menschlichen Existenz« (Frankl 1982a, S. 39).

Zwei operative Fähigkeiten stehen dem Menschen zur Verfügung, um seinem Willen zum Sinn folgen zu können. Sie sind die beiden grundlegenden Achsen der praktischen Logotherapie (Frankl 1982a, S. 160; 1990, S. 219 ff.): die *Selbst-Distanzierung* – die personale Fähigkeit, zu sich selbst auf Distanz zu kommen, und die *Selbst-Transzendenz* (▶ Kap. 3.9) – die personale Fähigkeit, aus sich herauszugehen und sich auf etwas oder jemand anderen einzulassen. Wenn dies auf der Basis einer Wende in der

Haltung zum Leben geschieht, dann kann der Mensch zu einer sinnvoll erfüllten Existenz gelangen. Frankl bezeichnet diese grundlegende Wende als »kopernikanische Wende«. Heute wird sie »existentielle Wende« (▶ Kap. 5.4.1) genannt, da sie die Voraussetzung für die existentielle Gestaltung des Lebens ist. Sie beschreibt folgendes: Existentiell gesehen erhält der Mensch Erfüllung im Leben nicht dadurch, dass seine Fragen und Forderungen an das Leben befriedigt und erfüllt werden, sondern indem er sich vom Leben befragen lässt und auf die Fragen der Situation seine ganz persönlichen Antworten gibt.

»Die Frage nach dem Sinn des Lebens schlechthin ist sinnlos, denn sie ist falsch gestellt, wenn sie vage ›das‹ Leben meint und nicht konkret ›je meine‹ Existenz. Holen wir zu einer Rückbesinnung auf die ursprüngliche Struktur des Welterlebens aus, dann müssen wir der Frage nach dem Sinn des Lebens eine kopernikanische Wendung geben: Das Leben selbst ist es, das dem Menschen Fragen stellt. Er hat nicht zu fragen, er ist vielmehr der vom Leben her Befragte, der dem Leben zu antworten – das Leben zu verantworten hat. Die Antworten aber, die der Mensch gibt, können nur konkrete Antworten auf konkrete Lebensfragen sein. In der Verantwortung des Daseins erfolgt ihre Beantwortung, in der Existenz selbst ›vollzieht‹ der Mensch das Beantworten ihrer eigenen Fragen.« (Frankl 1982a, S. 72)

Es ist ein Spezifikum des Menschen, dass er sein Leben verstehen möchte, um nicht beliebig irgendetwas tun zu müssen, sondern konstruktiv leben zu können. Ein Leben, in dem es nicht um Werte geht, wird inhaltsleer. Das Leiden daran bezeichnete Frankl (1982a, S. 72) als »*existentielles Vakuum*«, ein tiefes Sinnlosigkeitsgefühl, das alsbald mit Apathie und Verlust der Interessen einhergeht. Die Frustration dieses Verlangens, sein Leben in einem größeren Zusammenhang zu verstehen, ist aber abgesehen von individuellen Ursachen auch ein Symptom unserer Zeit.

Die LT ist heute das weltweit verbreitetste Verfahren im Bereich existentieller Psychologie und Therapie (Correia et al 2014, 2016) mit drei Dachverbänden und akkreditierten Instituten in 41 Ländern[2], sowie Büchern in über 50 Sprachen.

---

2 Vgl. https://www.univie.ac.at/logotherapy/institute_wwD.html (12.09.2019) und Bücher von Frankl: https://www.univie.ac.at/logotherapy/buecher_von_vf.html.

1.2 Weiterentwicklung der EA als eigenständige Psychotherapierichtung

In den letzten 35 Jahren wurde in der Gesellschaft für Logotherapie und Existenzanalyse, Wien (GLE) die Existenzanalyse (EA) in theoretischer und methodischer Hinsicht weiterentwickelt, sodass sie heute als eigenständige Hauptrichtung der Psychotherapie gelten kann. Dieser Schritt von »der Logotherapie als Ergänzung herkömmlicher Psychotherapie« zur eigenständigen psychotherapeutischen Methode schlägt sich auch in der Bezeichnung nieder: als Psychotherapie heißt das Verfahren nun »Existenzanalyse« (Stumm 2011, S. 236–244). Der Anstoß zu dieser Weiterentwicklung kam aus der systematischen praktischen Anwendung und den Erfahrungen aus der Lehre in den Ausbildungen (Längle 2015).

Als eigenständige psychotherapeutische Richtung erfüllt die EA die internationalen Standards einer Psychotherapie. Dank dieser Weiterentwicklung wurde sie in einer Vielzahl von Ländern als Psychotherapieverfahren anerkannt bzw. verbreitet, wie z. B. Österreich, Schweiz, Deutschland (ohne staatliche Anerkennung), Tschechien, Rumänien, Polen, Kanada, aber auch in weiteren Ländern gelehrt wie England, Ukraine, Russland, Argentinien, Chile, Mexico etc. (www.existenzanalyse.org).

Was die EA und ihre Entwicklung kennzeichnet, ist der stringente Einsatz der *Phänomenologie* sowohl in Forschung als auch in der Praxis und Methodik. Dadurch ist die EA nicht primär theoriegeleitet, sondern auf das Erleben fokussiert. Damit wird der Emotionalität viel Raum gegeben, Vergangenes wie künftig Erwartetes spielen in die Aktualität der Gegenwart herein, dialogischer Weltbezug und Wechselwirkung mit anderem und anderen prägen die Existenz. Das Mit-sich-sein-Können durch ständige Wahl und Entscheidung bestimmen das Bild. Dadurch ist die Sinnthematik (im Unterschied zur LT Frankls) nicht mehr tonangebend. Motivationstheoretisch hat sich durch die phänomenologische Arbeit ergeben, dass drei weitere Dimensionen der Existenz der Sinnsuche vorgängig sind.

Diese »Grundmotivationen der Existenz« werden als eine Dynamik verstanden, die aus dem unaufhebbaren und den Menschen konstituierenden Eingebundensein in »Welt« emergieren. Das Eingebundensein des

Menschen in seine Welt hat einen wechselbezüglichen Charakter, der durch die Personalität des Menschen zu einem dialogischen Austausch wird. Aus dieser Eingebundenheit entstammt das intentionale Gerichtetsein des Menschen auf Welt (auf »Alterität«, also auf etwas oder jemanden, der nicht »Ich« ist, sondern ein »anderer«) und zugleich auf sich selbst (Selbstsein). So gesehen kann man auch sagen, dass der Mensch durch seine Veranlagung einerseits (Personsein) und durch das konstitutive Eingebundensein in Welt andererseits ein *lebenslanges Verlangen nach Antworten auf die Welt* hat (man kann dies auch als »Ur-Intentionalität« bezeichnen). Die unaufhebbare, auf Dialog angelegte Beziehung zur Welt und zu sich selbst wird in der EA als Ursprung der Dynamik des personalen Ichs angesehen. Sie ist die zentrale theoretische Basis psychotherapeutischen Arbeitens.

In einem solchen Verständnis von Existenz ist *Freiheit* das zentrale Theorem, auf deren Entwicklung und deren Einsatz die ganze Arbeit in der EA ausgerichtet ist. Damit stehen die Selbstpositionierung und Entschiedenheit des Menschen im Mittelpunkt. Dank ihrer kann der Mensch sich als Gestalter seines Daseins erleben. Durch ihren stimmigen Einsatz kann er sich mit seinem Dasein identifizieren und sein Handeln verantworten. Im täglichen Lebensvollzug wird der Einsatz der Freiheit in Form der emotional empfundenen *Zustimmung* zu dem, was man tut oder lässt, vollzogen (▶ Kap. 3.7). Durch dieses Konzept wird der Existenz-Begriff gegenüber dem der LT aufgeweitet. Existenz ist nicht nur Vollzug von Sinn, sondern verlangt explizit den Einbezug der eigenen Person, um einen echten Dialog mit der Welt zu begründen. Daher geht der Sinnerfüllung die »Besorgung« von Sein-Können, Leben-Mögen und Vollzug des Selbst-Seins voran (der Begriff Besorgung spielt auf Heideggers (1979) Verständnis der Sorge für die Existenz an). Auf der Basis eines solchen personalen Dialogs mit der Welt kann der Mensch zu einer erfüllenden Existenz gelangen. Existenz wird in der EA verstanden als ein sinnvolles, in Freiheit und Verantwortung gestaltetes Leben, das der Mensch als das seinige empfindet und worin er sich als Mitgestalter erlebt.

Durch das starke Einbeziehen der *Phänomenologie* in die psychotherapeutische Praxis entstand eine eigenständige Vorgehensweise (Längle 2014a). Damit hat sich die EA weit entfernt von einem appellativen Prozedere, wie Frankl (1982a, S. 143) es für die LT vorgab, nämlich an die »bewusst gewordene Freiheit zu appellieren« und so den Menschen in seine

1.2 Weiterentwicklung der EA als eigenständige Psychotherapierichtung

Verantwortung zu führen. Die phänomenologische Haltung brachte auch eine eigenständige *Emotionslehre* hervor und führte zum stärkeren Einbezug der Gefühle als Drehscheibe in der Praxis. Als phänomenologische Psychotherapie setzt die EA am subjektiven Erleben der Klienten[3] bzw. Patienten sowie der Therapeuten an und bringt diese Wahrnehmungsformen in einen partnerschaftlichen Dialog. Beides – die Phänomenologie und der hohe Stellenwert der Emotionalität – führte zur Entwicklung einer spezifischen Vorgehensweise, der Personalen Existenzanalyse (PEA) (Längle 2000a) und zur Implementierung biografischen Arbeitens (Kolbe 1994), was Frankl als der LT widersprechend abgelehnt hatte (Längle 1991). Um die notwendige Epoché (d. h. die »Einklammerung« des Vorwissens und der eigenen, »privaten« Interessen und Dynamiken) erreichen zu können, wurde in der Ausbildung ein erhöhtes Maß an Selbsterfahrung (die Frankl ebenso strikt abgelehnt hatte) erforderlich (Längle 1989; 1996).

Diese Entwicklungen, verbunden mit einem knappen Dutzend von methodischen Anwendungen, macht die EA bei allen psychischen, psychosomatischen und psychosozialen Erlebnis- und Verhaltensstörungen anwendbar und verleiht ihr eine empirisch überprüfbare Effizienz.

---

3 Der leichteren Lesbarkeit halber wird das generische Maskulinum für die Bezeichnung aller Geschlechter verwendet.

2 Verwandtschaft mit anderen Verfahren

2.1 Humanistische Psychotherapierichtungen

Die EA ist auf Person und Existenz fokussiert. Dies sind genuin humanistische Themen. Die EA wird daher im Allgemeinen den humanistischen Psychotherapierichtungen zugerechnet (Kriz 2014a; Bühler und Allen 1983; Hutterer 1998). Sie stellt mit ihrer existentiellen Ausrichtung aber eine eigene Strömung innerhalb des humanistischen Paradigmas dar. Die humanistischen Richtungen eint vor allem die Gemeinsamkeiten in der Anthropologie: der mündige Mensch, der frei ist im Erleben und Entscheiden und so seine Existenz aktiv gestaltet. Dabei erlebt er, dass ihn sein Handeln sowohl in die Welt einbindet als auch ihn zugleich an sich zurückbindet durch seine Urheberschaft der Wirkung auf andere. Dies stellt den Menschen in seiner Freiheit unabdingbar in eine Verantwortlichkeit für sein Handeln. Dieses Menschenbild ist ganzheitlich: »In der Humanistischen Psychotherapie wird der Mensch holistisch gesehen, also in seiner [...] Ganzheit, in seiner Geschichtlichkeit, also seiner Vergangenheits- und Zukunftsorientiertheit, sowie in seiner Fähigkeit zur Introspektion und zu reflexivem Denken.« (Eberwein 2012, S. 505) Darüber hinaus sind diese Richtungen auch durch ähnliche philosophische Wurzeln verbunden, durch den gemeinsamen historischen Hintergrund und ihre Ablehnung deterministischer sowie reduktionistischer Erklärungsmodelle in der Psychotherapie (Kriz 2014a, S. 185–192; Stumm 2000). Hier finden sich große Übereinstimmungen der EA mit anderen humanistischen Verfahren wie der Gesprächspsychotherapie, der Gestalttherapie oder dem Psychodrama.

> **Merke**
>
> Die Existenzanalyse ist eine existentielle Richtung der humanistischen Psychotherapie.

Jedoch gibt es auch Unterschiede: Die Akzentuierung der EA liegt mehr auf dem freien Willen, der Entschiedenheit und Weltoffenheit sowie einer dialogischen Abstimmung mit der Welt (Verantwortlichkeit) als es in den humanistischen Verfahren zumeist üblich ist. Damit sieht sie den Menschen – vor dem Hintergrund der unaufhebbaren Eingebundenheit in seine Welt – stärker auf die Welt bezogen als manche andere humanistischen Verfahren. Denn das innere Wachstumspotential, das in der humanistischen Psychologie im Vordergrund steht, ist in der existentiellen Sicht im Hintergrund. Die Aufgabe des Menschen wird darin gesehen, sich für die Aufgaben und Angebote der Welt offen zu halten und auf sie einzugehen, um so zur Wirkung zu kommen – und weniger in der selbstorganisierten Entfaltung von Potentialen (Selbstverwirklichung, Aktualisierungstendenz) (Rogers 1981, S. 65; Kriz 2006a; Revenstorf 2003). Der Dialog und die Begegnung sind in der EA sowohl für das gesunde psychisch-geistige Leben als auch für die Heilung von Störungen die Grundlage. Die Durchführung des Dialogs wird in der EA als *gemeinsames* Suchen verstanden. Das bedeutet, dass auch die Therapeuten im Verlauf des Gesprächs ihre eigene Sicht und Stimmigkeit den Klienten mitteilen. Da dem dialogischen Basistheorem der EA (▶ Kap. 3.4) zufolge, der Mensch nicht aus sich heraus ganz ist, braucht er zur Entfaltung seiner selbst den anderen, Begegnung und die Erfahrung der Anderheit bzw. Bestätigung im Dialog.

2.2 Tiefenpsychologisch fundierte Richtungen

Die Tiefenpsychologie fokussiert besonders die Psychodynamik, also jene Triebkräfte und Bedürfnisse, die zum größten Teil ihre Wirkung am

Bewusstsein vorbei und daher unbewusst entfalten. Der Psychodynamik wird in der EA nicht jener hohe, gerade durch die Unbewusstheit so dominierende Stellenwert für die Gestaltung der Existenz zugesprochen wie in den tiefenpsychologischen Konzeptionen. Daher wird ihr in der EA nicht systematisch nachgegangen, sondern jeweils nur, wo sie den existentiellen Vollzug behindert. Dann wird die Psychodynamik auch ein bedeutsamer Aspekt der therapeutischen Arbeit (im Unterschied zur Logotherapie, wo sie in die Behandlung nicht integriert wird). Insofern hat die EA auch Parallelen zur Tiefenpsychologie, weil sie psychisch verursachte Dynamiken, die den Menschen hindern sein Leben entsprechend der eigenen Stimmigkeit zu leben, aufgreift. Der Psyche wird ein vitaler Erkenntniswert zugeschrieben, über dessen impliziten Inhalt nicht ohne Folgen hinweggegangen werden kann (Längle 2003b; 2019b). In der Therapie wird »störende« – Leid und Probleme verursachende – Psychodynamik daher als ein Hinweis aufgegriffen, dessen existentiellen Wert es zu erkennen gilt. Ihre lebenserhaltende Kraft soll in der Therapie verstanden werden, sodass man ihrem Verweischarakter grundsätzlich vertrauen kann. Mit diesem Menschenbild ergibt sich in der EA nicht die Notwendigkeit, die Dynamik des Psychischen möglichst immer bewusst zu machen, um sie in das Leben integrieren zu können. In einer phänomenologischen Richtung ist nicht Bewusstheit die Grundlage, sondern die Personalität (Entschiedenheit und Verantwortung in der Stellungnahme auf der Basis der Akzeptanz des Gegebenen und in gespürter Resonanz mit sich).

Als phänomenologische Richtung folgt die EA nicht diesem Paradigma, das in der Nachfolge der Aufklärung dem Bewusstsein den Vorrang gegenüber anderen kognitiven und emotionalen Fähigkeiten zuschreibt (Hegel 1988; Becker 1986, S. 150 f.). Wichtig für die Arbeit in der EA ist, der Psychodynamik mit Offenheit zu begegnen. Jedes Übergehen (oder Verdrängen) wird der Ganzheitlichkeit des Menschen nicht gerecht und bedeutet ein Übergehen wichtiger Information. Psychodynamik, biografische Vergangenheit, archetypische Symbolik decken im Verständnis der EA Lebensrelevantes auf, selbst wenn sie sich in Form von Pathologie bemerkbar machen.

2.3 Verhaltenstherapie

Lernen – das zentrale Paradigma der Verhaltenstherapie – spielt in jedem Leben eine nie endende Rolle. Im Lichte der phänomenologischen und inhaltlichen Ausrichtung der EA nimmt Lernen nicht die zentrale Rolle in der Lebensgestaltung ein, sondern erhält eine *instrumentelle* Bedeutung. Denn es geht im Leben (wie in der Psychotherapie) nicht immer um eine optimale Adaptation an die Um- und Mitwelt (Adaptation ist das Ergebnis des Lernens zur Sicherung oder Verbesserung des Lebens), sondern auch um deren Umgestaltung und Veränderung. Manchmal geht es *gerade* um Verweigerung von Adaptation und Lernen, wo immer die Welt um einen herum nicht dem entspricht, was man selbst für wesentlich ansieht (z. B. Missbrauchsverhältnisse, Unrechtsregime, apersonales Verhalten anderer). Die Verhaltenstherapie hat diesem Umstand zwar durch Theorieerweiterungen zu entsprechen versucht (z. B. Parfy et al. 2003), jedoch betont die EA wohl noch wesentlich deutlicher die Wertigkeit und Inhalte der Ziele, die angestrebt werden. Denn nicht jedes Ziel ist sinnvoll, bloß weil wir es anstreben, und passt in die Gesamtstruktur des Lebens zum Wesen eines Menschen oder in seine aktuelle Lebenssituation. Innerhalb dieses Rahmens können verhaltenstherapeutische Methoden und Techniken aber auch in der EA gut angewandt werden.

2.4 Systemische Psychotherapierichtungen

Die Positionierung des Einzelnen in seiner Welt ist auch in der EA von grundlegender Bedeutung. Kontextanalyse, Kontextschaffung und Kontextveränderungen sind die Basis für Sinnfindung und wichtige Elemente für existentielle Erfüllung. EA kann unter diesem Gesichtspunkt als eine aus der Existenz-Philosophie stammende Form der systemischen Sicht des Menschen gelten. Menschsein bedeutet stets und unaufhebbar in einer Welt zu stehen, in der man *Teil ist* und an der man *Teil hat*. Menschsein ist nicht verstehbar und realisierbar ohne Interaktion und bindende Beziehungen. Durch die individuelle Autonomie und persönliche (subjektiv empfundene) Orientierung wird die Person aus der Systemvernetzung aber auch wieder ein Stück weit gelöst. Die Existenzanalyse setzt daher in der Regel am Individuum an, auch in Familien- oder anderen Systemen, und versucht durch personale Positionierung und dialogischen Austausch Veränderungen im System zu erreichen. Diese Vorgehensweise bewährt sich nach unserer Erfahrung besonders dann, wenn Pathologien des Einzelnen (z. B. Persönlichkeitsstörung, Depression) ein System belasten, weil dann die Arbeit mit dem Einzelnen im Vordergrund stehen soll, hinterlegt mit der Arbeit mit der Familie.

3 Wissenschaftliche und therapietheoretische Grundlagen

Existenzphilosophie und Phänomenologie bilden die philosophische Basis der EA. Dieser Zugang zum Menschen aus einem philosophischen Verständnis heraus ist in der Psychologie eher ungewöhnlich, besonders weil viele Begriffe in der Alltagssprache nicht geläufig sind, auch für Psychologen (Existenz, In-der-Welt-Sein, Dasein, Stellungnahmen usw.). Eine Psychotherapierichtung, die sich primär auf philosophische Inhalte zur Begründung ihrer Theorie bezieht, geht daher auf Themen ein, die nicht nur aus der naturwissenschaftlichen Empirie stammen. Es ist eine Form der Annäherung an den Menschen, die sich der Reflexion über die Inhalte und Themen des Daseins bedient und so um eine holistische Sichtweise bemüht ist (Sören Kierkegaard, Edmund Husserl, Max Scheler, Martin Heidegger, Karl Jaspers und Martin Buber).

3.1 Definition: Existenz und Existenzanalyse

Existenz leitet sich vom lateinischen Wort »ex-sistere« heraustreten, hervortreten ab. »Ex-« bedeutet: aus, heraus. »Sistere« übersetzt man in der intransitiven Form mit: sich stellen, zu stehen kommen (Pfeifer et al. 1993). So wird existieren verstanden als »aus sich hervortreten, sich in die Welt stellen, als Schritt in Bewegung, auch in Beziehung treten, sich in einen Zusammenhang stellen, sich einbringen« (Payer 2006).

Da Existenz rein dynamisch ist, ist sie per se nicht analysierbar. Demgemäß meint Existenzanalyse auch nicht »Analyse *der* Existenz«, sondern

»Analyse *auf Existenz hin*« (Frankl 1979b, S. 23). EA bezieht sich auf die Bedingungen bzw. Voraussetzungen, die es braucht, um zur Existenz zu kommen.

Im Begriff Existenz geht es um ein wirkliches Vorhandensein des Einzelnen in seiner einzigartigen Einmaligkeit. Es geht um das *»gelebte Leben«* – denn nur so kann der Mensch Erfüllung erlangen und sein eigenes »Ja zum Leben« finden. Leben ist dann existentiell, wenn er in seiner Ganzheit, in körperlicher, psychischer und geistiger/personaler Hinsicht, in seinem Leben anwesend ist und es seiner Person entsprechend gestaltet. Bewusst oder unbewusst, jeder Mensch betreibt unablässig so etwas wie Existenzanalyse. Wenn er darauf verzichtet, wenn er ablässt vom Suchen und Antwortgeben, findet er sich wieder inmitten einer Fülle von »ungelebtem Leben«.

Dies illustriert die von Martin Buber (2003, S. 26) nacherzählte Geschichte des Rabbis Sussja: Als Rabbi Sussja im Sterben lag, fragten ihn seine Schüler: »Hast du denn gar keine Angst?« Rabbi Sussja gab zur Antwort: »Wenn ich an all die Großen und Bedeutenden denke: an Mose und Abraham und Jeremia, dann wird mir schon Angst. Aber«, meinte Sussja: »In der kommenden Welt muss ich nicht verantworten, dass ich nicht Mose gewesen bin; ich muss verantworten, dass ich nicht Sussja gewesen bin.«

> **Merke**
>
> »Unter ›Existenz‹ wird in der Existenzanalyse ein dialogisch gelebtes, in Freiheit und Verantwortung gestaltetes Leben verstanden, das der Mensch als das seinige erlebt und worin er sich als Mitgestalter versteht.« (Längle 2001a).
>
> »Die Existenzanalyse ist ein phänomenologisch-personales Psychotherapieverfahren mit dem Ziel, der Person zu einem (geistig und emotional) freien Erleben, zu authentischer Stellungnahme und zu eigenverantwortlichem Umgang mit sich selbst und ihrer Welt zu verhelfen.« (Längle 2013b, S. 23).

Dieses Existenzverständnis führt zu zwei weiteren zentralen Prämissen der EA, nämlich zum Begriff der *Person*, also der geistigen Dimension des

Menschen und zum dialogischen Basistheorem, das die *dialogische Veranlagung* des Menschen beschreibt.

3.2 Anthropologie – Menschenbild

Eine Besonderheit der EA liegt in ihrem Menschenbild. Im Unterschied zu praktisch allen anderen Psychotherapierichtungen beschreibt die EA eine geistige Dimension im Menschen, die über die gängigen Dimensionen Körper und Psyche hinausreicht: die Person (▶ Abb. 3.1). Mit dieser »geistigen Dimension« wird eine zentrale Fähigkeit des Menschen, die ihn von allen anderen Lebewesen unterscheidet, gefasst und herausgehoben: Der Mensch kann sich mit sich selbst und seiner Welt geistig auseinandersetzen. Hierdurch ist er nicht einfach identisch mit seinen Affekten und Reaktionen, Stimmungen und Trieben oder seinen Persönlichkeitsmerkmalen, sondern er ist als ihr Träger auch zu einer gewissen Distanz zu ihnen fähig, zur »Selbst-Distanzierung«, und »klebt« nicht einfach an ihnen. Er kann mit ihnen umgehen und Stellung beziehen zu sich selbst. Dadurch ist wesentlich die Würde des Menschen konstituiert. Die Selbst-Distanzierung ist nur eine der geistigen Fähigkeiten des Menschen (Frankl 1990, S. 234–241). Andere sind z. B. Selbst-Transzendenz, Selbst-Annahme, Gewissensentscheidung etc. Da die Fähigkeit der Selbst-Distanzierung jedoch konstitutiv ist für seine Freiheit, eröffnet sie den Spielraum, aus dem heraus der Mensch sich selbst und der Welt gegenübertreten kann. Darum wird sie an dieser Stelle bevorzugt dargestellt.

Die Person (der »Nous« oder das »Geistige« in der Terminologie Frankls) unterscheidet sich in ihrem Wesen vom Psychischen und Somatischen. Sie ist dem Psychophysikum gegenüber prinzipiell frei. Aus dieser Autonomie seiner »geistigen Potenz« kann der Mensch seinen eigenen Bedürfnissen, Trieben, Stimmungen entgegentreten und bis zu einem gewissen Grad »trotz« seiner Ängste, Depressionen usw. dem nachgehen, was er für sinnvoll und richtig in der Situation hält.

3 Wissenschaftliche und therapietheoretische Grundlagen

> **Merke**
>
> Der Mensch ist das gleichzeitige Sein von Körper, Psyche und Geist, das Zusammentreffen von drei differenten, mitunter sogar divergierenden Strebungen. Die Person (das »Geistige«) zeichnet sich dadurch aus, dass es sich in ständiger Auseinandersetzung mit dem Psychophysikum und mit der Welt befindet. Dadurch kann der Mensch sich selbst gegenübertreten und sich auf sich selbst beziehen. Aus dieser Verfassung ergeben sich vier Dimensionen der Existenz.

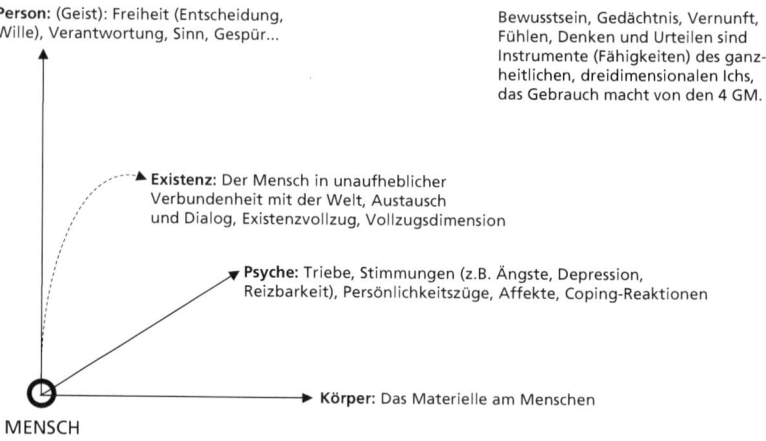

Abb. 3.1: Die Seinsdimensionen des Menschen: ein vierdimensionales Menschenbild (in Fortführung von Frankl 2005b, S. 61 ff. und modifiziert von Längle 2013b, S. 174)

Jede der Dimensionen hat eine eigene Aufgabe. Dadurch ergeben sich unterschiedliche Strebungen im Menschen. So kann es vorkommen, dass sich der Mensch zeitweise (mehr oder weniger) in einem Spannungsfeld befindet. Jeder Pol hat seinen Gegenpol:

Als *physisches* Wesen hat der Mensch die Aufgabe, sich um die Erhaltung der Gesundheit zu kümmern. Körperliche Gesundheit besteht in einem reibungslosen Funktionieren der Organe und Systeme. Somit steht die Dimension des Körperlichen zwischen den Polen:

Krankheit ◄──────► Gesundheit

Als *psychisches* Wesen geht es um Lebenserhalt und Lebenskraft, die Vitalität. Die psychische Dimension ist eine Verschaltungsstelle, in der alle Informationen aus dem Körper, aus den Empfindungen über die vitale Lage, aber ebenso aus der mental-geistigen Ebene eingehen und bezüglich ihrer Bedeutung für das eigene (physische, psychische und geistige) Überleben gewichtet werden. Als Wächterin der vitalen Lage nimmt die Psyche eine stetige »Bewertung« dieser Eindrücke in den Kategorien angenehm und unangenehm, lustvoll oder unlustvoll vor. Unlustgefühle stammen aus inneren Spannungszuständen, die eine Rückmeldung über eine vital gesehen nicht optimale Situation darstellen. Das Erleben von Spannungsreduktion wird üblicherweise als Lust erlebt (z. B. Stillen des Durstes); Aufrechterhaltung von Spannung, oder gar Zunahme von Spannung wird als Unlust, unangenehm oder Frustration empfunden.

Unlust ◄──────► Lust

In der *personalen* Dimension geht es um das Ganz-dasein-Können als Person (z. B. freie Entscheidung). Das hat zur Voraussetzung ein sich innerlich In-Empfang-Nehmen (z. B. fühlen der Vorfreude, spüren der Enttäuschung), um selbst-sein und sich in seiner Einmaligkeit inmitten der Welt finden zu können (Längle 1999c). Auf dieser Ebene verfügt der Mensch über das Potenzial für Offenheit und Dialogik (z. B. kann er andere verstehen und mit ihnen darüber sprechen). Das ermöglicht ihm nach außen hin die Begegnung mit anderen Menschen auf der Ebene von Ich und Du (Buber 1973). Damit findet er in der Welt auch Bezüge, durch die er eine *Identität* erhält (kann sich z. B. mit seinem Partner oder seinem Beruf identifizieren). Zugleich eröffnet ihm die Offenheit nach innen das innere Gespräch mit sich selbst. Dies erschließt ihm seine *Authentizität* (»das will ich wirklich«). Sie ermöglicht ihm auch das Finden des für ihn Wichtigen und das Spüren des Richtigen, ethisch Vertretbaren.

Sich fremd sein, nicht zu
sich stehen können, Verfal- ◄──────►
lenheit an das »Man«

Sich-selbst-Sein,
authentisch, verantwort-
lich

Im *Existenzvollzug* schließlich realisiert sich der Mensch als ganzer im dialogischen Austausch mit der Welt. Er stimmt sich mit ihr ab, indem er sein Inneres mit seinen Fähigkeiten, seinen Werten und seinem Eigenen (Interessen, Haltungen, Überzeugungen usw.) mit den Anforderungen und Angeboten der Welt um ihn in Resonanz bringt und darauf achtet, was er selbst zur Verbesserung der Situation und/oder seines eigenen Lebens beitragen kann. Eine Ausrichtung auf eine konstruktive, dem Leben förderliche Entwicklung ist vollgültige Existenz. *In dieser Dimension* findet der dialogische Austausch zwischen *dem Eigenen und dem anderen* statt. Als *geistiges, personales* Wesen ist der Mensch auf Möglichkeiten und Werte im Leben ausgerichtet, die ihm ein Erleben von Sinn ermöglichen. Grundlagen dazu sind Halt, Beziehung, Liebe, Gerechtigkeit, Freiheit, Selbstsein-Können, Authentizität, Glaube, Verantwortung usw. Sie sind in den Grundmotivationen systematisch gefasst und stellen die Voraussetzungen für ein erfülltes Leben dar, wenn sie im aktuellen Lebenskontext realisiert werden. Sich nicht auf sie zu beziehen, führt hingegen zu Verschlossenheit, Starre und Verzweiflung. Dauern diese an, entsteht Psychopathologie.

Verschlossenheit, Fixierung,
Starre, Verzweiflung, innere ◄──────►
Leere

dialogische Offenheit,
Begegnung,
Erfüllung

3.3 Die Person

Neben dem Begriff der Existenz ist als zweiter zentraler Begriff in der EA jener der Person anzuführen. Die Aktivierung der Person wird als Schlüssel zur Existenz gesehen. Die EA als personale Psychotherapierichtung setzt in eben dieser Dimension an und versucht primär mit dieser geistigen

Ressource psychotherapeutisch und beraterisch zu arbeiten: im Finden von Zustimmung, Stellungnahme, Verantwortung, Gewissen, Authentizität, Dialog und Sehen der Andersheit.

Wie groß das Potenzial der Person ist, wird deutlich, wenn man sich einige wichtige Aspekte von Personsein bewusst macht (vgl. Frankl 1982a):

- Die Person wird als das *Wesen des Menschen* verstanden. Ist der Mensch persönlich, ist er wesentlich. Person meint das ursprüngliche, echte Sein des Menschen, das Eigentliche, Tiefe, Authentische, das Scham und Respekt gebietet im Umgang. Nicht die Maske ist gemeint, nicht die Rolle, nicht die Funktion, nicht das von der Umwelt Geformte. Dieses Wesen des Menschen ist keine feste Substanz, kein solider Kern, sondern ist eigentlich nicht zu fassen: Es ist die *Möglichkeit zur Resonanz* mit dem eigenen Sein (z. B. die Schönheit und Tiefe des Gesprächs zu spüren). Person ist Seins-Schwingung und damit nicht festlegbar.
- Die Person ist *das Freie im Menschen* (Frankl 2005, S. 94). Denn Resonanz ist nicht von vornherein festgelegt, sondern schwingt je nach Situation anders an (z. B. kann mich das Gespräch freuen oder belasten, wenn ich eine manipulative Absicht spüre). Person beschreibt das letztlich Unfassbare (eben »Freie«) im Menschen, das ihn offen macht für das »Wie etwas für mich (eigentlich) ist« (schön, traurig, falsch, richtig…). Das Psychophysikum ist im Gegensatz hierzu das Festgelegte: Der Körper mit seinen Bedingungen, die Psyche mit den geformten Bahnen ihres Gewordenseins (der Prägungen durch die Umwelt, der Persönlichkeit, des Charakters, der psychischen Störungen, der eingeübten Coping-Reaktionen). Im Unterschied zur Person, die feststellt, was wesentlich ist, geht es dem Ich um die Frage: »Was tue ich jetzt damit?«
- Die Person ist ein *Individuum* (lateinisch: »Unteilbares«, »Einzelding«). Dies bedeutet zweierlei: Jeder Mensch ist *einmalig und einzigartig* und das, was ihn ausmacht, ist daher nicht übertragbar, sondern konstituiert sich als etwas ganz Eigenes. Daher ist die Person auch nicht auswechselbar (»keiner ist so wie ich!«).
- Als *Unteilbares* ist die Person über Zerlegung, Analyse oder Rückschluss aus Teilaspekten nicht begreifbar (z. B. bei einer Demo gewesen zu sein,

sagt nicht alles über mich aus). Sie ist nur in der Einheit erfahrbar und naturwissenschaftlichen Methoden daher nie direkt, sondern allenfalls indirekt zugänglich (das EEG oder MRI sagt nichts von mir).
- Die Person ist *Ich-haft*. Die Person ist zwar in weiten Bereichen unbewusst, dennoch ist sie ich-haft und nicht es-haft, d. h., sie lässt sich keineswegs von der Triebhaftigkeit, vom Es, herleiten (ein sexuelles Bedürfnis haben, sagt noch nichts über mich als Person aus). Wenn Person zum Ausdruck kommt, wird das vom Menschen zutiefst als »Ich« erlebt, dann fühlt er sich selbst nahe und erlebt es als authentischen Ausdruck seiner selbst (z. B. wenn es für mich stimmt, mit dir zu schlafen, das bin ich).
- Die Person ist *begegnend* und braucht ein (inneres oder äußeres) Gegenüber, um aktiviert zu werden. Davor ist sie reine Potenzialität. In der Begegnung erhält die Person Wirklichkeit – bevor sie mit dem Gegenüber (Be-gegnung) zur Wirkung kommt, ist sie Möglichkeit. Das geschieht praktisch durch das operative Ich, wenn es sich auf die innere Stimmigkeit (d. i. die Person) bezieht. Wenn ich z. B. für dich beim Professor eintrete und zu dir halte, bringe ich mein Personsein auch in die Welt. Person ist also nicht direkt sichtbar, sondern nur am Gegenüber oder durch etwas hindurch. Sie wird sichtbar im personalen Entscheiden, Handeln, Verantworten, im Dialog, in Begegnung, in der Liebe usw.
- Die Person ist *offen und dialogisch*. Der Mensch ist als Person ein weltoffenes Wesen, das unaufheblich mit seiner Welt verbunden ist. Die »Person an sich« gibt es nicht. Sie ist immer verbunden mit Psyche, Leiblichkeit und Welt (anderem) und findet hier auch ihren Ausdruck. Sie steht in einem ständigen Dialog und wird erst in diesem Dialog real und sichtbar als das »in mir Sprechende« (Längle 1993b). Wenn ich z. B. sehe, welches Unrecht dir geschieht, werde ich unruhig und spüre, dass ich da etwas tun sollte. Die Bezogenheit des Ichs als Person ist eine doppelte: sowohl nach Außen, zur Welt, als auch nach Innen, zu sich selbst als Person. Person erschließt sich letztlich nur in der Begegnung, und dazu gehört auch die Zwiesprache mit sich selbst. Diese ist möglich, weil Ich und Person nicht identisch sind, sondern weil sich das Ich auf die Person *beziehen kann* (ich muss es aber nicht, kann auch nichts unternehmen für dich, vielleicht ist mein Ich zu feige und hat Angst,

obwohl ich es »persönlich« schlimm finde und dir »eigentlich« beistehen sollte).
- Die Person kommt auch in der authentischen *Stellungnahme* zum Vorschein (z. B. was ich von dir oder von mir halte). Person ist das, was sich auseinandersetzen, sich gegenüberstellen und bewerten kann. Sie tut dies ständig, oft gar nicht bewusst. Die Person ist darin so frei, dass sie auch dem bewussten Ich nicht unterworfen ist (habe ein »ungutes Gefühl im Bauch« und weiß nicht, warum). Das Ich kann sich auf das Gefühl der Stimmigkeit der eigenen Person beziehen; dann handelt und entscheidet das Ich authentisch, also kongruent mit dem eigenen Wesenskern. Das Ich muss sich aber nicht auf die autochthone Stellungnahme beziehen, sondern kann auch Ängsten, Erwartungen, Druck usw. folgen. Dann ist das Ich nicht authentisch, nicht ganzheitlich, sondern zersplittert, unauthentisch, nicht wesentlich. Ohne authentische Stellungnahmen laufen nur Reflexe ab, bleibt alles reine Reaktion (z. B. ich finde es »blöd«, ohne es mir wirklich überlegt zu haben). Hier wurzelt die »Trotzmacht des Geistes« (Frankl 2005, S. 134 ff.), die Fähigkeit des Menschen, trotz widriger äußerer Umstände sein Schicksal in die eigene Hand zu nehmen, oder opponieren zu können (ich kann auch »trotz« Angst zur Prüfung gehen). Aber ebenso, wie Person das Potenzial zur Opposition hat, kann sie auch »ja« sagen, zu etwas zustimmen, etwas befürworten und für richtig finden (»ich finde das gut, was du machst«). Somit ist die Person auch jene Instanz, in der die Verantwortung wurzelt. Die Person ist eine zutiefst dialogische Fähigkeit des Menschen, nämlich die Fähigkeit, aus dem eigenen Wesen Antwort auf die Fragen und Angebote der Welt und der Situation zu finden. Dies ist die Grundlage für ein ethisch ver-»antwortetes« Handeln und Leben.
- Die Person kommt in der *Authentizität* zur Wirkung. Ist der Mensch authentisch, so spricht er aus der Tiefe und Innerlichkeit seines Personseins. Die Person ist darin so frei, dass sie auch dem bewussten Ich nicht unterworfen ist. Das Ich *kann* sich auf das Gefühl der Stimmigkeit der eigenen Person beziehen; dann handelt und entscheidet das Ich authentisch, also kongruent mit dem eigenen »Wesenskern« (z. B. finde ich persönlich, dass das zu weit geht, auch wenn ihr alle anderer Meinung seid).

Aufgrund dieser Eigenschaften und Potenziale setzt die EA bei der Person an, um Veränderungen im Leben eines Menschen zu bewirken. Man könnte die existenzanalytische Therapie kurz gefasst auch so beschreiben: es geht darum, die Person anzusprechen und ihr zum Durchbruch zu verhelfen. In der EA spricht man dann von »*personieren*«, was bedeutet: Erleben und Handeln soll von der Person durchdrungen sein. In Anbindung an die Definition der EA könnte man auch sagen: Den Menschen (wieder) in einen freien, authentischen und verantwortlichen Dialog mit sich und der Welt zu führen.

Um diesem komplexen Vorgang in der Praxis möglichst nahe zu kommen, bedarf es einer spezifischen Vorgangsweise, die gerade dieses Freie im Menschen, dieses unantastbare Wesen frei lässt und ihm Raum gibt, damit es seine Wirkung und Resonanz entfalten kann. Dafür eignet sich am besten eine phänomenologische Vorgehensweise (▶ Kap. 5.1), die daher die Grundhaltung existenzanalytischer Arbeit ist. Das Prozessmodell der EA (▶ Kap. 3.9, ▶ Kap. 5.1) verknüpft die Phänomenologie mit praktischen Schritten und Aktionen.

3.4 Dialogischer Zugang

Es ist ein Charakteristikum der menschlichen Existenz, dass der Mensch nicht einfach nur da ist, sondern dass sein Dasein von Grund auf eine dialogische Struktur hat. Menschliches Dasein ist ein »Ausgerichtet-« und »Hingeordnet-Sein«, und zwar in zweierlei Richtungen: einmal ist da ein Offensein für das, was von *außen* kommt, dann wieder, und manchmal zugleich, gilt das Offensein der *inneren* Welt, den leiblich-psychischen Zuständen und der eigenen Person gegenüber. Bevor auf diese dialogische Grundstruktur menschlichen Seins näher eingegangen wird, soll dargelegt werden, was in der EA unter »Welt« bzw. »In-der-Welt-sein« verstanden wird. Der Mensch kommt nicht einfach in der Welt vor, sondern »existiert welthaft«, nicht als Monade, abgelöst von ihr, sondern in einer untrennbaren Zusammengehörigkeit.

3.4 Dialogischer Zugang

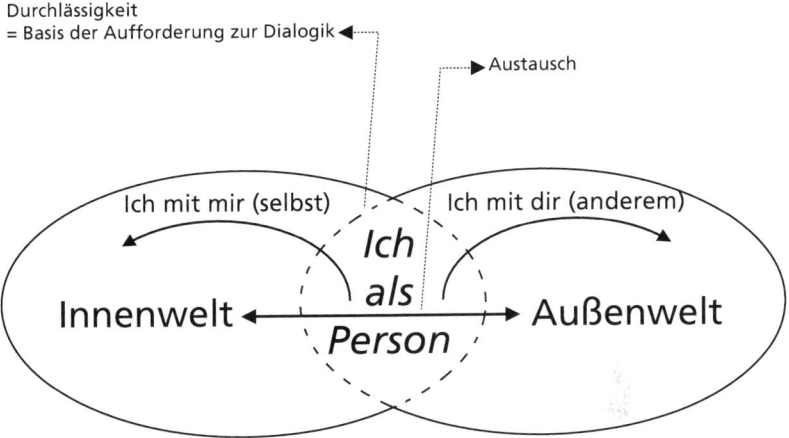

Abb. 3.2: Die personale Situation des Menschen stellt eine Doppelbezüglichkeit dar, durch die Existenz begründet wird (modifiziert von Längle 2013b, S. 49)

Was hier theoretisch in seiner Struktur beschrieben wird, ist uns im Lebensalltag durchaus geläufig. Es beginnt schon beim morgendlichen Erwachen: Ich höre die Kinder mit ihrem lauten Spiel. Die Vögel zwitschern durch das offene Fenster. Außenwelt dringt in mich ein. Ich horche den Vögeln spontan ein wenig zu (Bezug zur Außenwelt) und nehme dann Bezug zur Innenwelt auf, also darauf, wie das alles bei mir ankommt und was es mit mir macht: »So schön die Vögel, aber müssen die Kinder so einen Lärm machen?« Ich merke, dass ich mich noch müde fühle, spüre aber, wie ich mich bereits auf den Tag freue. Dann folgt ein kleines Zwiegespräch mit mir selbst: »Dass ich mich auch immer gleich so gestört fühle, wenn die so einen Lärm machen… ist doch klar bei so Kindern.«

Offenheit nach innen und nach außen bzw. inneres Gespräch und äußerer Dialog sind miteinander eng verwoben. Sie sind wie zwei Seiten einer Medaille. Denn kein Subjekt existiert unabhängig von Objekten, jeder Mensch ist mit seinem Erleben wie auch durch die Wirkung, die die Person auf die Objekte ausübt und durch die Wirkung, die die Person von den Objekten erhält, unmittelbar und aufs innigste »in der Welt«. Es besteht ein unaufhebbares Verbundensein und eine ständige Wechselwirkung

(Bauer 2020, S. 57–59). Dieses strukturelle Auf-einander-bezogen-Sein wird im psychotherapeutischen Gespräch genützt: in einer bestmöglichen, verstehenden, warmen, begegnenden Gesprächsform im geschützten Rahmen kann sich einerseits das Subjekt äußern und sich am Gegenüber erfahren, und andererseits hat der Gesprächspartner eine Wirkung auf das Subjekt und sein inneres Sprechen. Durch dieses »Sich-selbstwerden-Können am anderen« erhält der therapeutische Dialog seine heilsame Wirkung (Längle 2019a). Er stellt ein Muster und einen Erfahrungsrahmen dar für die dialogische Offenheit nach außen hin und kann zugleich Vorbild sein, wie das Subjekt in einer förderlichen und wohltuenden Art mit sich selbst sprechen kann (Steinert 2007).

»Innere und äußere Dialogfähigkeit« ist somit nicht nur das Ziel existenzanalytischer Arbeit, sondern stellt den *zentralen Wirkfaktor* ea Psychotherapie dar (ausführlicher dazu in Längle 1988a). Denn durch den dialogischen Austausch mit der Welt erhält die Person die erforderliche »geistige Nahrung« für die Entwicklung ihrer Innerlichkeit. Der Austausch weckt und mobilisiert die Person, fördert die Bildung der Ich-Strukturen. In einem kontinuierlichen inneren Gespräch kann das Erlebte verarbeitet und die eigene Kreativität dazugeschaltet werden. Das ermöglicht ein kontinuierliches (oder auch nachträgliches bzw. planend-vorausschauendes) Verarbeiten der Eindrücke und Erlebnisse des Subjekts, also auch der Defizite, Traumata oder Konflikte, die Leid verursachen und Anlass für therapeutische Gespräche sind (Steinert 2016).

Die existentielle Situation: die antwortende Beziehung zur Welt

Der Mensch findet sich in der Welt vor. Er entdeckt sich als ein »Da-Seiender«. Dies können wir als »*existentielle Vorfindlichkeit*« bezeichnen. Genauer besehen ist mit »existentieller Vorfindlichkeit« gemeint, dass der Mensch nicht »Nicht-Beziehung« zu seiner Umgebung haben kann. Er steht in einer unaufhebbaren Beziehung zur »Welt«, zu anderem, auf das er angewiesen ist. Menschsein ist nicht anders möglich als »in der Welt«, auf die der Mensch bezogen und in der er »geortet« ist. Der Mensch ist nie eine »rein (abstrahiert) darstellbare Größe«, die sich aus seinen Bezügen säuberlich »herauspräparieren« ließe. Als isolierte Variable gesehen, würde der

Mensch von seinem Wesen her verfälscht, weil er nicht in seinem fundamentalen und konstitutiven Bezogensein auf Andersheit im Blick wäre.

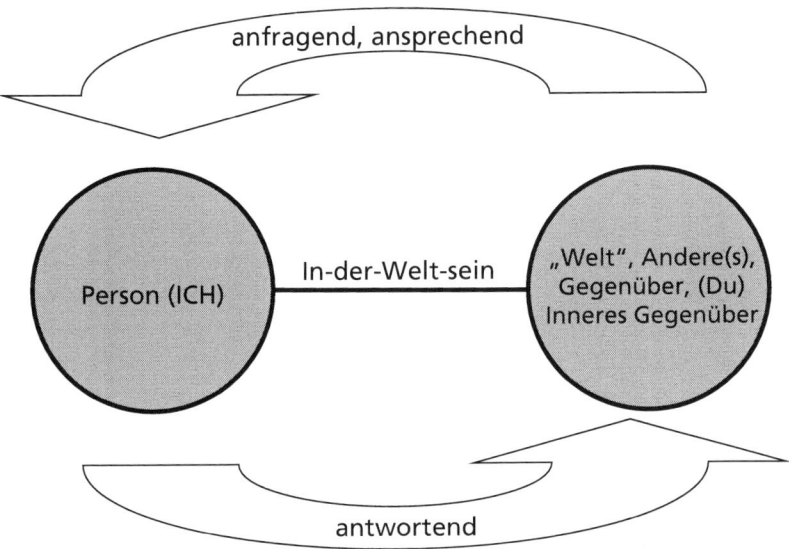

Abb. 3.3: Die »existentielle Situation« des Menschen hat dynamischen Charakter: Dem unaufhebbaren, ontologischen Verbundensein mit der Welt steht ein ständiges Angesprochen-Sein gegenüber – ein Anruf, der den Menschen zur Antwort herausfordert. Die existentielle Situation ist daher von ihrer Anlage her dialogisch (Längle 2013b, S. 42)

Durch dieses in seiner Struktur dialogisch angelegte Wechselverhältnis (Person – Anderes) findet das Dasein des Menschen jeweils in einer *Situation* statt. Bei aller Stabilität des Verbundenseins mit der Welt ist die Art des In-der-Welt-Seins alles andere als statisch-starr. Im Gegenteil: Die Beziehung zur Welt ist fundamental dynamischer Natur. Sie ist von dem tiefen, zumeist unbewussten Erleben begleitet: »Diese Welt geht mich an!« Der Mensch steht unter dem unablässigen Einfluss der Welt und wirkt selbst, ob er will oder nicht, auf die Welt zurück. Unser Dasein beruht somit auf einer ständigen, notwendigen Wechselwirkung mit »anderem«, wodurch Wachstum und Veränderung zustande kommen. Gerade das kennzeichnet nun eine »Situation«: dass sie einen »An-spruch« an den Menschen hat. Dieser dialogischen Dynamik kann sich der Mensch nicht entziehen. Existentiell entscheidend ist jedoch, was und wie das Individuum auf die Situation antwortet. Denn die Antwort hält die Person selbst in Händen. Was der Mensch antwortet, ist frei. Aber unfrei ist er in der Tatsache, dass er antworten muss.

Zurück zu dem Beispiel des Erwachens als erster Situation des Tages: Ich erlebe mich eingebettet in das häusliche Milieu und die Natur, beides spricht mich an (»An-Spruch«), das Vogelgezwitscher als eine Form von Musik, die mir etwas gibt, die Störgeräusche im Haus vermelden mir, dass ich gebraucht werde. Den Vögeln habe ich »geantwortet«, indem ich ihnen noch etwas gelauscht habe, ihr Gezwitscher aufgenommen habe. Nun gehe ich zu den Kindern: »Guten Morgen, ihr seid ja heute schon wieder früh auf!« – Hätte ich nicht vorher mit mir gesprochen, hätte ich wohl gesagt: »Könnt ihr denn nicht Rücksicht nehmen, so früh am Morgen?« Oder ich hätte vielleicht gar nichts gesagt, sondern wäre wortlos in die Küche gegangen – sie hätten aus meinem Verhalten verstanden: etwas stimmt mit mir nicht.

Das *existenzanalytische Basistheorem* beschreibt die »dialogische Beziehung« des Menschen zur Welt und zu sich selbst. Durch diese Bezogenheit ist der Mensch unablässig gefordert, Antworten auf die Fragen, die ihm das Leben stellt, zu finden. In der Gestaltung dieser Antworten ist er frei.

> **Merke**
>
> Jedes menschliche Verhalten ist somit eine *Antwort* auf die subjektiv verstandene Anfrage der Situation – selbst das Unterlassen jeglichen Tuns ist eine Antwort. *Zusammengefasst kann man also sagen: Menschsein heißt »in Frage stehen«, Leben ist »Antwort geben«.* (Längle 1992, S. 10)

Das Erwachen, das Liegen im Bett, das Vogelgezwitscher, der Lärm der Kinder – alles ist eine Frage an mich: Was tust du damit? Was sagt es dir und wie entscheidest du nun? Den Vögeln zuhören? Den Geräuschen zuhören? Liegenbleiben, aufstehen? In dem Auswählen, Eingehen und Antworten auf die jeweiligen Angebote, Möglichkeiten, Herausforderungen findet das Leben in diesem Moment statt.

Neben diesen kleinen Anfragen drängen sich natürlich auch größere Anfragen in meine Existenz herein: Die Beziehung? Die Gesundheit? Wie antworten auf meine Krankheit?

3.5 Personsein in der Welt: die »doppelte Wirklichkeit« des Menschen

Neben dem primären Faktum des Menschseins – nämlich in der Welt zu sein – gibt es noch eine zweite Grundlage des Menschseins: sich darin *selbst gegeben* zu sein. Der Mensch steht der *Andersheit* gegenüber wie auch dem *Eigenen*. In die »äußere Realität« erlebt er sich hineingestellt, findet sich in ihr vor. Sie war schon vor ihm: diese Welt, dieses Land, diese Sprache, diese Kultur. Sie hat *objekthaften* Charakter. Gleichzeitig hat er eine »innere Realität«, die als »Eigenes« empfunden wird, weil er sie »ist«. Sie »trägt« ihn unmittelbar: sein Körper, oder noch näher: seine Psyche mit ihrer Dynamik, ihrer Lust oder Angst, ihren Persönlichkeitseigenschaften usw. Am nächsten ist dem Menschen aber das innerste Gegenüber, die Person, die seine größte Innerlichkeit darstellt. Es ist der Ort, wo einem das intimste »Ich mit mir« entgegenkommt. Dieses innerste »Ich-mit-Mir« ist rein *subjekthaft*.

Tagein, tagaus stehen wir in diesem Sich-selbst-gegeben-Sein: Wie geht es mir *mit mir* in meinem Leben, in meinem Alltag, in meinen größeren Bezügen wie Beziehung, Arbeit, Sinnhaftigkeit des Lebens? Habe ich es gut bei mir? Bin ich zufrieden mit mir? Wo lehne ich mich ab? Kritisiere mich?

Aus beiden Welten existieren

Zu beiden Wirklichkeiten – der Außen- wie der Innenwelt – steht der Mensch unablässig und zeitlebens in Beziehung, und mit beiden hat er andauernd zu tun. Es kennzeichnet den Menschen als Person, dass er gleichsam wie mit zwei Beinen in beiden »Welten« steht. Auf dieser Basis kann er sich durch sein Gestalten über die Realität in ihrer reinen Vorgegebenheit erheben. Das Bild des Stehens auf zwei Beinen geht in ein Gehen über, wenn das Gewicht verlagert wird. Die Analogie zum Gehen besagt: In der ständig wechselnden Bezugnahme nach Innen und Außen, in der fließenden Teilhabe an beiden Wirklichkeiten kommt der Mensch zum »Existieren«. Konkret handelt es sich bei dem, was einem in diesen beiden Realitäten zukommt, um alles, was man erlebt: den jetzigen Moment, diesen Tag, den anderen Menschen mit dem man gerade spricht, den Gegenstand in der Hand; und ebenso sich selbst, seine Gefühle und Gedanken. Es ist die jeweils eigene Welt, unabhängig davon, ob man sie als gut, erleichternd, schützend oder beglückend erlebt (wie z. B. durch ein Kunstwerk oder eine Verliebtheit) oder als schlecht, bedrohlich, nötigend, fordernd (wie z. B. eine durch eine Krankheit, durch Angst oder Ablehnung).

3.6 Die existentielle Vorfindlichkeit als Basis menschlicher Motivation

Als Mensch in seiner Welt zu sein, bedeutet als weltoffenes Wesen in festem Bezug zu ihr und in ständigem Austausch mit ihr zu stehen. Diese Bezogenheit hat zunächst kein Ziel, stellt keine »Extra-Leistung« und keinen Auftrag dar, den es zu erfüllen gäbe oder deretwegen der Mensch auf die Welt gekommen wäre. Es geht dem Menschen ursprünglich und ganz grundlegend einfach nur darum, *zu sein*, auch *sein zu können*, an der Stelle, wo er jetzt gerade steht.

Aus diesem Zusammentreffen und Zusammensein des Eigenen (Subjekt) mit dem anderen (Welt) erwächst die eine *grundlegende Intentionalität* im Menschen: der Mensch ist auf die Welt und auf das eigene Sein in ihr ausgerichtet. Diese *Urintentionalität* bestimmt weite Strecken der frühen Kindheit, in der das reine Da-Sein dominiert. Als Heranwachsender wird sich der Mensch zunehmend seiner Welt und seiner selbst bewusst. Mit diesem Innewerden der Tatsache von Welt und dass »ich selbst bin, dass es mich gibt« kommt mehr Licht in sein Dasein. Damit bezieht sich der Mensch ganz ursprünglich auf etwas, was eigentlich schon ist, was mit ihm begonnen hat: zu sein. Man könnte diese Bezugnahme als »zirkulär intentional« bezeichnen: weil der Mensch nämlich ausgerichtet ist auf das, worin er ohnedies schon steht: auf sein Sein. In diesem Sein stehend und sich des Seins immer mehr bewusst werdend, geht es nun darum, *ganz* da zu sein, und immer *mehr* da zu sein. D. h. mit *Offenheit* (Achtsamkeit) und *mit Entschiedenheit* da zu sein. Das, was ist, ist der Ausgangspunkt menschlicher Intentionalität, nicht angeborene entelechische Motivationsprämissen. Was aber ist das, wovon der Mensch im Grunde angesprochen ist?

Diese Frage war in den 80er Jahren des vorigen Jahrhunderts ganz zentral in der existenzanalytischen Forschung. Durch phänomenologische Analysen wurden letztlich vier Grundtatsachen des Daseins gefunden, mit denen sich jeder Mensch auseinandersetzen muss – die sogenannten *vier Grundbedingungen der Existenz*: Welt, Leben, Selbst-Sein und Kontext/Sinn, mit ihrem je eigenen Inhalt und Anspruchscharakter.

Der Austausch bezieht sich also auf Themenbereiche, denen der Mensch sich nicht entziehen kann. So ist uns unmittelbar evident, dass unser Leben in dieser Welt stattfindet. Kein Mensch kommt umhin, sich mit dieser Tatsache abzufinden, ihre Bedingungen zu erkennen und sich mit ihnen abzugeben. Andernfalls ist Überleben nicht möglich. Und selbst wenn ein Mensch aus der Welt gehen will, muss er sich den Bedingungen der Welt unterwerfen, um Suizid verüben zu können.

Eine weitere Tatsache, mit der sich zu befassen der Mensch nicht umhinkommt, ist die Tatsache, dass er lebt – dass *Leben* in ihm pulsiert mit allem, was dazugehört. Existieren hat »Leben in dieser Welt« zur Voraussetzung. Aber existieren bedeutet noch mehr.

Das nächste Faktum besteht in dem Umstand, dass Existenz von einem Ich gelebt wird, das als *Person* über ein Selbstsein verfügt. Menschliches Leben kann nur in der Ich-Form vollzogen werden, in der Einzigartigkeit und Individualität des eigenen Seins.

Und schließlich besteht ein grundlegendes, mit unserem Dasein verbundenes Faktum darin, dass alles im Fluss ist: beim Menschen selbst und beim Kontext, in dem er steht, sodass nichts bleibt, wie es ist, sondern dass es sich unablässig *ändert*. So ist der Mensch unausweichlich mit Neuem und aufs Neue mit einer veränderten Welt und mit seinem sich stets ändernden und sich entwickelnden Potenzial konfrontiert. Auch hier steht er vor der ständigen Herausforderung, wie er sich dazu verhalten und in welche Richtung er Veränderungen lenken soll.

Diese vier auf phänomenologischem Wege gefundenen Grunddimensionen der Existenz beeinflussen jedes menschliche Leben, bewusst und unbewusst, ob man will oder nicht. Sie stellen gleichsam das Rohmaterial dar, aus dem unsere Existenz besteht und das durch uns in der Folge bearbeitet wird. Sie leiten ihn an in Wahrnehmung, Entscheiden und Handeln, weil der Mensch ohne Bezugnahme auf sie gar nicht sein kann. Darum entstehen aus diesen vier Dimensionen der Existenz für den Menschen grundlegende *Motivationen*. Durch sein Antwortverhalten auf die Grunddimensionen entsteht das fundamentale Bewegtsein des Menschen in Form von vier personal-existentiellen *Grundmotivationen*.

Diese Grundmotivationen beschreiben das tiefste, personale Bewegtsein des Menschen in seinem wesensmäßigen Streben nach Existenz: Das Streben nach Dasein-Können, Leben-Mögen, Selbstsein-Dürfen und Sinnvolles-Wollen. Dieses Berührt-, Betroffen- und Bewegtsein verlangt eine persönliche Antwort des einzelnen Menschen und das Finden dessen, wo eine innere Zustimmung zum eigenen Dasein und Handeln gegeben werden kann.

3.7 Das Wesen der existentiellen Antwort – die innere Zustimmung

In diesem grunddialogischen Feld von Angefragt-Sein und Antworten stellt sich als zentrale therapeutische Aufgabe, den Menschen zu helfen, ihre Antworten mit *innerer Zustimmung* zu geben. Innere Zustimmung bedeutet ein gefühltes »Ja« zu haben zu dem, was man tut oder lässt. Denn nur in Antworten, die von einem inneren, gefühlten »Ja« durchwirkt sind, kommt der Mensch auch wirklich vor und bringt sich ganzheitlich in die Existenz und in die Welt. EA kann nachgerade durch diesen gedanklichen Ansatz prozessual definiert werden: dem Menschen dazu zu verhelfen, mit innerer Zustimmung zu leben.

> **Merke**
>
> Die zentrale existentielle Aufgabe des Menschen ist es, mit innerer Zustimmung zu leben.

Mit dem Geben seiner Zustimmung ist ein *persönliches* Involviertsein, eine Bereitschaft zur *Hingabe* im Sinne einer »*Hineingabe* in die Situation« verbunden. Hingabe ist Bewegung, die in der Vorsilbe »hin« zum Ausdruck kommt: sich an einen *Ort* begeben, einen *Adressaten* haben, an den man sich richtet. In dieser Intentionalität steht dann das »Geben« für den Ausdruck *aktiven* Handelns. Man gibt sich in die Situation und unterwirft sich ihren Bedingungen (macht sich selbst zu ihrem »*sub*-jectum«). Etwas mit Hingabe zu machen unterscheidet sich wesentlich von dem, wozu man sich »*her*-gibt«. Es können die schönsten Tätigkeiten sein – wenn man sich für sie »hergibt«, werden sie entwertet, verlieren sie ihren existentiellen Charakter. Eine Arbeit, ein Besuch oder die Sexualität – alles wird innerlich leer, wenn man das Gefühl dabei hat, sich selbst zu instrumentalisieren, sich aus der Hand zu geben.

3.8 Die vier Grundmotivationen – das Strukturmodell der Existenzanalyse

Nochmals kurz zusammengefasst: Leben und Handeln mit innerer Zustimmung hat die höchste Wahrscheinlichkeit, zu einem erfüllten Leben zu führen. Denn innere Zustimmung zu dem, was wir tun oder lassen, impliziert, dass wir innerlich anwesend sind, ganz »da« und »dabei« sind. Man lebt und handelt dann aus einem inneren »Ja« (Längle 1999b). Darin kommt die Urintention des Menschen, nämlich »ganz da zu sein«, zum Vollzug. Sie schlägt sich nieder in der Intention, diese innere Zustimmung in den vier Grundbedingungen zu erlangen, und dem Angesprochen-Sein in allen vier Grundbedingungen der Existenz zu antworten, stellt die genuine Primärmotivation dar. Aus dieser existentiellen Bezüglichkeit zu den Grunddimensionen der Existenz werden damit, psychologisch gesehen, die vier personalexistentiellen Grund*motivationen*. Ihre Wurzel ist die Primärmotivation: *ganz da sein zu können, wo man ist*. Diese vier Grundmotivationen bilden das Strukturmodell der EA (erstmals referiert von Längle 1992, publ. 1999a).

Die innere Zustimmung ist daher ein komplexes Gefühl, das eine Bejahung in allen vier Dimensionen der Existenz umfasst. Das Ja der Zustimmung ist im Grunde ein vierfaches Ja. Daher ist es in jeder einzelnen Dimension strukturell anzutreffen und soll in jeder Dimension auch gesucht werden. Dies insbesondere, wenn psychische Störungen vorliegen, denn dann liegen Blockaden in mindestens einer Dimension vor.

Hier soll nun zuerst einmal ein Überblick über die vier Grundmotivationen gegeben werden:

1. Grundmotivation – Weltbezug: In der ersten Grundmotivation geht es um den Weltbezug. Die Grundfrage ist: Ich bin – *kann* ich sein? Der Mensch ist in die Welt gekommen – wie kann er sein Dasein in dieser Welt bewältigen? Kann er unter den gegebenen Umständen überhaupt sein? Um hier adäquat Antwort geben zu können, braucht der Mensch in jeder Situation *Schutz, Raum* und *Halt*. Bildlich gesprochen ist das wie bei einem Haus: die Wände, das Dach schützen vor Regen und Kälte, schaffen einen Lebensraum, der Boden gibt den Halt, auf dem wir stehen können. In einer Beziehung ist der größte Schutz das Angenommensein und Dazugehören, Raum haben für eigene Interessen (der andere lässt mich sein), Halt durch Treue und Verlässlichkeit. Dasselbe gilt aber auch ganz grundsätzlich: Wenn ein Mensch sich durchgehend geschützt, gehalten und sicher fühlt, entwickelt er ein Grundvertrauen, einen Seinsgrund, welcher der Grund-Ängstlichkeit entgegensteht. So kann er geschützt da sein.

2. Grundmotivation – Lebensbezug: Nur einfach sicher in der Welt zu sein genügt dem Menschen nicht. Es geht ihm sogleich um den Einbezug *des Lebens* in seine Existenz. Die Grundfrage ist: Ich lebe – *mag* ich leben? Um ein existentielles Leben verwirklichen zu können, braucht es *Beziehungen, Zeit*

3.8 Die vier Grundmotivationen – das Strukturmodell der Existenzanalyse

(gewissermaßen als »Raum der Beziehung«) und *Nähe* zu Menschen und Objekten. In der Beziehung ist es die fühlende Gegenwart des anderen, der sich Zeit nimmt und durch die Empathie Nähe aufnimmt. Auf dieser Basis kann der Mensch Zuwendung geben und erhalten. Daraus erwächst ein tiefes Wahrnehmen des Wertes, den das Leben hat, des Grundwerts, welcher der Depressivität entgegensteht. Auf dieser Basis mag der Mensch leben.

3. Grundmotivation – Selbstbezug: Jeder Mensch erlebt sich als Subjekt. Darum lautet die Grundfrage des Personseins: Ich bin ich – *darf* ich so sein? Um sich selbst sein zu dürfen, braucht es drei Voraussetzungen: *Beachtung*, *Gerechtigkeit* und *Wertschätzung*. Wenn ein Mensch gesehen und beachtet wird, entsteht ein Selbstbild in Abgrenzung zu anderen. Daraus entwickelt sich ein Gefühl einer eigenen Mitte, eines eigenen Wertes, im Tiefsten seines Personseins. Und wenn ein Mensch aufgrund der erstarkten Eigenständigkeit ein Gefühl für das für ihn Richtige entwickelt, kann er Recht von Unrecht unterscheiden. Er beurteilt sein eigenes Handeln und das Handeln anderer anhand seiner eigenen gefühlten Wahrnehmung (Stimmigkeit), was der Selbstentfremdung (hysterischen und extravertiert-persönlichkeitsgestörten Entwicklung) entgegensteht. Das gibt ihm das Gefühl, dass er »so sein darf«, wie er ist.

4. Grundmotivation – Sinnbezug: Der Mensch *ist* nicht nur, er ist stets ein Werdender, einer, der sich verändert, wie auch die Welt um ihn. Eine positive und konstruktive Entwicklung ist in der Sinndimension erfasst. Die Grundfrage lautet: Ich bin in dieser Welt – aber wozu *soll* ich da sein? Als Voraussetzungen für eine erfüllende Existenz braucht es einerseits ein *Tätigkeitsfeld*, um das anzuwenden und umzusetzen, was dem Menschen wichtig ist und wofür er angefragt ist. Zudem braucht es einen positiven *Kontext*, in dem der Mensch eingebunden ist, den *Strukturzusammenhang* (Familie, Arbeitsplatz, Natur etc.). Die dritte Voraussetzung ist, dass man einen *Wert in der Zukunft* vor Augen hat, auf den man in jeder Situation hinleben kann. Auf der Grundlage eines in die Zukunft gerichteten Wertes entsteht durch das Handeln des Menschen nach und nach sein Lebenswerk. So erlebt der Mensch Erfüllung und ein Gefühl des Aufgehobenseins, sein Dasein erhält einen existentiellen Sinn, der letztlich in einem alles umfassenden, ontologischen Sinn aufgehoben ist.

3 Wissenschaftliche und therapietheoretische Grundlagen

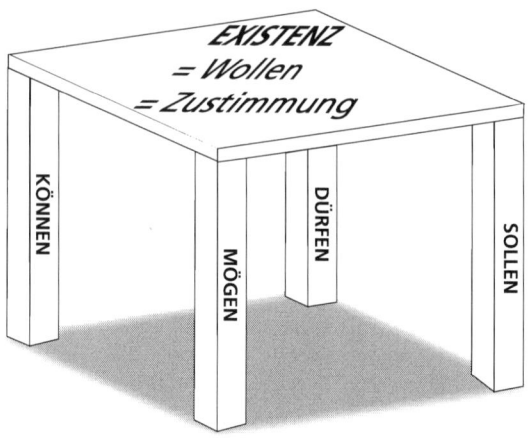

Können	Mögen	Dürfen	Sollen
1. Grundmotivation	2. Grundmotivation	3. Grundmotivation	4. Grundmotivation
Grundbedingung des Seins: *Welt*	Grundbedingung des Seins: *Leben*	Grundbedingung des Seins: *Selbstsein (Person)*	Grundbedingung des Seins: *Sinn/Werden*
Voraussetzungen für d. Erfüllung d. GM: *Schutz, Raum und Halt* in der *Welt* haben, um sein zu *können*	Voraussetzung für d. Erfüllung d. GM: *Beziehung, Zeit und Nähe* haben, um den Wert des *Lebens zu fühlen*	Voraussetzungen für d. Erfüllung d. GM: *Beachtung, Gerechtigkeit, Wertschätzung* pflegen, um »man selbst« (*Person*) sein zu können, seine *Authentizität* zu spüren und der anderen Person *begegnen* zu können	Voraussetzungen für d. Erfüllung d. GM: *Betätigungsfeld, Kontext, Werte in der Zukunft* sehen, um seinen Teil zum Werden in der Welt beizutragen und in diesen *Sinn*-Zusammenhängen *fruchtbar* zu werden.

Abb. 3.4: Das Strukturmodell der EA in einem schematischen Überblick (Längle 2013b, S. 65)

Ruht das Leben mit innerer Zustimmung auf diesen vier personal-existentiellen Grundmotivationen auf, so erfährt der Mensch persönliche Erfüllung. Als Basis für eine geglückte Existenz stellen sie daher das *Strukturmodell der EA* dar. Diese Voraussetzungen für existentielles Leben lassen sich mit den Modalwörtern *können, mögen, dürfen* und *sollen* sowie dem daraus resultierenden *wollen* leicht verständlich umschreiben. Existieren ist demnach eine vierfache Zustimmung zur Welt, zum Leben, zur Person und zum Sinn. Die personalen Aktivitäten in den Grundbedingungen der Existenz sind *annehmen, zuwenden, ansehen/begegnen* und *sich in Übereinstimmung mit seiner Welt bringen*. Das daraus resultierende Wollen mündet in das Handeln.

Nach dieser kurzen Darstellung der Grundstrukturen der Existenz in ihrer psychologischen Ausformulierung sollen nun die einzelnen Grundmotivationen erlebnisbezogen beschrieben werden, damit man sie existentieller zu fassen bekommen kann (Längle 1999a):

3.8.1 Die 1. Grundmotivation – sein können

Das größte Ereignis ist es, auf die Welt gekommen zu sein. Überhaupt da zu sein. Das ist der Anfang von allem. Dasein bedeutet daher zunächst ganz schlicht: »Ich bin!« – Doch halten wir einmal inne. Welche Ungeheuerlichkeit ist damit verbunden, welches Wunder! »Ich bin! Unter allen Umständen des Lebens – ich bin! Es gibt mich!« Das ist der ontologische Grund unseres Lebens, der Anfang aller Wahrheit im Leben. Ihn gilt es zu erfahren, ihn müssen wir spüren. Es ist der Boden des Seins. Es gibt Halt und Festigkeit, in eine Welt hineingeboren zu sein, die mir entgegentritt, die mir Widerstand leistet, die mir Raum auftut. Ohne diesen Bodenkontakt mit dem »Seinsgrund« ist das Leben von Angst durchzogen. Dann wird jedes kleine Leid, jede Abweichung vom Gewohnten zur Bedrohung, jede Freude suspekt und unglaubwürdig. Der Seinsgrund erschließt sich in der Erfahrung einer ans Banale grenzenden Tatsache: »Es gibt mich!« Diese Erfahrung ist zum Glück jederzeit machbar, der Seinsgrund ist immer vorhanden. Die Kinder spielen mit dieser basalsten Daseinsstruktur, wenn sie sich verstecken und dann finden lassen, wenn sie plötzlich »nicht da« und dann doch »wieder da« sind. Weil das Dasein so selbstverständlich ist, wird es häufig nicht beachtet, wodurch der Zugang zu ihm verloren gehen kann. Staunend stehe ich davor und weiß, ich kann es nicht fassen. »Wie ist das möglich, dass ich bin?« Und mögen die Lebensbedingungen noch so grausam sein – dennoch bin ich! Auch im größten Leid hält mein Sein durch und die Welt hält ihm stand. Fritz Künkel brachte es auf den trefflichen Satz: »Du kannst aus dieser Welt nicht herausfallen.« Egal, was passiert – sie hält, hält dich, hält durch. Das größte Ereignis ist, überhaupt zu existieren. Und es ist eine unglaubliche Erfahrung, wie viel Leid das eigene Leben aushalten kann, ohne zu zerbrechen.

Manchmal frage ich Patienten, ob sie schon einmal gestaunt hätten, dass es sie gibt. Da höre ich Sätze wie: »Das ist doch selbstverständlich ... Eigentlich noch nie...« Ich stelle ihnen dann Fragen zur Verfügung, um die Bewegkraft dieser Grundmotivation introspektiv in sich aufzuspüren. »Ich lebe, ich bin da – aber spüre ich das? Fühle ich: es gibt mich? Fühle ich es an meinem Körper, an dieser Welt? Fühle ich ihren Halt? Bin ich wirklich da, ganz da in meiner Welt? Bin ich da in meiner Familie, bei meinem Freund, bei den Kindern? Bin ich da oder mehr abwesend? Habe ich schon einmal darüber gestaunt, dass es mich gibt? Gerade mich – hier, in dieser Welt? Und in dieser Zeit, nicht im letzten Jahrhundert und nicht im nächsten! Gestaunt, weil ich merkte, dass ich es nicht verstehen kann, dass es mich gibt? Weil ich merkte, dass ich genauso gut nicht sein könnte? Nun aber bin ich da, nehme Raum ein zu Hause, auf der Straße, im Beruf. Fülle ich meinen Raum auch aus? Nehme ich mir den Raum, um da zu sein? Nehme ich mir den Raum in meiner Arbeit, unter Kollegen, in der Freizeit? Nehme ich mir den Raum für mich selbst? Nehme ich mir Raum für das, was mir wichtig ist? Oder bin ich immer wieder beschäftigt mit dem, was getan werden muss und das Wichtige kommt immer zuletzt? Gebe ich mir Raum für das, was ich fühle? Verteidige ich meinen Raum für meine Meinung, meine Überzeugung, meine Wahrheit, meine Liebe? Atme ich den Raum, den ich in mir habe? Fülle ich die Lunge, meinen »inneren Raum«? Wo gibt man mir Raum, wo lässt man mich sein? Wo bin ich geborgen? Bin ich in mir geborgen, kann ich bei mir sein? Kann ich es selbst: mich sein lassen, meine Gefühle, Ängste, Freuden, Triebe? Oder muss ich mich bekämpfen, verbergen, überspielen, abwerten, leugnen? – Wo kann ich sein, wo bin ich angenommen? Wo ist meine Heimat?« Trotz ihrer Einfachheit sind diese Fragen eher ungewohnt. Ihre Beantwortung ist nicht immer leicht. Führen

3.8 Die vier Grundmotivationen – das Strukturmodell der Existenzanalyse

sie doch in einen der tiefsten Bereiche menschlicher Strebungen, dorthin, wo der Mensch ontologisch begründet ist.

Das erste, was den Menschen bewegt, ist sicher in der Welt sein zu können. Ist das nicht gewährleistet, erübrigt sich alles Weitere. Um in der Welt sein zu können, braucht es Lebensraum. Das ist der erste, welthafte, körperliche Auftrag an die geistige Person: »Schaff dir deinen Raum, nimm ihn ein, füll ihn aus, sei ganz da, entscheide dich ganz da zu sein, lass dich nicht verdrängen. Füll deinen Platz aus für deine Zeit, sei nicht halbherzig. Lass dich nieder, wo du bist, wo immer du bist, sei da. Dort ist deine Welt, dort kannst du zu Hause sein. Vorübergehend. Aber da bist du nun mal – so sei auch da!« Dieses Sein in der Welt ist an die *Bedingungen dieser Welt* geknüpft. Sicher sein zu können in der Welt bedeutet, mit den Bedingungen zu leben. Es verlangt, das Alter, das Geschlecht, den Gesundheitszustand, den derzeitigen sozialen Status etc. anzunehmen. Dann können wir die Weite, den Halt und den Schutz der Welt erleben. Wer seine Lebensumstände jedoch nicht haben will, wer sie bloß ablehnt und bejammert, wird haltlos und unbehaust. Sein Leben wird »un-heimlich« und verliert den Boden – er verliert den »Grund« zum Leben. Ausgesprochen hilfreich für das Einnehmen des eigenen Lebensraumes ist es, wenn wir bei anderen Menschen Raum haben: wenn sie uns annehmen. Es erleichtert die »Landnahme« der eigenen Existenz, wenn man dazu eingeladen wird. Wer aber sein Land dann nicht selbst übernimmt, bleibt Mieter in seinem Leben, wird nie Eigentümer. Das wäre nicht weiter schlimm, wenn es nicht abhängig machte – abhängig vom Angenommen-Sein durch andere. Wer seine eigenen Stärken und Schwächen nicht nehmen kann, wer seine Lebensbedingungen ablehnt, buhlt umso mehr um das Angenommen-Werden von anderen. Die sollen für ihn tun, was er nicht kann: ihn annehmen. Das aber ist eine Zumutung – und diese Menschen werden auch als solche erlebt: als Zumutung, die keiner haben will. Andererseits können wir uns letztlich kaum selbst annehmen, wenn wir nicht auch von anderen angenommen werden. Es braucht eben beides im Wechsel. Wenn uns andere nicht annehmen, wenn uns nahe Menschen den Raum verweigern, Ideen, Meinungen, Bedürfnisse und Sehnsüchte zurückweisen, sollten wir kämpfen. Zum Glück sind wir darin nicht nur Opfer und abhängig. Wir können uns Raum auch selbst nehmen, wenn der andere ihn nicht gibt. Das führt natürlich entweder zu Aggressionen und

3 Wissenschaftliche und therapietheoretische Grundlagen

Streit oder man nimmt sich den Raum heimlich, hinten herum. Denn wir brauchen Raum zum Leben. Manche Moralvorstellung grenzt als »Raumordnung des Zusammenlebens« das Leben des einzelnen zu sehr normativ ein. Leben, das den Raum zur Entwicklung nicht hat, verkümmert und stirbt langsam ab. Ist es da nicht besser, Verhaltensnormen zu übertreten und anderes zu versuchen, als in ihnen zu verkümmern? Denn Leben soll primär nicht erlitten, sondern wenn möglich gestaltet werden! Angenommensein bedeutet »Sein Können«, dass man mich auch sein lässt. Das braucht es auch von mir selbst: dass ich mich sein lasse! Es ist oft schwerer, sich selbst sein zu lassen, als anderen ihren Raum zu lassen. Am schwersten aber ist es, wenn ein Leid, eine Angst, eine Depression uns bedrückt. Wir wollen es nicht haben. Mit allen Mitteln versuchen wir es loszubekommen, durch Ablenkung, durch Alkohol oder Medikamente, durch Streit mit anderen und durch aggressive Ausbrüche. Die Befürchtung ist: Mit dieser Depression, mit diesem Leid, mit dieser Angst kann ich nicht leben. Sie lässt mir keinen Raum. Stimmt das wirklich? Oder nehmen wir uns selbst den Raum, weil wir nicht das Leben annehmen, sondern an einer Vorstellung vom Leben hängen? Der Vorstellung nämlich, wie unser Leben sein müsste, damit es ein gutes Leben ist. Alles, was wir nicht annehmen wollen, müssen wir zuerst doch annehmen, um es in der Folge verändern zu können: »Nimm es an, denn es ist da. Was da ist, kann nicht weg sein. Sicherlich, es muss nicht so bleiben. Aber jetzt ist sie da, diese Angst. Es ist deine Angst. Deine Trauer. Sie gehört zu dir. Die Einsamkeit, sie ist deine. Solange du sie nicht haben willst, beraubt sie dich deiner Grundlage zur Existenz. Wenn du sie annimmst, in die Hand nimmst, kannst du sie vielleicht verändern.« Wer sich nicht selbst zu helfen weiß und das Gefühl hat, dass ihm Raum zum Dasein fehlt, dass er schutzlos ist, den beschleicht die Angst. Angst ist das Gefühl, unter den gegebenen Bedingungen nicht »sicher sein« zu können.

Die erste Grundmotivation beschreibt, dass es dem Menschen zunächst in seinem Streben darum geht, in dieser Welt sein zu können. Er will Raum haben, um sein zu können. Er sucht ein Dach über dem Kopf, einen Wohnraum zum Leben. Hat der Mensch sein Stück Land zum Leben, so kann er sich und andere sein lassen. In dieser Erfahrung wurzeln zwei große geistige Fähigkeiten des Menschen: Die *Wahrheitsliebe* und die *Friedfertigkeit*. Wer die Wahrheit sagt, sagt, was der Fall ist (Anspielung auf Wittgensteins 1. Hauptsatz im Tractatus 2003). Er gibt den Sachverhalten ihren Raum, lässt sein, was ist. Manche Menschen, die nicht die Wahrheit sagen, haben zu wenig Raum in ihrem Leben. Um sich Lebensraum zu erhalten, weichen sie aus in die Unwahrheit. Oder sie weichen aus in die Welt des Traumes und der Fantasie. Vielleicht denken wir daran, in der Erziehung, in der Schule, bei den Kindern, wenn sie lügen oder Fantasiegebilde erzählen: Haben sie Raum mit ihren Anliegen, Ideen, Wünschen? Wo genügend Raum ist, kann Frieden herrschen. Wenn wir einem Menschen aber seinen Lebensraum nehmen, setzt er sich zur Wehr. Aggression wurzelt in der Beengung des Lebensraumes. Wer aggressiv ist, fühlt sich an die Wand gedrängt.

Die vorrangige Pathologie der 1. Grundmotivation ist die Angst. In ihr wirkt sich der Mangel an Schutz, Raum und Halt leidvoll aus und in Konsequenz versagen das Aushalten- und Annehmen-Können. Ein persönlich erlebtes Beispiel eines Kollegen (Probst 2003, S. 46 f., gekürzt mit Einverständnis des Autors) schildert deutlich das Erleben der Angst sowie ihre mögliche Integration in Form einer »Eigentherapie« und macht zugleich die Begrenztheit der Anwendung von Methoden deutlich:

»Ich war Medizinstudent, als ich es mit einer für mich fatalen Prüfungsangst zu tun bekam. Mehr als zwei Jahre lang war es mir nicht möglich, mein Studium fortzusetzen, weil ich Angst hatte, die Pathologieprüfung nicht zu bestehen. Um eine Alternative zum Studium zu finden, habe ich damals mit der Psychotherapieausbildung in EA begonnen... ich beherrschte die Paradoxe Intention, konnte mich von mir selbst distanzieren, war perfekt in der Dereflexion – aber es gelang mir trotzdem nicht, die Angst los zu werden. In den letzten Tagen vor der Prüfung verlor ich sechs Kilogramm Körpergewicht, weil mein vegetatives Nervensystem verrücktspielte. Am Tag der Prüfung fühlte ich mich so, als ob ich zur eigenen Hinrichtung gehen müsste – unter Aufbietung aller Kräfte und durch Einsatz der Paradoxen Intention gelang es mir anzutreten und zu bestehen. Aber der befreiende Effekt blieb aus. Und es hatte mich unendlich Kraft gekostet. Mit Grausen wurde mir bewusst, dass noch etwa die Hälfte des Studiums vor mir lag. Die Angst wurde nicht weniger, im Gegenteil, sie begann auch auf andere Bereiche meines Lebens überzugreifen. Ich bekam Angst, meine Frau und meine Töchter könnten bei einem Verkehrsunfall ums Leben kommen, wenn sie mit dem Auto wegfuhren. Ich hatte Angst, den Anforderungen des Arztberufes nicht entsprechen zu können und später im Beruf zu versagen. Die Angst wurde immer ärger, der Alltag mühsam. Müde geworden im Kampf gegen die Angst, begann ich nun die Angst an mich heranzulassen. Ich spürte, wie erschütterbar ich war, weil all das, was ich befürchtete, ja tatsächlich passieren könnte. Ja, es stimmte. Auch mir könnte es passieren, dass ich meine Familie verliere. Es könnte sein, dass ich mein Studium nicht abschließen kann, es wäre möglich, dass ich im Beruf versage usw. Es hatte keinen Sinn mehr, gegen diese Ängste anzukämpfen. Ich musste diese Bedingungen als möglich annehmen, mich diesem bedrohlichen Ausgeliefert-Sein meiner eigenen Existenz stellen und mich auch vor dieser Möglichkeit in Demut verneigen. Ich merkte, wie verletzbar ich war. Ich war erschüttert, wahrnehmen zu müssen, was ich alles verlieren könnte. Aber ich konnte in der darin aufkommenden Trauer auch wieder ein Gefühl für mich auffinden. Ich konnte mir in dieser Trauer nahekommen. Diese Nähe zu mir selbst finden zu können, mich in meinen Gefühlen leben zu können, hatte etwas Heilsames. Endlich brauchte ich nicht mehr gegen die Angst anzukämpfen. Es war mir jetzt möglich, mich mit den Verlusten, die mein Leben bedrohen konnten, zu beschäftigen, und ich konnte meinen Abschied nehmen von der Idee, die Verletzbarkeit und das Ausgeliefertsein verhindern zu können. Ich begann zu begreifen, dass vielleicht das Leben auch dann noch weitergehen würde, wenn all das einträte, von dem ich meinte, es würde mich vernichten. Durch diesen Schmerz und das traurige Wahrnehmen hindurch, spürte ich wieder einen Boden, auf dem ich Halt finden konnte. So gelang es mir, in einem über mehrere Monate gehenden Prozess, meine Angst anzunehmen und sie in mein Sein zu integrieren. Ich konnte Frieden schließen mit der Angst und fand wieder das, was ich schon fast verloren hatte: meinen Lebensmut.«

Die Angst verweist auf den möglichen Verlust der Inhalte der 1. GM und den Abgrund des Haltverlustes, wenn wir nicht mehr mit der Realität in enger Verbindung sind. Methoden und Techniken verschaffen manchmal nur eine erste Distanz zur Angst, wie in diesem Fall. Der tiefe Boden im Überwinden der Angst wird aber erst erreicht, wenn man die Bedingungen des Seins, inklusive des möglichen Verlustes des Wertvollsten und sogar des eigenen Lebens, annehmen und aushalten kann.

3.8.2 Die 2. Grundmotivation – leben mögen

Gehen wir nun weiter zur zweiten existentiellen Motivation. Die erste Grundmotivation hat uns den Körper für das Leben, den schützenden Raum geschaffen. Aber noch fehlt der Puls, die Wärme, das, was das Dasein wohnlich macht. Nur da sein zu können, wäre ein Leben wie in einer Kaserne. In Kasernen ist das Überleben zwar möglich, aber schön ist es nicht. So stellt uns das Dasein vor ein weiteres Thema: Wir wollen mehr als bloß in der Welt sein! Wir wollen, dass unser Leben gut ist. Wir suchen nach dem, was es lebenswert macht. Der Mensch ist existentiell erst beheimatet, wenn er spürt, dass sein Leben Wert hat. Er will Dinge und Menschen, die er lieben kann. Sonst ist es kahl in seinem Haus. Und er will Menschen, die umgekehrt ihn lieben, sonst ist es dürftig in seinem Haus. Er will nicht nur staunen, dass er ist. Er will spüren, dass es *gut* ist zu sein. Auch dies bewegt ihn zutiefst (Längle 1984). Um dies zu fühlen, bedarf es zunächst anderer Menschen, die mich gewollt haben und noch immer wollen. Es ist fundamental für die Existenz, von anderen zu erfahren: »Gut, dass es dich gibt!« Es wärmt ein Leben lang, wenn man zu spüren bekommen hat, dass da eine Mutter ist, die gewollt hat, dass ich lebe. Dass da ein Vater ist, dem es wichtig ist, dass es mich gibt. Diese Zuwendung durch andere ist ein Funke, an dem sich die eigene Liebe für das Leben entzünden kann. »Das Du ist älter als das Ich«, sagte Nietzsche. Wir sind aus einer Beziehung gezeugt worden und in einer Beziehung im Mutterleib herangewachsen – wir erleben schon längst ein Ja zu unserem Leben, noch ehe wir es selbst geben können. Beziehungen sind ebenso grundlegend und notwendig für das Leben, wie der geschützte Lebensraum.

Die Zuwendung von außen ist wichtig und wärmt unser Leben. Sie reicht aber nicht aus, um die Liebe zum eigenen Leben entfalten zu können. Das »Ja zum Leben« haben wir selbst zu sprechen. Es bleibt eine persönliche Aufgabe, die Tiefe des Lebens auszuloten und ihren Wert zu schöpfen. Zweifellos geschieht das oft spontan, unbewusst. Wir können aber auch bewusst dem »Ja zum Leben« nachfragen: »Ich bin. Gut. Aber wie ist das für mich, dass ich bin? Ist es gut? Ist es neutral? Ist es mir eine Last zu

3 Wissenschaftliche und therapietheoretische Grundlagen

leben? Kann ich für mich und vor mir sagen: Manches könnte besser sein – aber eigentlich ist es schon gut, dass ich auf der Welt bin. Ich bin damit einverstanden – ich will leben! – Und wenn ich das nicht sagen kann, wenn ich das nicht spüre – was fehlt mir? Was hindert mich? Was könnte ich dazu tun, dass es besser wird?« Diese Frage: »Ist es gut, dass es mich gibt?« fasst den Grundwert des Lebens. Wenn ich zum Leben »ja« sagen kann, dann werden auch das Erlebte und das Erleben wertvoll. Wenn es nicht gut ist zu leben – welchen Wert soll dann der Sonnenuntergang, das Konzert, die Liebe haben? Ist das Grundwerterleben nicht da, so neigt der Mensch zum inneren Rückzug und er leidet unter der Leere und Kälte des nackten Daseins. Eine fehlende Zustimmung zum eigenen Leben, ein beginnendes Nein zum Leben kennzeichnet die depressive Erlebniswelt. Wer das »Ja zum Leben« in sich nicht spüren kann (was nicht heißt, dass dieses bewusst sein muss), leidet am Unwert des Daseins.

Um den Wert des Daseins zu fühlen, braucht es Zeit, Zuwendung und Nähe. Sich Zeit für sich selbst nehmen, meint Beziehung zu sich haben (innerlich schwingen statt abschalten), meint sich Freude gönnen (genießen statt konsumieren), meint Feierabend machen (feiern statt »action«). In dieser Motivationsebene gründet die Fähigkeit zum Fühlen und zum Werterleben. Für das Leben relevante Werte (was »gut« ist) werden durch das Fühlen wahrgenommen. Dabei ist die Differenzierung zwischen dem durch einen Stimulus hervorgerufenen *Affekt* (z. B. Wut, Spaß) und der von innen aufkommenden *Emotion* (z. B. Freude) wichtig. Ersteres stammt aus der Psychodynamik, letzteres aus dem Personalen (► Kap. 3.2).

> Ein 25-jähriger Mann litt seit etwa fünf Jahren unter Depressionen, die im letzten Jahr stark zugenommen hatten. Die Arbeitsfähigkeit war in Gefahr. In der Therapie wurde bald deutlich, dass er den Verlust der großen Liebe mit 17 Jahren nicht verarbeitet hatte. Er war damals überfordert gewesen von dem großen Schmerz und der Selbstverunsicherung. Es war niemand da gewesen, dem er sich hätte anvertrauen können/wollen. So kam er sich im Laufe der Jahre immer mehr abhanden, in eine Distanz zu sich, kam zunehmend in ein Funktionieren, erledigte seine Aufgaben, ohne innerlich wirklich dabei zu sein. Er erlebte einen inneren Beziehungsverlust und konnte nicht mehr für sich eintreten. Schließlich war das Gefühl für sich abhandengekommen.

3.8 Die vier Grundmotivationen – das Strukturmodell der Existenzanalyse

Auf dieser Basis fehlte auch die Kraft etwas zu ändern. Er fühlte nicht mehr, dass jemand ihn noch gerne hätte, sah die Schuld seines Zustandes allein bei sich, in seiner Unfähigkeit, seinem Versagen. Die stärker werdenden Selbstvorwürfe machten sein Leid noch schwerer. Um nicht noch schuldiger zu werden, zwang er sich ständig, den Erwartungen der anderen zu entsprechen, was ihn immer mehr ermüdete und entleerte. Er fühlte schon lange kein Leben mehr, schaute nicht mehr auf sich. Er war innerlich leer, leblos, gelähmt. Keine Träne kam mehr auf, die Trauer über den Verlust hatte nie stattgefunden. Anfangs hatte er sich abgelenkt, dann von sich abgewendet und geleistet, um nicht auch noch andere zu enttäuschen. Aber er war nie zufrieden mit dem, was er gemacht hatte. Nichts war gut genug, war so, wie es sein sollte. Er war nur noch streng, fordernd, vorwurfsvoll mit sich.

Die Behandlung bestand in der Beziehungsaufnahme zu jenen Themen, wo er allein nicht mehr hinfühlen konnte. Im Schutze der therapeutischen Beziehung konnte er sich dem großen Schmerz des Verlustes zuwenden und die Trauer fühlen und halten. Er war begleitet und nicht mehr allein. Durch die Zuwendung zu sich war das Fühlen wie vom Eise befreit und er konnte mit dem Leben, das zwischendurch zu schmerzlich war, wieder in Beziehung treten. Es ist, als ob die Depression ihm hätte sagen wollen: »Ich, dein Leben, will deine Zuwendung, auch dort, wo das Leben schmerzt!« Doch manchmal wird es für einen allein zu viel. Gerade dann brauchen wir andere Menschen, die uns begleiten, mit uns gehen und mit uns fühlen.

3.8.3 Die 3. Grundmotivation – sich selbst sein dürfen

In der Abfolge der drei Grundmotivationen der Person könnten wir nun sagen: wer seinen Lebensraum und seinen Lebenswert hat, der kann bereits überleben und was er hat, ist gut und solide. Aber es fehlt noch die besondere, die *persönliche Note*. Wenn wir das Bild des Hausbaus heranziehen, so sind nun im Rohbau alle Installationen eingezogen, das Wasser, die Heizung, die wichtigsten Möbel sind da, aber es fehlt das individuelle Gepräge, der eigene Stil. Es reicht zum vollen Leben nicht aus, wenn irgendein Bett, irgendein Kasten und irgendwelche Bilder in dem Zimmer sind. Passen die Gegenstände denn zueinander nach meinem Geschmack? Gefallen sie mir? Auf das eigene Leben transponiert, heißt das: es genügt nicht, sagen zu können: »Gut, dass ich bin«. Wenn das gewährleistet ist, fordert uns das Leben erneut heraus und verlangt, dass wir auch *wir selbst* sind. Wir werden zu einer Einschätzung von uns selbst aufgerufen: »Ist es recht so, wie ich bin, kann ich zu mir und zu meinen Handlungen stehen? Bin ich *ich*, so wie ich bin?« Es geht in dieser dritten Motivationsebene um die Anerkennung der ganz spezifischen eigenen Art und Weise des Erlebens, Denkens, Fühlens und Handelns. Wir sehnen uns zutiefst nach dieser Achtung als Person. Jeder Mensch hat als Person Würde und ist darin unantastbar. Es gehört zum menschlichen Wesen, dass wir vor uns selbst wie vor den anderen Menschen bestehen wollen. Jeder Mensch hat ein Gesicht im übertragenen Sinn und will es bewahren. Es trifft uns tief, wenn wir verurteilt, verworfen, verachtet oder verlacht werden. Wir brauchen die Anerkennung der Form, in der wir unser Leben individuell und persönlich gestalten. Personsein verlangt daher auch Abgrenzung des Eigenen vom anderen, womit der Unaustauschbarkeit und Unverwechselbarkeit der Person Rechnung getragen wird. Um sich selbst sein zu können, muss der Mensch zu sich selbst stehen können in dem, wie er ist, was er tut und wie er geworden ist. Darum will er gerecht leben und gerechtfertigt handeln und so auch den Blick des anderen aushalten können, was Emanuel Lévinas als Beginn der Ethik beschreibt. Diese dritte Motivationskraft der Person stößt in die Ebene der Verantwortung und der Rechtfertigung des Lebens vor.

Im Mangel in der 3. GM kommt sich der Mensch in seiner Authentizität und seinem Sich-selbst-Sein abhanden, wird sich fremd und hat wenig Zugang zu sich selbst. Histrionische Entwicklungen und die Persönlichkeitsstörungen des Selbst (Hysterie, Narzissmus, Borderline etc.) sind hier angesiedelt. Allen gemeinsam ist ein Leiden an innerer Leere, ein verdrängter, großer Schmerz, ein unersättliches Angewiesensein auf andere, um gesehen, geliebt oder bewundert zu werden, die Schwierigkeit, Grenzen einzuhalten oder sich festzulegen in dem ungestümen Drang, ungebunden (»frei«) zu sein (Längle 2002c; 2006). Führt das Defizit zu einer Defizienz in den Ich-Funktionen, entsteht der Schweregrad von Persönlichkeitsstörungen.

3.8 Die vier Grundmotivationen – das Strukturmodell der Existenzanalyse

Eine 46-jährige Frau litt seit etwa 25 Jahren an einer relativ leichten histrionischen Neurose. Sie reagierte oft panisch-überschießend, war immer schnell mit ihren Antworten und Reaktionen, neigte zu Übertreibungen, steigerte sich oft in alle möglichen Themen hinein, lebte alleine ohne fixe Partnerschaft (»weil ich es so will«), konnte aber im Grunde schwer alleine sein, suchte immer wieder neue Kontakte.

Während der Coronakrise 2020 wurde ihr deutlich, dass sie mehr allein ist, als ihr lieb ist. Sie merkte, dass es eigentlich nicht stimmte, dass sie allein leben möchte. Durch die Anfragen des Therapeuten konnte sie sich das erstmals eingestehen, und es war ihr äußerst peinlich. Noch nie hatte sie das selbst ihren besten Freundinnen gesagt. – Warum es so peinlich sei? – Nun kam ein ganz tief verborgenes Gefühl zum Vorschein, das sie noch nie jemandem gesagt hatte: »Ich bin eigentlich so schrecklich, dass sich keiner für mich interessiert, und jetzt in dieser Ausgangssperre muss ich mich auch noch den ganzen Tag selbst ertragen!« Und gleich fuhr sie fort: »Und es ist kein Wunder, dass sich keiner für mich interessiert. Und weil ich so peinlich schrecklich bin, rede ich mit niemandem über mich, das interessiert ja keinen; es wäre eh nur peinlich.« Sie kritisierte sich innerlich ständig, wertete sich ab, konnte Lob nicht ertragen, es machte sofort heftige Gefühle der Peinlichkeit. Hier kam ihr mangelnder Selbst-Wert und ihr fehlender Umgang mit sich selbst zum Vorschein. Sie konnte kein inneres Gespräch führen, wusste nicht, wie das geht. Sie kannte nur Selbstabwertung und sich kritisieren, und sich schamvoll verstecken.

Im Hintergrund stand ein großes Leid, eigentlich eine Todesangst des kleinen Mädchens, ausgelöst durch ihren alkoholkranken Vater. Dieses Problem durfte nicht an die Öffentlichkeit kommen. Sie hatte es ihr Leben lang verschwiegen und noch nie mit jemandem darüber gesprochen, stets auf der Lauer, alle Spuren zu verwischen. Die Scham erstickte den Dialog mit sich und anderen. So war es ihr auch nicht möglich, sich selbst zu sein. Genau dies wurde in der Therapie entwickelt, was zu einer großen inneren Befreiung führte.

3.8.4 Die 4. Grundmotivation – Sinnvolles sollen

Wenn ich in der Welt sein kann, das Leben mag und mich darin finden kann, sind die Voraussetzungen geschaffen für die vierte Grundbedingung der Existenz: das Erkennen dessen, worum es im Leben gehen soll. Denn es genügt nicht, einfach in der Welt zu sein und sich gefunden zu haben. Unsere Gegenwart in der Welt ist auch darauf angelegt, dass wir über uns hinausgehen, nicht nur in uns verhaftet bleiben, in den eigenen Bedürfnissen, Wünschen, Zielen usw. Der Mensch soll in etwas aufgehen, fruchtbar werden. Sonst wäre es, als lebten wir in einem Haus, in das niemand auf Besuch kommt. Und obendrein stellt uns die Vergänglichkeit des Daseins vor die Sinnfrage der Existenz: Ich bin da – wofür ist es gut? Um dies und damit Sinn erleben zu können, braucht es dreierlei: ein Tätigkeitsfeld, einen Strukturzusammenhang und einen Wert in der Zukunft. Habe ich etwas, wo ich benötigt werde, wo ich produktiv sein kann? Sehe und erlebe ich mich in einem größeren Zusammenhang, der meinem Leben Strukturierung und Orientierung gibt? Gibt es etwas, was in meinem Leben noch werden soll? Fehlt mir dies, so entsteht Leere, Lebensfrustration, sogar Verzweiflung und oft eine Sucht. Ist es da, finde ich zu einer Hingabe und zum Handeln. Die Summe dieser Erfahrungen machen den Sinn des Lebens aus, führen zur Lebenserfüllung. Es genügt aber nicht, in einem Tätigkeitsfeld zu stehen, sich in einem Zusammenhang zu wissen und Werte in der Zukunft zu haben, sondern es braucht dazu eine phänomenologische Haltung. Sie ist der existentielle Zugang zum Dasein: die Haltung der Offenheit, in der es darum geht, sich anfragen zu lassen von der Situation (Frankl 1982a). »Was will diese Stunde von mir, worauf soll ich antworten?« Es geht also nicht nur darum, was ich vom Leben erwarten kann, sondern getreu dem dialogischen Grundmuster der Existenz geht es ebenso darum, was das Leben *von mir* will, was die Situation *von mir* erwartet, was ich jetzt tun kann und tun soll für andere wie auch für mich. Mein aktives Zutun in dieser Haltung der Offenheit ist, mich in Übereinstimmung zu bringen mit der Situation, zu prüfen, ob es auch gut ist, was ich tue: für die anderen, für mich, für die Zukunft, für die Welt, in der ich stehe. Und indem ich danach handle, erfüllt sich meine Existenz.

3.8 Die vier Grundmotivationen – das Strukturmodell der Existenzanalyse

Das Tätigkeitsfeld hat Frankl (1982a, S. 39 ff.) mit den drei Wertekategorien beschrieben, die er gerne als die drei »Hauptstraßen für die Sinnfindung« bezeichnet hat: schöpferische Werte, Erlebniswerte und Einstellungswerte.

Schöpferische Werte: Diese verwirklicht der Mensch, wenn er etwas ins Leben bringt, aktiv und kreativ die Welt bereichert: z. B. arbeitet, kocht, den Garten pflegt, für jemanden eintritt usw.

Erlebniswerte: Etwas Schönes oder Gutes in der Welt erfahren können: Natur, Musik, Kunst, die Beziehung zu anderen Menschen, ein Gespräch, Liebe, Sexualität.

Einstellungswerte: Wenn der Mensch keinen Handlungsspielraum mehr hat, sein Schicksal selbst zu bestimmen, hat er immer noch einen kleinen Rest von Freiheit: die Wahl, wie er mit diesem Schicksal umgehen will. Hier geht es um die Haltung zu Dingen oder Ereignissen, die wir nicht ändern können. Wie dies zu einem Sinn- und Werterleben führen kann, soll in folgendem Beispiel aus der klinischen Praxis dargestellt werden, das David Spiegel von der Stanford University in San Francisco anlässlich eines Gespräches über Viktor Frankl erzählt hat.

Dr. Spiegel wurde eines Tages als Psychiater zu einem alten chinesischen Patienten in der Klinik gerufen. Es bestand akute Selbstmordgefahr. Der 70-jährige Patient war an einem unheilbaren Krebs erkrankt und über seine infauste Prognose aufgeklärt worden. Als der Psychiater das Zimmer des Patienten betrat, war fast kein Platz mehr. Drei Generationen der Familie des Patienten waren versammelt. Alle weinten. Das Familienoberhaupt saß auf einem Rollstuhl in der Mitte des Raumes. Dr. Spiegel überlegte kurz, was er in dieser Situation tun könnte. Er wusste um die Bedeutung der Familie in der chinesischen Tradition. Da fiel ihm eine Geschichte von Viktor Frankl ein, wo es um den existentiellen Sinn ging. Er sagte zum Patienten: »Sie wissen, dass Sie bald sterben müssen. Alle, die hier sind, wissen das auch. Und alle, die hier sind, müssen auch einmal sterben. Wir schauen jetzt alle auf Sie, um zu sehen, wie Sie das machen, weil wir von Ihnen etwas lernen möchten.« Es war totenstill im Zimmer. Der Psychiater verabschiedete sich bis zum nächsten Tag. Dr. Spiegel hatte Bedenken über seine Intervention. Er wollte den Patienten am nächsten Morgen,

3 Wissenschaftliche und therapietheoretische Grundlagen

wenn der Besuch weg war, ohnehin noch genau untersuchen und ihm ein Medikament verschreiben. Doch dazu kam es nicht mehr. Was war passiert? Der Patient war von seiner Depressivität und Suizidalität befreit und brauchte kein Psychopharmakon mehr. Die unerwartete Selbstverständlichkeit, mit der Spiegel aus der Not der Situation heraus die Realität beim Namen genannt und dem Patienten seine existentielle Aufgabe im Kontext seiner Familie verdeutlicht hatte, hatte den Patienten aus seiner Ohnmacht und Verzweiflung gerissen. Er hatte noch am selben Tag begonnen, seinen Kindern wie gewohnt Aufträge zu erteilen: dem Sohn, die Klimaanlage im Haus zu reparieren, der Tochter eine Waschmaschine zu kaufen usw. Er hat seine Position als Oberhaupt der Familie in chinesischer Tradition wieder eingenommen. Er lebte noch zwei Wochen so, wie er immer gelebt hatte – versöhnt mit einem Leben, das wert war, auch in den letzten zwei Wochen in seiner Art gelebt zu werden.

Auf der Basis von können, mögen, dürfen und sollen ist der Mensch nun ganzheitlich handlungsbereit. Er kann ein fundiertes, starkes Wollen entwickeln. Der Wille ist ein Ja zu einem Wert, verbunden mit der Bereitschaft, sich aktiv dafür einzusetzen. Der Wille ist also ein Handlungsauftrag des Menschen an sich selbst. Es ist oft Thema in der Beratung/Therapie, diese strikte Bedeutung von Willen zu differenzieren vom Wunsch. Zwar sind beide auf einen Wert ausgerichtet. Doch, während Wille bedeutet, bereit zu sein, sich selbst aktiv für etwas einzusetzen und die Mühen und Kosten auf sich zu nehmen, ist der Mensch im Wunsch passiv und wartet auf seine Erfüllung. Zu viele Wünsche (»Ich möchte eine Beziehung; Erfolg haben; glücklich sein…«) können eine passive Lebenshaltung vorherrschen lassen, was zu einer inneren Lähmung führt (▶ Kap. 6 Fallbeispiel).

Die aktive Umsetzung des Willens führt zu Handeln. Handeln ist also gewolltes, entschiedenes Verhalten (die andere Art des Verhaltens ist das nicht gewollte, automatische Reagieren aus der Psychodynamik). Ist der Mensch in seinem Handeln versunken, »hingegeben«, kann das wie ein Abheben erlebt werden und zu einem »Flow-Erlebnis« führen.

Die folgende Tabelle 3.1 soll einen Überblick geben über die Grundlagen des Strukturmodells:

3.8 Die vier Grundmotivationen – das Strukturmodell der Existenzanalyse

Tab. 3.1: Überblick über die Themen, Instrumente und Voraussetzungen der vier personal-existentiellen Grundmotivationen (nach Längle 2013b, S. 84 f.) (GM = Grundmotivation) Thema: »Wie kann die Person zur Existenz gelangen?«

	Die personal-existentiellen Grundmotivationen			
	1. GM	**2. GM**	**3. GM**	**4. GM** Resultat: Handeln wollen
Bewegendes Grundmotiv	Der Mensch intendiert: **Da sein können** (Grundfrage der Existenz: Ich bin – kann ich sein?)	Der Mensch intendiert: **Wert sein mögen = leben mögen** (Grundfrage des Lebens: Ich lebe – mag ich leben?)	Der Mensch intendiert: **Selbst sein dürfen** (Grundfrage der Person: Ich bin ich – darf ich so sein?)	Der Mensch intendiert: **Sinnvolles Sollen** (Sinnfrage der Existenz: Ich bin da – wofür soll ich da sein? Wofür ist mein Leben gut?)
Psychisch-geistiges Instrumentarium	... dafür braucht er **Wahrnehmen** des Faktischen, der Bedingungen und Möglichkeiten: Erfahrung	... dafür braucht er **Fühlen** der Art, wie etwas ist: Gefühl	... dafür braucht er **Einschätzen** des Verhaltens: innere Resonanz und Urteil	... dafür braucht er **Verstehen** des situativ Geforderten/Gebotenen: phänomenologische Offenheit ... dafür braucht er **Sich einlassen auf** das Gegenüber
Psychische/geistige Funktion	Kognition (Denken) Erkennen	Emotion (Mit-)Fühlen	Position/Identitätsfindung (Hin-)Spüren	Persönliche Evidenz Einsicht Aktion Werk, Tat

63

Tab. 3.1: Überblick über die Themen, Instrumente und Voraussetzungen der vier personal-existentiellen Grundmotivationen (nach Längle 2013b, S. 84 f.) (GM = Grundmotivation) Thema: »Wie kann die Person zur Existenz gelangen?« – Fortsetzung

	Die personal-existentiellen Grundmotivationen				Resultat: Handeln wollen
	1. GM	2. GM	3. GM	4. GM	
Tiefstes Erleben	Grundvertrauen	Grundbeziehung	Selbstwert	Sinn im Leben (Lebenserfüllung)	Innere Erfüllung
Voraussetzungen (und Folge im Feedback)	**Schutz**/Ruhe/Heimat **Raum**/Weite/Offenheit **Halt**/Gelassenheit	**Beziehung**/Berührtsein/Bewegtsein **Zeit**/Lebensgefühl **Nähe**/Wärme	**Be-Achtung**/Wahrung der Distanz/Reflexion **Gerechtigkeit**/Festigkeit/Autorität **Wertschätzung**/Anerkennung des Eigenen	**Tätigkeitsfeld**/Aufgabe/3 Wertekategorien (Frankl) **Kontext**, Strukturzusammenhang, Orientierung **Wert in der Zukunft** Entwicklung/Religion	Hingabe
Realisation on der GM	Vertrauen	Werte	Authentizität	Orientierung	Existenz (Flow) Fruchtbar werden

3.8 Die vier Grundmotivationen – das Strukturmodell der Existenzanalyse

Wie bereits gezeigt, bilden die Grundmotivationen das Gerüst der Existenz, weshalb sie die Bezeichnung »Strukturmodell der Existenzanalyse« erhalten haben. Weil die Existenz in ihren Grunddimensionen darin erfasst ist, bilden die Grundmotivationen auch den Rahmen und die Inhalte für die Arbeit in der EA (▶ Kap. 5.3). Ihre Funktion ist vergleichbar mit den tragenden Mauern eines Hauses. Als solche ergeben sie auch eine Landkarte für das gesunde und pathologische Seelenleben (Ätiologie und Nosologie ▶ Kap. 5.3.3), und eine Gliederung für die Vorgehensweise in der EA.

> **Zusammenfassung: Personsein als existentielle Aufgabe – die vier Grundmotivationen**
>
> Der Mensch ist in seiner dialogischen Verwobenheit mit der Welt strukturell in existentielle Grundbedingungen eingebettet. Dies sind die unausweichlichen Gegebenheiten des Daseins, denen der Mensch nicht entkommen kann und die ihn unaufhebbar vor existentielle Aufgaben stellen.
>
> Die existentiellen Grundbedingungen, in denen der Mensch steht, bewegen ihn in seinem Dasein unablässig und stellen daher die vier personal-existentiellen Grund-Motivationen dar. Mindestens eine davon liegt jeder Motivation des Menschen zugrunde.
>
> Die Grundmotivationen im Überblick:
>
> 1. Der Mensch ist darauf ausgerichtet, in der Welt sein und überleben zu können. Hierbei ist er auf Schutz, Raum und Halt angewiesen, sodass sich Können, Vertrauen und ein Grundvertrauen entwickeln können. Andernfalls sind Ängste die Folge.
> 2. Der Mensch ist auf Verbundenheit mit Werten hin ausgerichtet. Hierzu benötigt er Beziehung, Zeit und Nähe, um sich dem Wertvollen zuwenden zu können und so Zugang zum Wert des Lebens (»Grundwert«) zu bekommen. Dies spiegelt sich in dem Gefühl, dass es gut ist, da zu sein. Andernfalls sind depressive Verstimmungen und Störungen die Folge.

3. Der Mensch ist auf Entfaltung seines Selbst-Seins und Begegnung mit anderen ausgerichtet. Beachtung, Gerechtigkeit und Wertschätzung helfen ihm, sein Ich und seinen Selbstwert auszubilden, sodass es ihm möglich wird, authentisch zu leben, eine Identität zu entwickeln und ein eigenes Gespür für das ethisch Richtige zu finden. Defizite führen zum histrionisch/narzisstischen Symptomkomplex bzw. zu extrovertierten Persönlichkeitsstörungen.
4. Der Mensch ist auf einen größeren Kontext ausgerichtet. Er will sein Leben in einem wertvollen Zusammenhang sehen, Tätigkeitsfelder haben und einen Wert in der Zukunft vor Augen haben. So kann er erfahren, dass sein Dasein für etwas gut ist. Der so erfahrene existentielle Sinn führt zu einer Ahnung des ontologischen Sinns. Sinnvakuum und Suizidalität verweisen auf Sinn-Defizite, werden als existentielles Vakuum erlebt und können zu Suizidalität führen.

3.9 Die Personale Existenzanalyse (PEA) – das Prozessmodell der Existenzanalyse

Um die Dynamik menschlicher Existenz zu erfassen, braucht es neben dem Strukturmodell auch ein *Prozessmodell*. Während im Strukturmodell konkrete Inhalte (Elemente) beschrieben sind, welche die Existenz fundieren, ist das Prozessmodell inhaltlich leer. Es fasst die Dynamik personaler Kräfte zusammen, die in einer systematischen Abfolge die Potenz haben, Probleme in einen existentiellen Lebensvollzug zu integrieren.

Das Prozessmodell der EA, die Personale Existenzanalyse (PEA), folgt dem natürlichen Verlauf des menschlichen Dialogs. Es vermittelt den dialogischen Austausch mit der Welt und ermöglicht so eine personale Bearbeitung dessen, was einen erreicht hat, anspricht oder angeht.

Im Grunde handelt es sich um einen einfachen Prozess. Er läuft bei jedem Menschen im Zuge jeder personalen Verarbeitung von Eindrücken spontan ab. Die darin enthaltenen Schritte werden hier zu einem Modell ausgestaltet. Durch diese Systematik entsteht eine, dem Menschen sehr gemäße, effiziente Methodik für das psychotherapeutische Arbeiten (▶ Kap. 5.2).

Entwicklung der PEA

Die PEA wurde von Alfried Längle (1993b, 2000a) in den Jahren 1988–1990 entwickelt und stellt heute die zentrale Methode für Verarbeitungsprozesse in der EA dar. Sie basiert auf dem prozessualen Personkonzept von Längle (1993b, S. 136 ff.), wonach die Person als das »In-mir-Sprechende« verstanden wird. Durch das ständige innere Angesprochensein in der eigenen Person erhält das Ich eine innere Gegenwärtigkeit. Innerer Dialog kann stattfinden. Indem diese Gegenwärtigkeit aufgegriffen wird, bekommt das Ich die Möglichkeit zur eigenen Integrität (im Sinne von Unversehrtheit) und verliert sich nicht.

Die Entwicklung dieser heute zentralen Methode markiert die *personale Wende in der EA*, in deren Folge nun die Mobilisierung des subjektiven Erlebens, der Emotionen und personalen Prozesse von entscheidender Bedeutung für die existenzanalytische Psychotherapie geworden sind.

Die PEA beschreibt den Prozess der personalen Informationsverarbeitung, im Zuge dessen das Ich Erlebnisse, Eindrücke, Gefühle, Gedanken usw. personal verarbeitet, d. h. mit seinem Wesen und dem ihm Wichtigen in Verbindung bringt, und es dann entweder internalisiert oder sich davon abgrenzt. Zumeist verläuft dieser Vorgang unbewusst. Wenn die Internalisierung »mit innerer Zustimmung« geschieht, wird sie zur Integration. Bewusstheit spielt dabei keine zentrale Rolle, entscheidend für die Personalität ist, dass der Prozess und die Entscheidung in fühlbarer Kongruenz mit sich selbst und dem eigenen Wesen stehen. Personales Geschehen ist nicht an Bewusstheit gebunden, sondern an innere (gefühlte) Stimmigkeit.

Für diesen dialogischen Austausch, der zur Begründung der Existenz fundamental ist, rücken drei Eigenschaften der Person in den Vordergrund, die zur Grundlage der PEA werden: Die Person hat als Grundfähigkeiten, dass sie

- *ansprechbar* (mit sich und mit anderen »dialogisierend«, das Sprechen in sich tragend)
- *verstehend* (Beweggründe erkennend und fühlend)
- *antwortend* (auf Kommunikation, Austausch, Begegnung und Andersheit angelegt ist (▶ Kap. 3.5, ▶ Kap. 3.6) ist. (▶ Abb. 3.5).

Im subjektiven Erleben empfängt der Mensch dort, wo er angesprochen ist, einen *Eindruck*, gelangt über das *Verstehen* zu persönlichen *Stellungnahmen* und erlebt sich im Antworten als sein Inneres zum *Ausdruck* bringend.

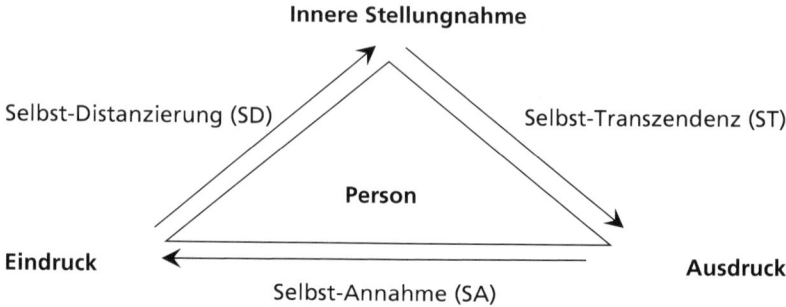

Abb. 3.5: Die subjektive Erlebnisseite personalen Geschehens mit Eindruck, Stellungnahme, Ausdruck (Längle 2013b, S. 90, modifiziert)

Dieses basale Modell der Person stellt bereits die einzelnen Schritte des Prozessmodells dar. Sie schaffen den inneren (subjektiv-intimen) wie auch den äußeren (begegnenden) Zugang zur Person. Die drei Fähigkeiten von Selbst-Distanzierung, Selbst-Annahme und Selbst-Transzendenz bauen aufeinander auf und bilden die Grundlage für die Einheit der Person, die unter dem Eindruck der jeweiligen Situation erschüttert werden kann.

Selbst-Distanzierung (SD) beschreibt die Fähigkeit der Person, »von sich abrücken zu können« (Frankl 1982a, S. 96 ff.) und damit sich selbst gegenübertreten zu können. Sie ist die Fähigkeit des Ichs zu sich selbst auf Distanz zu kommen und zwar zu sich als Psyche und zu sich als Körper, aber auch zu sich als Person und als Gewissen wie auch zum eigenen Handeln, zu Wünschen oder Plänen oder auch zur Biografie. Diese selbstreflexive Fähigkeit der Selbst-Distanzierung verlangt aber eine selbstannehmende und achtsame Haltung zu sich selbst, damit sie beziehungsvoll und nicht selbstablehnend vollzogen werden kann. Das gibt ihr ein rechtes Maß und beinhaltet ein Zu-sich-Stehen, sich nicht übergehen, sich nicht verleugnen und sich dennoch nicht bestimmen lassen, sich nicht ausliefern an Teile von sich. Das Opponieren-Können des Menschen gegenüber dem Psychophysikum durch den Vollzug seiner personalen Freiheit sich selbst gegenüber findet bei Frankl (1990, S. 230–241) seinen Höhepunkt in der »Trotzmacht des Geistes«, die er in griffiger Weise in den Vorträgen gerne in den Satz gefasst hat: »Der Mensch muss sich nicht alles gefallen lassen – auch nicht von sich selbst!« (Frankl 2005, S. 94)

In der Praxis ist die SD ein wichtiges Element für den Umgang mit körperlichen Beschwerden (z. B. Schmerzen) und jeglicher Psychodynamik: Ob es die Angst ist oder der Neid – psychotherapeutisch wird den KlientInnen immer in eine SD nahegebracht, um etwas Distanz zu ihrem Problem zu bekommen und sich dann besser darauf beziehen zu können und den Raum für einen Umgang zu schaffen (»Ich habe Angst, aber ich bin nicht die Angst. Da ist jemand, auf den diese Angst trifft, und der/die ist ein/e andere und kann sich ihr gegenüberstellen und lernen, mit ihr umzugehen…«). Das Erlernen und Üben des bewussten Einsatzes der SD ist Element vieler Psychotherapien, wenngleich es meist nicht mit diesem Begriff bezeichnet wird.

Für diese personale Selbst-Distanzierung bedarf es der Selbst-Annahme als Gegengewicht, sonst droht die Gefahr eines abgespaltenen, unempathischen, sich selbst übergehenden, sich selbst verleugnenden Umgangs mit sich selbst. Das kann z. B. die Folge von zu strenger Disziplin sein.

Selbst-Annahme bezeichnet jene Fähigkeit des Ichs, zu sich in Beziehung treten zu können, und damit die eigene Identität zu hüten und seine Integrität (Ganzheit) zu erhalten. Verbunden mit der Möglichkeit der Distanznahme zu sich ist die Möglichkeit, »sich selbst in Empfang zu nehmen«. Und zwar kann der Mensch dies in allen vier Dimensionen der Existenz: auf der körperlichen, der psychischen, der personalen Ebene und der Ebene des dialogischen Eingebundenseins.

Die zuerst beschriebene Selbst-Distanzierung beruht darauf, dass Person per Definitionem das Freie im Menschen ist. Die Selbst-Annahme nimmt auf eine andere Grundeigenschaft der Person Bezug, nämlich darauf, dass die

Person dem Ich »anvertraut« ist. Ein sich selbst (d. h. dem Ich) anvertrautes Wesen zu haben, bringt die unabdingbare Aufgabe mit sich, sich selbst in Empfang zu nehmen. D. h.: Ich kann mich weder machen noch beliebig über mich verfügen, sondern letztlich nur verantwortlich mit mir umgehen (Längle S 2001, S. 21 f.). In dem Beispiel des Kollegen (▶ Kap. 3.8.1) wird deutlich, wie er die Angst durch die Selbst-Annahme nicht nur überwinden, sondern auch fruchtbar für sein Leben machen konnte.

In der Logotherapie Frankls (2005, S. 80 f.) spielt die *Selbst-Transzendenz* eine ganz zentrale Rolle. In seinem Verständnis verdichtet sich in dieser exquisit humanen Fähigkeit das Potenzial zur Existenz. Er versteht unter Selbst-Transzendenz, »daß menschliches Dasein immer auf etwas verweist, das nicht wieder es selbst ist – auf etwas oder auf jemanden, nämlich entweder auf einen Sinn, den zu erfüllen es gilt, oder aber auf mitmenschliches Dasein, dem es begegnet.« (Frankl 1982b, S. 20) Man kann in der Psychotherapie oder Beratung oft sehen, welch heilende und stabilisierende Wirkung eine Aufgabe für die Klienten hat: Ein Beruf, ein Tier oder eine Pflanze, um die sich die Klienten kümmern, ein freiwilliges Engagement aber auch das Dasein für Freunde oder Familie. Der Mensch kommt nicht zu seinem Wesen, wenn er um sich selbst kreist und sich selbst beobachtet. Zu einer vollgültigen Existenz kann er nur im dialogischen Austausch mit der Welt/Andersheit kommen.

Mit dieser selbsttranszendenten Veranlagung des Menschen geht das Vermögen zu Dialog, Begegnung und Weltgestaltung einher. Als Ergebnis solchen Sich-Öffnens für Andersheit wird das Selbst-Sein konstituiert, das erst dann vollständig wird, wenn der Mensch aus sich heraustritt und in der Hingabe an eine Sache oder an einen Menschen aufgeht, wie es Frankl (Frankl 1982b) formuliert hat. Im Wirksamwerden in der Welt verwirklicht der Mensch akthaft sein Personsein.

Ein weiterer zentraler Begriff der PEA ist jener der *Stellungnahme*: Stellungnahme meint, finden zu können, was man selbst zu einer Situation oder Sache zu sagen hat. Stellungnahme ist notwendig, damit man sich bei dem, was geschieht oder ist, innerlich einfinden kann. Indem der Mensch Stellung nimmt, aktualisiert er das Verstehen seines eigenen Seins in seiner jeweiligen Situation. In einer vollgültigen Stellungnahme bezieht sich der Mensch auf sein Gefühl, Gespür (Gewissen), Denken, Wissen und Erfahrung in Bezug auf ein Erleben, Handeln oder einen Inhalt.

Sind die Schritte der PEA nicht ganz vollzogen, wird die Person nur teilweise im jeweiligen Kontext sichtbar. Statt personalem Wollen und Handeln ist das Verhalten dann mehr von psychodynamischen Reaktionen, Verhaltensmustern oder Gewohnheiten bestimmt. Dies ist insbesondere der Fall, wenn sich die Person selbst nicht versteht oder nicht auf sich Bezug nimmt durch Selbst-Distanzierung und Selbst-Annahme.

Christoph Kolbe (2019) hat die Schritte der PEA mit Elementen der GM verbunden und bezeichnet die spezifischen Funktionen des Ichs, durch die sich das Ich auf die eigene Personalität beziehen kann, die »existentiellen Funktionen des Ichs« (Kolbe 2014a). Die strukturelle Stabilität erhalten sie durch das Strukturmodell der EA. Eine ausführliche Schilderung einer Therapie mithilfe der PEA geben Launeau et al. (2019).

Zusammenfassung

Die Aktualisierung des Personseins wirkt sich im inneren Erleben folgendermaßen aus:

- das Angesprochensein wird subjektiv als *Eindruck* erlebt;
- das Verstehen erlaubt eine *Stellungnahme*;
- das Antworten in diesem ganzheitlichen Sinn ist »*Aus-druck*« des inneren personalen Seins, in welchem die »Innerlichkeit« nach außen gegeben wird.

3.10 Formen nicht-personaler Verarbeitung: die Coping-Reaktionen

Um den Wert personaler Verarbeitung erfassen zu können, ist es hilfreich, einen kurzen Blick auf die nicht-personalen Reaktionen auf Erleben und Eindrücke zu werfen: die psychodynamischen Schutzreaktionen, die in der EA als Coping-Reaktionen bezeichnet werden. Sie sind Umgangsweisen, die dem Schutz und dem unmittelbaren Überleben dienen, und sie umfassen auch präventive, also der Situation zuvorkommende Verhaltensweisen (die schon einsetzen, bevor die Situation eintritt, wenn es bereits um die Abwehr von unmittelbar Bedrohlichem ginge).

Der Begriff »Coping« bezeichnet in der Psychologie ganz allgemein Verhaltensweisen und Bewältigungsstrategien, d. h. die Art des Umgangs mit Lebensereignissen (vgl. Lazarus und Fokman 1984). Dabei bezieht sich »Coping« auf *alle* kognitiven, emotionalen und verhaltensmäßigen Anstrengungen, mit Belastung und Stress umzugehen. Der Coping-Begriff umfasst somit entschiedenes (personales) Verhalten *und* unentschiedenes (psychodynamisches) Reagieren. Diese Unterscheidung wird auch in der EA beibehalten. D. h., dass der Begriff »Coping-Reaktion« sich *ausschließlich auf jenen Bereich von Coping* bezieht, *der aus der Psychodynamik stammt* und daher »automatisch« ablaufendes Verhalten darstellt, zu dem man sich gedrängt, manchmal wie gezwungen fühlt.

Wenn die personale Verarbeitung eines Geschehens also nicht gelingt, weil die »geistige Potenz«, das freie Ich des Menschen situativ überfordert oder gar gelähmt ist, übernimmt dieses viel ältere, aus der Evolution der höheren Lebewesen stammende System an automatisch ablaufenden psychischen Schutzreaktionen die Führung. Coping-Reaktionen sind reflexartig eintretende, automatische Verhaltensweisen, deren Ziel eine unmittelbare Bewältigung der Situation ist. In ihnen geht es primär um die Sicherung des Überlebens und nicht um eine ursächliche Bearbeitung von Problemen. Sie sind auch nicht darauf ausgerichtet, sich selbst oder der Situation gerecht zu werden, sondern lediglich darauf, die subjektiv empfundene Bedrängnis oder Not momentan zu erleichtern. Sie kommen nicht aus der Freiheit der Person, sind also nicht entschieden oder gewollt, sondern stammen aus dem schützenden Verhaltensrepertoire der Psychodynamik. Viele dieser Reaktionen haben auch die höheren Tiere. Beispiele für solche Coping-Reaktionen sind Flucht, Abwertung, Spaltung, Rückzug, alle Aggressionsformen, Zynismus, Lähmung etc.

Sie können ganze Handlungssequenzen füllen: Das Anschreien der Mutter, die das Videospiel verbietet und auf die ausstehenden Hausübungen verweist (Aggression – CR 3. GM) kann dazu führen, dass die Mutter dem Sohn aus dem Wege geht (Vermeidung – CR 1. GM) und der Sohn nun zynische Bemerkungen über sie macht (Zynismus – CR 4. GM). Die

3.10 Formen nicht-personaler Verarbeitung: die Coping-Reaktionen

Mutter hingegen redet mit ihm nicht mehr bei den nächsten Zusammentreffen (Bestrafung – CR der 3. GM), der Sohn trägt unaufgefordert den Müll weg und putzt sein Zimmer (Aktivismus – CR 2. GM). Finden schließlich eine persönliche Begegnung und Aussprache statt, kann dies die Automatismus-Kette unterbrechen.

In der Begleitung/Therapie werden die zu schützenden Werte gehoben, also das, was gefühlsmäßig in Gefahr geraten war. Dann wird versucht zu verstehen, warum diese Situation diese Person so in Bedrängnis bringen konnte, sodass sie sich nicht mehr wirklich zu helfen wusste. Das ergibt oft Themen, die einer weiteren Aufarbeitung bedürfen. Meistens sehen die Personen dann selbst, wie sie sich künftig gerne verhalten möchten (Verhalten mit innerer Zustimmung).

Coping-Reaktionen wurzeln also nicht in der Entschiedenheit, d. h. der Mensch handelt nicht aus einer Stellungnahme, in der abgewogen wäre, welches Verhalten ihm und der Situation entsprechen würde. Coping-Reaktionen gehen nicht auf die Situation ein, sie sind nicht selbsttranszendent, nicht empathisch, sind unpersönliche und allgemeine Verhaltensmuster. Der sanfte, überlegte Vater, der plötzlich einen Wutausbruch hat oder ein bissiger, abwertender Kommentar in einem freundschaftlichen, entspannten Gespräch – dies sind Beispiele für Situationen, die überraschen, weil man das Verhalten des anderen als nicht zu ihm oder der Situation passend, als fremd und befremdlich erlebt. »Was ist denn jetzt los?« oder »Was war das denn jetzt?« fragt man sich unwillkürlich. Coping-Reaktionen können auch ganz unbemerkt bleiben. Sie können sich rein innerpsychisch abspielen und auf Gedanken und Gefühle begrenzt bleiben. So z. B. bei der inneren Abwertung eines Treffens, auf das man sich vorher sehr gefreut hat, das dann aber schief gelaufen ist (»War ja nicht wichtig«).

In jedem Fall aber haftet den Coping-Reaktionen der Charakter des Automatismus an: »Sie laufen schablonenartig ab, oftmals unter Umgehung des Bewusstseins, von Einstellungen oder Haltungen. Hier schiebt sich das Leben mit einer Mächtigkeit und Vehemenz vor, gibt dem Menschen zu verstehen, dass es einen Wert hat und dafür seinen Einsatz beansprucht.« (Längle 2003b, S. 155) Da es bei den Coping-Reaktionen nur um das eigene »Überleben«, Wohlbefinden, Sicherheit usw. geht, sind sie »egoistisch« (und werden von außen oft so empfunden) und sind kein Versuch einer ursachenbezogenen Bewältigung eines Problems, keine »Aufarbeitung« einer

Situation. Da Coping-Reaktionen von der Welt abschirmen und sie nicht eröffnen, grenzen sie auch ein und machen das Leben unpersönlich. Wird ihr Einsatz chronifiziert oder fixiert, entstehen die psychischen Erkrankungen (▶ Kap. 5.3.3). Zurück aber zu der personalen Verarbeitung, wie sie in der PEA beschrieben wird und die Person in ihren Potentialen in das Leben bringt.

Ein Beispiel zur Unterscheidung einer psychodynamischen Reaktion von einer personalen Stellungnahme: Markus, ein 20-jähriger Student, war gerade beim Kochen, als die Mutter in die Küche kam und ihm unaufgefordert einen Tipp geben wollte, wie er die Zwiebeln besser schneiden könne. Das hatte dem prüfungsgestressten Sohn gerade noch gefehlt. Ihm platzte der Kragen und er fauchte sie an: »Halt deinen Mund und lass mich in Ruh'!« Die psychodynamische Schutz-Reaktion (Coping-Reaktion) zum Schutz vor weiterer Überforderung funktionierte einwandfrei. Die Mutter verließ betreten die Küche und zog sich zurück. Markus hatte seine Ruhe.

Doch während des Essens, sichtlich ruhiger geworden, begann Markus sein eigenes Verhalten »aufzustoßen« (innere Wahrnehmung – Offenheit sich selbst gegenüber). In ihm tauchte das Gefühl auf, dass er zu heftig reagiert habe, dass er »einfach explodiert« sei und seine Prüfungsspannungen an der Mutter wie an einem Blitzableiter abgeladen habe. »Sie kann doch nichts dafür, dass ich so angespannt war«, dachte er nun. Die personale Verarbeitung setzte ein. Nun sah er, dass die Affektladung sein eigenes Problem war und der Mutter nicht gerecht wurde (Weltoffenheit, Selbstoffenheit, »personale Situation«), und eine Selbst-Distanzierung setzte ein (»So möchte ich eigentlich nicht zu ihr sein«), die wiederum Reue anstieß (»Es tut mir leid«). Nun erst bemerkte er, wie sehr er unter Spannung stand (besseres Verstehen seiner selbst, Selbst-Annahme), und er konnte sehen, dass die Mutter ihm nur helfen wollte (was ihm zwar nicht immer lieb war, er aber verstehen konnte). In diesem Lichte fand er sein Verhalten nicht in Ordnung (innere Stellungnahme) und beschloss, die Mutter anzusprechen und für sein »Ausrasten« um Verzeihung zu bitten (»existentielle Situation« – Antwort auf die Anfrage der Situation). So entschuldigte er sich bei ihr, erklärte ihr, wie es dazu gekommen war, und auch, dass er es nicht mochte, ungefragt Ratschläge zu bekommen (personaler Dialog).

4 Kernelemente der Diagnostik

Die Diagnostik steht in der EA im Spannungsfeld von phänomenologischer Vorgehensweise und personaler Begegnung auf der einen Seite und schulenspezifischer Konzepte und klinischer Anbindung auf der anderen. Diagnostik bezeichnet in der EA somit jenen Vorgang, in welchem das Phänomen, das sich zeigt, so mit der Theorie in Verbindung gebracht wird, dass eine dem Klienten, dem Phänomen und der psychotherapeutischen Ethik adäquate Behandlung des Leidens möglich wird.

Einer Diagnostik, die der Pragmatik dient, übergeordnet ist das phänomenologische Verstehen, das Erfassen der phänomenalen Ganzheit des Menschen. Nach einer kurzen Darstellung dieses Spannungsfeldes soll die phänomenologische Grundlage für den diagnostischen Prozess geschildert werden, bevor der Diagnosezirkel im engeren Sinne dargestellt wird.

4.1 Das Spannungsfeld zwischen Phänomenologie und Diagnostik

Diagnostik stellt in der gesamten humanistischen Psychotherapie vielfach ein Problem dar, weil ihr angelastet wird, dass sie den Menschen etikettiere und auf Störbilder reduziere. Dadurch werde man dem Menschen in seiner Personalität nicht gerecht. Außerdem könnten vorhandene Potenziale und Ressourcen leichter übersehen werden. Es erfolge eine Pathologisierung des Menschen. So und ähnlich lauten die Vorbehalte gegenüber der Anwendung von Diagnostik (Kriz 2014b; Rogers und Dymond 1954).

4 Kernelemente der Diagnostik

Nun besteht in der EA schon seit Frankls Zeiten eine Tradition, die sie sehr an die Psychiatrie und klinische Psychologie anbindet. Darum wurde Diagnostik stets gepflegt und wird bis heute als ein unverzichtbarer Bestandteil verantwortlicher Psychotherapie gesehen. Dennoch nimmt die EA eine differenzierte kritische Position gegenüber der Einseitigkeit der traditionell logisch-positivistischen Diagnostik ein. Es gibt auch in der EA eine theoretische Begründung, warum es nicht in allen Fällen einer Diagnostik bedarf. So kann z. B. die PEA weitgehend diagnoseunabhängig eingesetzt werden. Und auch andere Methoden in der EA beziehen sich mehr auf *unspezifische Faktoren* der Lebensführung und sind daher nicht an eine Diagnostik gebunden.

Noch ein weiteres Problem stellt sich der EA in besonderem Maße, wenn es um die Diagnosestellung geht. Die EA ist primär eine *phänomenologische Richtung*. Phänomenologie aber hat die Einklammerung und Zurückstellung allen Vorwissens und Allgemeinwissens zur Voraussetzung. Insofern treffen hier widersprüchliche Paradigmen aufeinander. So kann man sich die Frage stellen, ob denn Diagnostik in einem solchen Paradigma überhaupt möglich ist? – Dem ist entgegenzuhalten, dass Phänomenologie zwar die zentrale Haltung ist, mit der den Patienten begegnet wird, um sie am besten in ihrem Lebenshorizont verstehen zu können und das Wesen ihres Leidens zu erfassen. Doch braucht es zur Komplettierung der Arbeitsweise auch einen erklärenden Zugang, nicht nur einen verstehenden. Der erklärende ist theoriegeleitet und nimmt Bezug auf die determinierten Seiten des Menschseins. Diagnostik beschreibt diese determinierte und strukturierte Seite des Menschen. Menschsein ist neben frei sein und Person sein auch Eingebunden-Sein in Vorgaben, Gesetzmäßigkeiten, Determinismen und Funktionen.

Die EA folgt der *humanistischen Tradition* insofern, als die Therapie an den personalen Kräften des Menschen anknüpft. Im Unterschied zur humanistischen Psychologie werden diese in der EA aber nicht nur innerpsychisch behandelt, sondern stets mit der Intention des Dialoges mit der Welt, in der der Mensch steht. Die Welt hat im existenzanalytischen Verständnis keinen »funktionalen« Charakter (d. h. sie dient z. B. nicht allein der Bedürfnisbefriedigung oder der Selbstaktualisierung). Im phänomenologischen Licht rückt ihre Eigenwertigkeit in den Vordergrund. Als solches stellt die Welt Angebot, Herausforderung und Aufgabe dar, zu deren Partipation der Mensch »gerufen« (Heidegger 1979) wird. *Existenz* bedeutet somit ein in innerer und äußerer Abstimmung vollzogenes und daher vor sich selbst verantwortetes und nach Maßgabe der Möglichkeiten gestaltetes Leben. Alles, was davon abweicht, ist Thema der Diagnostik. Es geht in der EA weniger um Verhaltenskontrolle oder innere Spannungsfreiheit, sondern um einen größeren Rahmen, nämlich um Einschränkungen im existentiellen Lebensvollzug. Weil die situative Ausrichtung immer in der Gegenwart geschieht, ist das jeweils »Aktuelle« der Ausgangspunkt der existenzanalytischen Arbeit. Und in dem Maße, wie das Biografische »aktuell« wird und den unmittelbaren Lebensvollzug behindert, wird es Thema der Therapie.

Die Therapie ordnet sich stets der phänomenalen Ganzheit unter und fokussiert nicht einfach das Diagnostizierte, z. B. die Depression. Bei aller Wichtigkeit des Diagnostizierens wird sie auch relativiert. »Eine existenzanalytische Diagnostik setzt sich somit aus dem phänomenologischen Bild und seiner Verdichtung durch die Anbindung an die existenzanalytische Theorie zusammen.« (Luss et al. 1999, S. 4)

4.2 Die Grundlage der Diagnostik: Phänomenologisches Verstehen

Die phänomenologische Vorgehensweise wird ausführlicher in Kapitel 5.1 beschrieben. Hier werden einige relevante Elemente skizziert. Die existenzanalytische Diagnostik bezieht sich in erster Linie auf das »Wie« des Erscheinens des Gegenübers und hält anfangs externe Kategorisierungen zurück. Durch diese Offenheit wird auf Festschreibungen verzichtet; Phänomenologie enthält keine Ontologisierungen wie »Es ist so« oder gar »Du bist so« (Längle und Klaassen 2019). Existentielle Diagnostik heißt, etwas oder jemanden aus sich heraus in seinem Wesen bzw. in seinen Beweggründen zu erfassen, ohne Zuschreibungen zu machen. So werden auf der Basis des Verstehens phänomenologisch die Bezüge zu den existentiellen Strukturen (Grundmotivationen) sowie die Verarbeitungsprozesse (PEA) erhoben, die mit der geschilderten Problemlage der Patienten zusammenhängen könnte. So kann z. b. ein reduziertes Wertfühlen und Belastetsein vom Leben als Störung in der 2. GM zu einem Gedankenkreis mit ausbleibender Stellungnahme (PEA 1+2) führen, das dann kategorial einer Depression zugeschrieben werden kann.

Auf diesem Wege geschieht Diagnostik z. b. auch anhand von Bildern, Analogien oder Geschichten, die die Patienten erzählen und das Wesen dessen umreißen, was sie erlebt haben. In einem primären Schritt des Diagnostizierens wird das Erleben der Patienten fokussiert und auf den eigenen Eindruck Bezug genommen. Ist einmal das Bewegende bzw. Leidvolle erfasst, erfolgt im nächsten Schritt die Anbindung der Phänomene an die existenzanalytische Theorie und die internationalen Diagnoseschemata. Dabei ist stets auf eine individualisierende und nicht generelle Betrachtung des Leidenshintergrundes zu achten, bevor sie Kategorien zugeordnet werden (Tutsch 2011).

Die methodenspezifische Diagnostik folgt einem Diagnosezirkel (▶ Abb. 4.1) (Längle 2005a), der sechs Bereiche umfasst:

1. Anthropologische Diagnostik: Jede Störung betrifft den Menschen ganzheitlich, kann sich aber in den verschiedenen anthropologischen Dimensionen unterschiedlich äußern bzw. auch unterschiedlich ursächlich lokalisiert sein. Die Lokalisierung des Störungsschwerpunktes innerhalb des anthropologischen Rasters und die Schlussfolgerung und Vernetzung der Erkenntnisse über die Dimensionsgrenzen hinweg ist ein erster Diagnoseschritt. Der Psychotherapeut muss in seiner Diagnostik etwa verschiedene körperliche Abklärungsmöglichkeiten mitdenken, denn es kann z. B. bei einer Panikstörung eine Hyperthyreose ursächlich beteiligt sein. Oder es können z. B. psychische Coping-Reaktionen einen Hinweis auf die Störung auf der personalen Ebene – einer Blockade in einer Grundmotivation – bieten.

2. Dialogische Diagnostik: Im nächsten Diagnoseschritt wird die Vollzugsdimension menschlicher Existenz, die vierte anthropologische Ebene genauer betrachtet. Er soll die Person in ihrer Existentialität, also in ihrem dialogischen Austausch mit der Situation, erfassen. Die dialogische Offenheit kann grundsätzlich auf drei Ebenen gestört sein: auf der Inputebene, auf der Prozessebene und auf der Outputebene. Liegen hier Blockaden vor, so kommt es zur existentiellen Verarmung des Menschen, die einen

4.2 Die Grundlage der Diagnostik: Phänomenologisches Verstehen

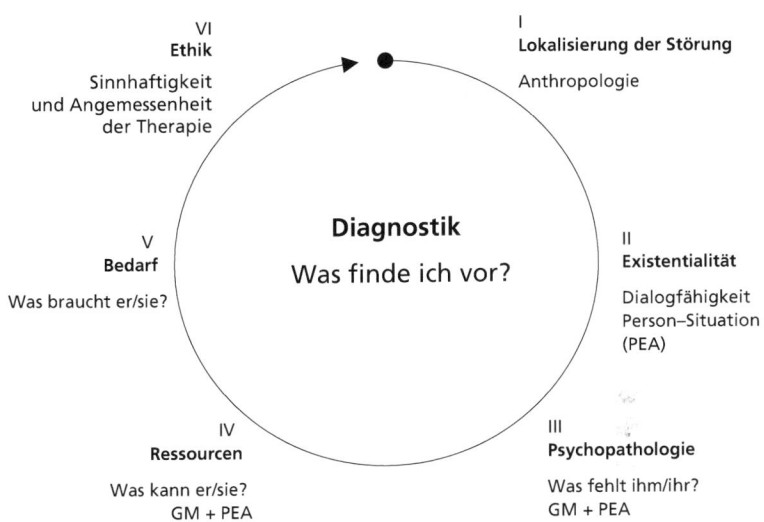

GM............Grundmotivationen
PEA............Personale Existenzanalyse

Abb. 4.1: Existenzanalytischer Diagnosezirkel: überblicksartige Zusammenfassung der wesentlichen Elemente, die in einer vollständigen, existenzanalytischen Diagnostik enthalten sind (nach Längle 2016, S. 144).

Nährboden für die Psychopathologie darstellen kann. Die Störung der Dialogfähigkeit im Außen findet ihre Entsprechung in einer Störung des inneren Dialogs, wobei der Schwerpunkt mehr in dem einen oder in dem anderen Dialogbereich liegen kann. Die Diagnostik der Beziehungs- und Begegnungsfähigkeit des Menschen ist dem Bericht des Klienten zu entnehmen, wenn er seinen Umgang und sein Verhalten in seinen Lebenssituationen schildert, sowie der Beobachtung der inneren Verarbeitungsprozesse und deren Störungen im Rahmen der PEA. Sie spiegelt sich außerdem unmittelbar in der therapeutischen Beziehung, die daher erhebliche diagnostische Relevanz besitzt.

Die PEA als diagnostisches Mittel zur Erfassung der Fähigkeiten oder Mängel im dialogischen Austausch mit der Welt und der prozessualen

Verarbeitung der inneren und äußeren Inputs ermöglicht Einschätzungen in vier Bereichen:

PEA 0: Die Fähigkeit, Inhalte wahrzunehmen: »Was ist?« kognitive Beschreibung des Geschehens, Erfassen der Fakten und Bedingungen.
PEA 1: Die Fähigkeit, sich berühren zu lassen: »Wie ist das für Sie?« Heben der primären Emotion, Selbst-Distanzierung, Befähigung zum Umgang mit Eindruck und Emotion, phänomenologisches Verstehen dessen, was sich zeigt.
PEA2: Die Fähigkeit zur Stellungnahme: »Was halten Sie davon?« Einordnung in die eigenen Wertebezüge, Stellung beziehen, Willensbildung, sich und anderen gerecht werden.
PEA 3: Die Fähigkeit, das Eigene zu vollziehen: »Was wollen Sie tun?« Finden eines adäquaten Ausdrucks, einer Meinungsäußerung oder einer Handlung und die Fähigkeit zur Umsetzung derselben.

Durch das Miteinbeziehen der PEA in den diagnostischen Prozess wird der Verarbeitungsprozess und die Bewältigungsfähigkeit des Menschen für seine Lebenssituation erfasst.

3. Psychopathologie und -genese: Nach der Erfassung der prinzipiellen Prozess- und Dialogfähigkeiten des Klienten folgt die inhaltliche Diagnostik anhand des Strukturmodells der EA, der Grundmotivationen. Hierbei werden die Mangelzustände (aktuell und biografisch) in Bezug auf die Grundbedingungen des Existierens erfasst. (▶ Kap. 3.9). Es geht um die Erfassung des *spezifischen* Leidens mit seinen kausalen Zusammenhängen. Das Ziel ist das Verstehen des Patienten in seinem (bewussten und unbewussten) Anliegen, Fremdhilfe aufzusuchen.
Es wird die Therapiemotivation des Patienten diagnostiziert und das subjektive Krankheitsverständnis erhoben. Damit sind Einstellungen zur Krankheit sowie Erwartungen an die Psychotherapie (das subjektive Therapieziel) verbunden. Neben den subjektiven Erwartungen, die der Patient in die Therapie hat, geht es auch um die fachliche Feststellung von Störelementen und krankheitsbedingenden Ursachen. Das verlangt einerseits eine phänomenologische, einfühlsame Vorgehensweise und andrer-

seits für die Erklärungen des Krankheitsbildes die Kenntnis der speziellen existenzanalytischen Psychopathologie.

4. *Personale Ressourcen:* »Was kann der Klient?«
Zunächst geht es darum, die eigenen Fähigkeiten des Patienten zur selbständigen Lösung oder Verbesserung seiner Problemlage und zur Verbesserung seiner Existentialität zu erkennen. In der EA werden dazu in erster Linie die personalen Ressourcen beleuchtet, aber ergänzend dazu auch die psychischen, somatischen sowie sozialen, ökonomischen und beruflichen Ressourcen zu Hilfe genommen. Mit der Erhebung der Ressourcen und personalen Kräfte wird der spezifische Boden für die existenzanalytische Psychotherapie erarbeitet. Für das Finden der personalen Ressourcen dient als schematischer Hintergrund das Strukturmodell der EA, die personalen Grundmotivationen (Längle 1997, 2002a).

Es erlaubt die systematische Exploration, welche der Grundbedingungen des Existierens entfaltet bzw. blockiert sind. Damit wird die »Substanz« des Existieren-Könnens erhoben.

Hierfür stehen auch methodenspezifische Tests zur Verfügung (Längle et al. 2000; Längle und Eckhard 2001; Längle et al. 2021).

Im Konkreten geht es darum, ob die betreffende Person:

1. über Fähigkeiten verfügt, Lebensbedingungen annehmen zu können, was zu Voraussetzung hat, dass der Klient genügend Halt in der Welt verspürt, um sich neben dem Problem behaupten zu können;
2. über Fähigkeiten verfügt, sich der Welt zuzuwenden, was darin gründet, dass die eigene Vitalität empfunden und das Leben in seiner Wertigkeit mittels der eigenen Gefühle erfasst werden kann;
3. über Fähigkeiten verfügt, sich und andere zu achten (Selbstwert, Wertschätzung), was die Fähigkeit zu selbstdistanter Betrachtung und einen authentischen Zugang zum eigenen Gespür zur Voraussetzung hat;
4. über Fähigkeiten verfügt, in der jeweiligen Situation offen zu sein, ihren Sinn zu erfassen, ihn zu leben und Erfüllung zu finden. Dazu braucht sie ein Erkennen des situativ Geforderten und die Fähigkeit, sich darauf einzulassen zu können.

5. *Bedarfsanalyse:* »Was braucht der Klient?«
Eng mit dem vorangegangenen Diagnoseschritt verbunden ist die Bedarfsanalyse. Es geht hierbei darum, wie der Therapeut auf der Grundlage seines Fachwissens und seiner Beobachtungen die existentielle Situation des Patienten/Klienten einschätzt hinsichtlich dessen, was es unmittelbar zur Verbesserung seiner Lebenssituation bedarf. Dieser Diagnoseschritt führt zur Erstellung des Therapieplans durch die Aufsummierung der Information aller vorangegangenen Schritte. Darüber hinaus ergibt sich aufgrund des Gesamtbildes bereits eine prognostische Einschätzung.

6. *Ethik:* Angemessenheit und Selbsteinschätzung der Behandler. Zum Abschluss der psychotherapeutischen Diagnostik im Rahmen einer phänomenologisch orientierten Vorgehensweise braucht es auch das Einschätzen der eigenen Kompetenz, der eigenen Motivation, der persönlichen Zuständigkeit sowie der Sinn- und Zweckhaftigkeit der Therapie. Damit werden die Angemessenheit und die ethische Vertretbarkeit sowohl der Intervention als auch der angewandten Mittel und des Aufwandes überprüft. Dies dient nicht nur dem Schutz der Patienten und der Effizienz des Therapieverlaufs, sondern auch dem Schutz und der Psychohygiene der Therapeuten selbst.

4.3 Diagnostische Anbindung an internationale Diagnoseschemata

Im weiteren Verlauf der Diagnostik wird die durch Phänomenologie und existentiell-dialogische Diagnostik erhobene konkrete Kenntnis mit den wissenschaftlich gebräuchlichen Diagnoseschemata (ICD, DSM) verknüpft. Diese »Klassifikationsmanuale« der Weltgesundheitsorganisation (WHO) und der Amerikanischen Psychiatrischen Vereinigung (APA) stellen auf der Grundlage des aktuellen Forschungsstandes, im internationalen Diskurs ausverhandelte Kriterien für die Diagnose einer bestimmten psychischen Störung auf, beispielsweise Art und Dauer einer Auffälligkeit oder ihre Kombination mit weiteren Symptomen. Durch diese Vernetzung mit dem diagnosespezifischen Allgemeinwissen wird die Kenntnis verdichtet und eine ökonomische Kommunikation mit anderen Fachleuten und die Abgrenzung von Differentialdiagnosen erleichtert sowie eine methodenübergreifende Forschung, Qualitätssicherung und Abrechnung mit Versicherungsträgern ermöglicht.

Des Weiteren erfolgt eine Einteilung der psychischen Störung nach *Schweregrad* bzw. eine Einschätzung des *Strukturniveaus* des Klienten. Das klassische Schema der Psychiatrie unterscheidet vier Schichten von Störungsgruppen: Die psychische Reaktion (Anpassungsstörung), die »Neurose«, die Persönlichkeitsstörung und die Psychose. Heute spricht man auch von unterschiedlichen Strukturniveaus – gut, mäßig, gering und desintegriertes Strukturniveau (Arbeitskreis OPD 2014). Ein Phänomen kann sich also auf verschiedenen Störungsebenen zeigen. So z. B. beim paranoiden Erleben: Als reaktive Episode sind Gedanken über negative oder schädigende Denk- oder Verhaltensweisen der Umwelt recht verbreitet. Wenn sich z. B. ein Partner beklagt, dass seine Frau ihn auf der Party »angeschrien« habe, um ihn vor seinen Kollegen »lächerlich« zu machen, wäre dies als Anpassungsstörung zu bewerten, wenn das Paar schon länger Spannungen hat und die Partnerin Probleme mit den Kollegen ihres Mannes. Wenn dann ein kleiner Konflikt während der Party aufkommt, der aber von der Umgebung gar nicht bemerkt wird, könnte es als reaktives paranoides Geschehen verstanden werden. Diese heftigen psychischen Reaktionen führen zu verstärktem und einige Zeit anhaltendem Einsatz von Schutzreaktionen (Coping-Reaktionen), sind aber reversibel und klingen i. a. von selbst wieder ab.

Auf der neurotischen[4] Ebene kommt es zu Verhaltensstereotypien bei spezifischem Auslöser mit dem Ziel, durch Aktivität ein Gefühl zu regeln, z. B. durch Kontrollverhalten bei der neurotischen, antizipatorischen Eifersucht, die beispielsweise immer auftritt, wenn ein Klient mit seiner Partnerin ausgeht. Hier wird bei völliger Treue und angemessenem

---

4 Obwohl der Begriff aus den psychiatrischen Manualen herausgenommen wurde, wird er in der psychotherapeutischen Praxis aus praktischen Gründen weiterhin verwendet.

Verhalten der Partnerin ein betrügerisches Verhalten derselben und/oder ein bedrängendes Begehren von phantasierten Rivalen angenommen, was sich zu einer neurotisch-paranoiden Ausprägung verfestigen kann. Diese Eifersucht hat in ihrer misstrauischen Annahme, hintergangen und betrogen zu werden, der Unterstellung von Absicht und Bedeutung und der Loslösung von der Realität zwar auch »fast wahnhaften Charakter«, wie Freud schreibt, ist aber in relativ funktionierende Ich-Strukturen eingebettet und stellt einen aktiven Bewältigungsversuch vorwiegend durch Verhalten oder Manipulation der Bedingungen dar. Diese Fixierung von Coping-Reaktionen wird subjektiv als unfrei erlebt; die Neurose ist charakterisiert durch ein situationsinadäquates, starres Verhalten, das willentlich nicht beeinflusst (bzw. kontrolliert) werden kann, trotz des Bewusstseins, dass es sich um eine Störung handelt. Der Realitätsbezug ist erhalten, von außen ist das Leiden i. a. gut nachvollziehbar, lediglich das Ausmaß der Reaktion ist unverständlich. Neurosen haben selbstschädigende Folgen. Es entsteht ein Verlust an Existentialität (an entschiedenem, sinnvollem Lebensvollzug) durch die Fixierung auf die »Binnenhaftigkeit« des Gefühlshaushalts (wie z. B. die negativen Emotionen wie Verlustängste, Panik, Wut, Trauer, Selbstzweifel und Minderwertigkeitsgefühle im Falle der Eifersucht). Seine Beruhigung und Entlastung geht zu Lasten des als richtig/wichtig Angesehenen (z. B. durch Hinterherspionieren, Misstrauen, Argwohn, Autonomiebeschränkung) (Frankl 1956, 1982b).

Ist die Ich-Struktur weniger stabil, kommt es zu einer grundlegend verringerten Zugänglichkeit der Person und zu einer überbordenden Dominanz psychodynamischen Geschehens und somit nicht nur zu andauernden, situationsübergreifenden Störungen, sondern zu andauernden gestörten Erlebnis- und Verhaltensweisen, die destruktiv nach innen und/oder außen sind, und die von psychodynamischen Schutzreaktionen dominiert sind. Persönlichkeitsstörungen sind durch fixierte und einseitige Erlebnis- und Verhaltensreaktionen charakterisiert, die mit einem Nicht-ertragen-Können spezifischer Situationen einhergehen (Längle 2002b, S. 129). Hier würde sich das Phänomen des Paranoiden im Rahmen einer paranoiden Persönlichkeitsstörung zeigen. Auf der Ebene der Persönlichkeitsstörung stehen also durchgängige Reaktionsmuster im Erleben und Verhalten im Vordergrund, deutlich unabhängiger vom situativen Kontext. »Alles, was auf den Menschen zukommt, wird generalisierend als bedroh-

4.3 Diagnostische Anbindung an internationale Diagnoseschemata

lich erlebt; oder Rückmeldungen anderer Menschen generalisierend als Infragestellung der eigenen Person etc. Um mit diesem Ausmaß der persönlich erlebten Bedrohung zurechtzukommen, entwickelt der Mensch ein fixiertes Regulationssystem (fixierte Coping-Reaktionen), das diesen Menschen in seinem Lebensvollzug stabilisiert, damit jedoch der realen Wirklichkeit nicht gerecht wird.« (Kolbe 2014a, S. 39) Bei Persönlichkeitsstörungen sind jeweils alle vier Grundmotivationen betroffen, wenn auch in unterschiedlicher Intensität. Die Psychodynamik der Störung der Persönlichkeit wird im Spalten der psychischen Integrität gesehen, einer spezifischen Coping-Reaktion der dritten GM, die vor allem Distanz gegenüber unerträglichen Schmerzen erzeugt. Die dadurch verhinderte Integration der Affekte mobilisiert ihrerseits wieder Aktivismen, die dann – gepaart mit dem Totstellreflex der Spaltung – das spezifische Spannungsfeld der Persönlichkeitsstörung ausmachen (Längle 2002c; Fischer-Danzinger 2010). In der EA wird eine Persönlichkeitsstörung beschrieben, die nur vor dem Hintergrund ihrer spezifischen Anthropologie gefunden werden konnte: Mithilfe der Struktur der GM hat Furnica (1998; Furnica und Furnica 2006) eine »para-existentielle Persönlichkeitsstörung« beschrieben, die sich durch eine fixierte Zielverfolgung auszeichnet und »wie existentiell« (»sinnorientiert«) erscheinen kann, aber in Wirklichkeit die Existenz und den Sinn in ihrer starken Zweckorientierung verfehlt.

Psychosen sind Störungen mit erheblicher Beeinträchtigung des Lebensvollzugs. Sie sind durch einen gelockerten oder verschobenen *Realitätsbezug* gekennzeichnet. Um eine Psychose würde es sich in unserem Beispiel handeln, wenn sich aus dem Erleben dieses Mannes ein Wahn entwickelte oder mehrere aufeinander bezogener Wahninhalte, die im Allgemeinen lange, manchmal lebenslang andauern. Beeinträchtigt ist die Wahrnehmung der Realität und die Fähigkeit, zu ihr auf Distanz zu kommen und so den üblichen Lebensanforderungen entsprechen zu können. Psychotische Menschen bilden privatistische Weltbilder, die durch nichts korrigierbar sind; schon gar nicht durch Beweise der Wirklichkeit. Die psychotische Störung spielt sich vor allem in der Innenwelt des Betroffenen ab (dem gegenüber entspinnen sich Neurosen und Persönlichkeitsstörungen in der Auseinandersetzung mit der Umwelt). Das Phänomen der Paranoia würde sich hier als reine Paranoia oder als Symptom paranoider schizophrener Erkrankungen, einem Verfolgungs- oder Eifersuchtswahn äußern. Dabei handelte es sich um ein wahnhaft phantasiertes Verfolgtsein, Betrogenwerden, Hintergangenwerden, das mit der Realität kaum mehr etwas zu tun hat und von ihr losgelöst ist.

Die Einteilung der Störungen nach dem Schweregrad ist nicht nur wichtig, weil damit gleich eine erste grobe Orientierung über Aufwand, Gefahr und Verlauf der Behandlung gegeben ist. Sie ist vor allem zentral für die Gestaltung der Therapie und um Klarheit zu gewinnen, über welche Ressourcen der Klient verfügt. Ein und dasselbe Phänomen erscheint – eingebettet in diese unterschiedlichen Strukturniveaus in unterschiedlicher Erscheinungsform und braucht unterschiedliches therapeutisches Vorgehen. So wird man z. B. bei einer reaktiven depressiven Reaktion nach einem Verlust anders umgehen als mit einer neurotischen Depression, mit einer neurotischen Angststörung anders als mit einer ängstlichen Persönlichkeitsstörung. Ein jüngeres Konzept zu diesen individuellen Strukturniveaus stammt von Christoph Kolbe (2014), der mit der Einführung der »personalen Ich-Funktionen« ein Konzept zur Erfassung der Dialogfähigkeit vorgelegt hat. Dieser, in Anlehnung an die OPD (Arbeitskreis OPD 2014) und der strukturbezogenen Psychotherapie von Gert Rudolf (2006) entwickelte Entwurf zu den personbezogenen Existenzfunktionen des Ichs ergänzt die prozesshafte Dialogfähigkeit um die Dimension der Struktur. Struktur meint hier die Fähigkeit, über psychische Funktionen und personales Erleben mittels des Ichs verfügen zu können, um in einen Prozess der dialogischen Abstimmung und personalen Aktivität kommen zu können, was auch grundlegend ist für die Organisation des Selbst. Strukturelle Störungen beinhalten die unzureichende Verfügbarkeit über diese Funktionen bzw. ihre Vulnerabilität (Arbeitskreis OPD 2014; Rudolf 2006, S. 54). Die personalen Ich-Funktionen, die die EA beschreibt (Kompetenz der reflektierten Selbst- und Fremdwahrnehmung, der emotionalen Bezogenheit, der gewissenhaften Legitimierung und der autarken Handlung) bilden sich als Dimensionen des Selbstbezuges – je nach struktureller Stabilität – als Qualität oder Insuffizienz ab (Arbeitskreis OPD-KJ 2003, S. 123). Diese strukturelle Betrachtungsebene hat als neueres Element der existenzanalytischen Diagnostik deshalb Bedeutung, da es für die professionelle Begleitung von Menschen ein klares Bild der jeweiligen Struktur- und Störebene auch bzgl. der Verfügbarkeit über personale Ressourcen braucht (Kolbe 2014).

Abschließend kann gesagt werden, dass die existenzanalytische Diagnostik als Abstraktionsprozess verstanden werden kann, der mit der Frage: »Was braucht der Mensch?« in die Konkretion der Therapieplanung übergeleitet wird. Diese Abfolge ist keine einmalige, sondern kann sich im Verlauf einer Therapie mehrmals wiederholen – ganz im Sinne eines dialektischen Vorgehens, das neu in Erscheinung tretende Phänomene in eine umfassende Sichtweise integrieren lässt (Prozessdiagnostik). Denn jede über die Phänomenologie hinausgehende Kategorie kann nur ein Schema darstellen, das die Realität nie ganz abbilden kann. Oder, wie Jaspers (1973, S. 468 f.) schreibt: »Schemata sind entworfene Typen, falsch, wenn ich sie als Realitäten behandle oder als Theorien von einem Zugrundeliegenden, wahr als methodisches Hilfsmittel, das grenzenlos korrigierbar und verwandelbar ist.«

5 Kernelemente der Therapie

Die Existenzanalyse ist eine primär *phänomenologische* Psychotherapierichtung, die in erster Linie den Menschen in seinem Lebensvollzug zu verstehen trachtet, um ihm helfen zu können. Verstehen heißt, etwas oder jemanden in seinen Beweggründen zu erfassen (Längle 2007, S. 18 ff.; 2013b, S. 129 f.). Das bedeutet, die Werte, das Erleben, die Gefühle usw. des anderen »nachvollziehen« zu können, d. h. zu verstehen, warum ein Mensch so fühlt, wie er fühlt, warum er sich so verhält, wie er sich verhält.

Die phänomenologische Vorgehensweise ist die Basis der existenzanalytischen Therapie und wird ergänzt durch die Anwendung von Struktur- und Prozessmodell sowie durch spezifisch existenzanalytische Behandlungsmethoden. Jede Anwendung von Methodik und Techniken ist aber immer wieder aufzulösen in der Offenheit der Phänomenologie. Die Existenzanalyse verfolgt das Ziel, die Offenheit des Menschen für sich selbst und für einen offen, dialogischen Austausch mit seiner Welt zu ermöglichen.

Als Kernelemente der existenzanalytischen Therapie ergeben sich daher:

1. Phänomenologische Vorgehensweise
2. Personale Existenzanalyse (PEA) als Prozessmodell personaler Verarbeitung
3. Grundmotivationen als strukturelle Kategorien
4. Spezifische existenzanalytische Behandlungsmethoden

5.1 Phänomenologische Vorgehensweise

Wesentliches kann der Mensch erkennen dank seiner Fähigkeit, tiefere Zusammenhänge zu verstehen. Empirisches Vorgehen beschreibt nur Daten und Fakten, hat aber keinen Blick für das »Wesentliche«. Dazu braucht es den erkennenden Geist, die Person des Betrachters, damit der *Inhalt* von Gegebenheiten und Ereignissen (wohl auf der Grundlage der Daten und Befunde) gehoben werden kann. Diese Sichtweise ist insbesondere wichtig, wenn man sich dem Wesen des Menschen annähern möchte, denn erst in dem, was den Menschen wirklich bewegt, kann er gesehen und verstanden werden. Gerade dafür braucht es eine phänomenologische Herangehensweise, weil diese gerade das Freie und nicht Festgelegte (die Person) in den Blick nimmt. Darum ist für die EA die phänomenologische Haltung die Grundlage für die psychotherapeutische Arbeit, wie auch für die Diagnostik, weil es in der existenzanalytischen Arbeit primär um den Vollzug des Personseins in der Gestaltung der Existenz geht. (Fiedler (2012) fordert eine phänomenologische Grundorientierung gar für alle Therapieschulen.) Mit der Phänomenologie wird ein Raum für die Person geschaffen, der sie aus der Verzwängung von Rollen, Funktionen, Erwartungen, Bildern oder Aufgaben heraushebt.

Das Instrument, um phänomenologisch wahrnehmen zu können, ist die subjektive Person (in der Psychotherapie jene des Therapeuten) mit ihrer Fähigkeit zu *spüren*. Wesentliches wird spürend erfasst. Nur anhand des eigenen Wesens kann das Wesen des anderen mit seiner unverwechselbaren (eben einmaligen) Charakteristik »erschaut« werden. Im Vorstoßen vom Schein zum Sein wird der »wahre Gehalt«, »des Pudels Kern« sichtbar. Die Mühe dabei ist, sich von der Brille der eigenen Vorstellungen, des Vorwissens oder der eigenen Absichten zu lösen und eine genaue Beschreibung anhand eines strikten Wahrnehmungsbezugs zu erarbeiten.

5.1.1 Ziel der Phänomenologie ist das Verstehen

Die EA will sich also der Person annähern. Dazu bedarf es einer freilassenden Vorgangsweise, die nicht determinierend und festlegend an den

Menschen herangeht. Das Wesen des Menschen, die Person, übersteigt in ihrer Unfasslichkeit grundsätzlich jede Erklärung (Jaspers 1971, S. 50). Wenn nun nicht *erklärend* an die Person heranzukommen ist, ohne sie zu reduzieren und dadurch zu verzerren, kann man ihr nur *verstehend* entgegenkommen. Das bedeutet, wie schon gesagt, die Beweggründe eines Menschen kennen zu lernen. Man versteht, wenn man sehen, fühlen und spüren kann, was einen Menschen in seinem Erleben und Handeln bewegt (Längle 2013b, S. 129). Das aber, was Menschen bewegt, ist ein subjektiv empfundener *Wert*. Verstehen rekurriert also auf das Erfassen des subjektiven Werterlebens.

Zu unterscheiden ist das Verstehen vom Erklären. Erklären bedeutet zurückführen eines Sachverhaltes auf eine Ursachen-Wirkungs-Beziehung. Durch das Aufzeigen des kausalen Verhältnisses wird auch ein Zusammenhang deutlich, nämlich der einer Gesetzmäßigkeit. Das Aufsteigen von Rauch ist verursacht durch Feuer. Durch das Feuer ist das Entstehen von Rauch erklärt. Aber, dass Feuer auch Angst machen kann, hängt von der Bedrohung von Werten ab, die subjektiv als gefährdet erlebt werden, und ist keine notwendige Folge von Feuer selbst, wie es der Rauch ist.

Den Klienten zu verstehen ist daher primäres Bestreben in der EA. Hierbei geht es einerseits darum, dass der Therapeut den Klienten verstehen kann. Andererseits soll in der Folge vor allem der Klient sich selbst (besser) verstehen können (Längle 1989). Phänomenologische Vorgangsweise hat also zum Ziel, das Verstehen zu entwickeln: Das Verstehen des anderen bzw. das Verstehen des eigenen Wesens selbst. Dilthey (1910/1992, S. 205) unterstreicht den erschließenden Charakter des Verstehens, wenn er sagt: »An jedem Punkt öffnet das Verstehen eine Welt.« Ohne Verstehen bleibt der Mensch eingeschlossen in sich, verarmt im Weltbezug und ist darüber hinaus ohne Tiefe. Es ist konstitutiv für das Dasein des Menschen (Bauer 2016).

5.1.2 Was ist Phänomenologie?

»Phänomenologie« ist eine Erkenntnishaltung, die nicht an Fakten und »objektiven« Daten ansetzt, sondern daran, wie etwas einem

Menschen subjektiv »erscheint« (griechisch *phanomai* ist »erscheinen, sich zeigen«). Diese philosophische Strömung, die in den ersten Jahrzehnten des 20. Jahrhunderts von Edmund Husserl und Martin Heidegger entwickelt wurde, erwies sich von erheblicher Bedeutung für die EA, weil sie für ihr Anliegen, zum Personalen vorzustoßen, als Instrument dienen kann. Indem man sich dem zuwendet, was sich aus sich heraus (ohne theoretische Interpretation) dem Betrachter zeigt, ist sie ein Gegenpol zur naturwissenschaftlichen Vorgehensweise, in der es um das Auffinden des Allgemeinen und der Gesetzmäßigkeiten geht. Phänomenologie hingegen zielt auf das Individuelle und Einzigartige ab.

Umgelegt auf die therapeutische Situation heißt dies, dass in dem, wie der Klient dem Therapeuten »erscheint«, in seinem körperlichen Ausdruck, seinem Narrativ, der Art, *wie* er von etwas erzählt, in seiner Erscheinung also (inkl. Kleidungswahl oder Gestik und Sprechweise), immer etwas von seinem Wesen »durchscheint«.

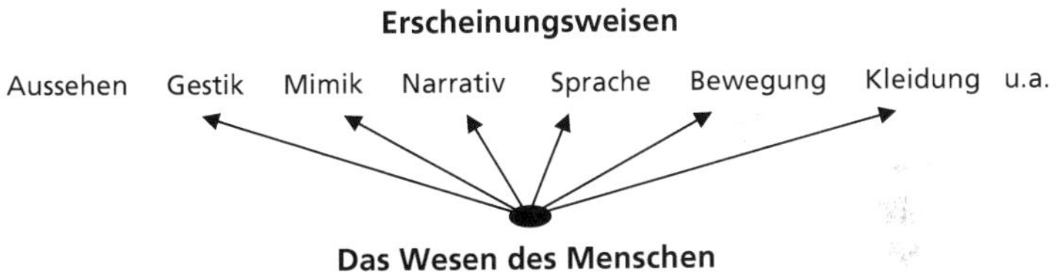

Erscheinungsweisen

Aussehen   Gestik   Mimik   Narrativ   Sprache   Bewegung   Kleidung   u.a.

Das Wesen des Menschen

Abb. 5.1: Das Wesentliche drückt sich über vielfältige Erscheinungsformen aus, die als einzelne Phänomene in der Zusammenführung das dahinterliegende Wesen erspüren lassen (© A. Längle).

Phänomenologie hat somit das Ziel, das »Wesen zu erschauen« und wird als »*Wesensschau*« bezeichnet (Husserl 1984, S. 218 ff., S. 657–693). Sie widmet sich der Erforschung der Phänomene, also dessen, was sich zeigt und anhand von was (»wie«) es sich zeigt, um zu erkennen, was darin als Wesen zum Ausdruck kommt. Phänomenologie heißt daher, jemanden/etwas in seiner Besonderheit, seiner Einzigartigkeit zu sehen, das Außergewöhnliche daran/an ihm zu sehen.

> **Merke**
>
> Phänomenologie ist der Versuch einer vorurteilsfreien Wesensschau, die das, was erscheint, unbefangen zu beschreiben und aus sich heraus zu verstehen trachtet, statt es durch Theorie, Erfahrung oder Spekulationen zu erklären.

Die Phänomenologie hat mehrere Väter. Husserl, Heidegger, Jaspers, Scheler, Merleau-Ponty, Henry und andere haben Grundlegendes zur Phänomenologie entwickelt. Trotz vieler Gemeinsamkeiten bestehen zum Teil beträchtliche Unterschiede bezüglich der Grundannahmen und in der Art der Anwendung. Es gibt also nicht »die« *Phänomenologie*. In der EA kommt der größte Einfluss vonseiten der hermeneutischen Phänomenologie Martin Heideggers, in der das Wesen nicht hinter den Phänomenen, sondern im Phänomen selbst gesehen wird. In allen phänomenologischen Theorien und Praktiken ist die Grundhaltung, keine Interpretationen mittels Außenwissens durchzuführen. Theorien, Allgemeinwissen, Diagnosen, Vorerfahrungen usw. werden tunlichst zurückgestellt, um sich ganz offen dem hinzugeben, was sich zeigt und wie es sich *von sich her* zeigt (Heidegger 1975, §5). Somit wird auf die subjektive Erfahrung und die Autonomie des Einzelnen rekurriert. Die »Deutungshoheit« verbleibt daher strikt bei jenem Menschen, um dessen Verstehen man bemüht ist. Dabei soll der Mensch in seinem Wesen, also als Person ansichtig werden. Die Person ist aber »das Freie« im Gegenüber, d. h. sie steht nicht fest, sondern ist wesenhaft etwas, das »immer auch anders sein kann« (Frankl 1959, S. 685 f.). Man kann sie niemals als »du bist so« festschreiben. Was solcherart festgehalten wird, erstarrt sofort zum Faktum und die Freiheit und das Wesentliche der Person gehen verloren. Jeder Mensch fühlt sich intuitiv unwohl und nicht wirklich gesehen, wenn er festgeschrieben wird. Fakten, Tatsachen und Festschreibung sind nur Schatten, eine Spur im Leben, eine Wirkung dieses Menschen, oder körperliche und psychische Eigenschaften (Geschlecht, Depressivität usw.). Person aber ist eine andere Größe im Menschen, das authentische Du, dem eigentlich nur begegnet werden kann. Und genau dieses Du, seine Beweggründe und sein Leid gilt es anzutreffen und zu verstehen.

EA zielt auf eine wesensmäßige Entfaltung der Klienten. Sie sollen Zugang zu ihren Gefühlen bekommen, ihre Gedanken und Erlebnisse damit verbinden und dann im Umgang mit dem, was sie erreicht und berührt hat, ihre Freiheit finden (Entscheidung, Stellungnahme) und so zu ihrer eigenen Antwort kommen. Darin kommt Existenz zu ihrer Erfüllung. EA kann als die Methode bezeichnet werden, die versucht, Fähigkeiten der Person in den konkreten Lebensbezügen zu stärken und zur Realisierung zu bringen. Um diese in Resonanz zu bringen, braucht es vonseiten der Therapeuten die Aktivierung derselben Potenziale, nämlich der Offenheit, der Vorurteilslosigkeit und Absichtslosigkeit. Sie charakterisieren die Phänomenologie (Längle 2016, S. 51 ff.). Daher muss die EA von der Individualität, Einmaligkeit und Einzigartigkeit der Person sowie von ihrem konkreten Erleben ausgehen. Diese Arbeit beruht auf Verstehen und Individualisieren. Es interessiert in erster Linie das Erleben der Klienten, ihre Wahrnehmung und Gefühle, ihr Verstehen und ihr Umgang mit dem Erlebten, ohne dass von interpretativen Grundannahmen ausgegangen würde, wie z. B. dem Ödipuskonflikt oder allgemeinen psychologischen Erkenntnissen wie den Lerngesetzen oder der Theorie, dass Wahrnehmungen nur Konstrukte wären. Die Wahrnehmung wird beschränkt auf die reine Subjektivität aufseiten der Patienten und der Therapeuten, unter Zurückhaltung aller Objektivierungsversuche. Dafür kommt es zur Begegnung und zum gegenseitigen Berührt-Werden.

5.1.3 Der phänomenologische Prozess

Jeder Mensch ist zu phänomenologischer Wahrnehmung befähigt. Phänomenologische Wahrnehmung darf als eine Grundfähigkeit der Person angesehen werden. Für ihre Anwendung in der Psychotherapie bedarf es aber einer Schulung, um sie jederzeit griffbereit zu haben und nicht vom Zufall oder der Tagesverfassung abhängig zu sein. Für die Professionalität ist es wichtig, in der kurzen Zeit einer Therapiestunde dem Klienten gerecht zu werden. In dieser »phänomenologischen Tiefenschau« wird auf das Einmalige, Einzigartige und Unverwechselbare beim anderen geschaut. Gleichzeitig aber gilt die Aufmerksamkeit dem eigenen Erleben unter Einbezug von a) der Wirkung auf einen persönlich (ganz subjektiv) als auch

b) dem inneren Bezugsrahmen des Klienten (einfühlend, empathisch). Im Erleben hier und jetzt werden die Einzelteile zu einem ganzheitlichen Bild zusammengeführt. Dieser ganze phänomenologische Prozess ist dialogisch gestaltet.

In diesem Prozess wird auf das Einmalige, Einzigartige, Unverwechselbare geschaut. Es interessieren nicht die *Bedingungen, Fakten und Ursachen*, sondern die *aktuelle Wirkung* des Narrativs auf den Patienten selbst und auf den Zuhörer. Wir sind offen dafür, wie uns das »vorkommt«, d. h. *wie es uns erscheint*, wie es leuchtet in der Wechselwirkung mit »seiner Welt«, was es auf uns ausstrahlt und wie es uns erreicht, was wir da wahrnehmen. Darin erscheint uns das Wesen dessen, der spricht bzw. das Wesen seiner Aussage. In ihm ist die Kraft seines Seins. Die Wirkung des Wahrgenommenen auf mich persönlich, wie es mir »vor-kommt«, was mir als bedeutsam »erscheint«, – all dies eröffnet mir den Zugang zur Lebenswelt des Gegenübers, und hilft, um es zu einer entsprechenden und voll lebendigen Anschauung zu bringen (Husserl 1927/1968, S. 10). So kommen wir zur *Be-Deutung* des Gemeinten, indem wir den anderen und den Inhalt in seinem *Lebens-Zusammenhang* sehen. In der EA wird stets versucht, *den Patienten von sich selbst her zu sehen* und ihn daraus (aus sich selbst) zu verstehen. Fernando Lleras (2000, S. 513) hat das in Anlehnung an Heidegger so formuliert:

»Als *psychotherapeutische Haltung* ist [das Anliegen der phänomenologischen Haltung] das Ansichtig-Werden des Patienten von ihm selbst her. Dies vollzieht sich durch das Entstehen-lassen und im Blick behalten eines interpersonalen Feldes, in dem das Wechselspiel zwischen den unterschiedlich organisierten Verstehensweisen des Patienten und des Therapeuten geschieht. Das erfordert vom Therapeuten, sich vom Patienten treffen zu lassen und in eins damit, sich von seiner eigenen Betroffenheit zu distanzieren, wodurch freier Raum für die Artikulation des Selbstverständnisses des Patienten entsteht. Es gilt also, die Bedeutung dessen, was ein Patient artikuliert, aus einer Perspektive innerhalb des Bezugsrahmens des Patienten zu verstehen. Dies heißt Suspension des Urteils (Epoché) über eine vermeintlich objektive Realität. Die einzige Realität, die phänomenalen Charakter aufweist, ist die subjektive Realität des Patienten und des Therapeuten; es ist die intersubjektive Realität des interpersonalen Feldes, aus dem ›Realität konstituiert‹ wird.«

Außerhalb der Phänomenologie richtet sich die Aufmerksamkeit weniger auf das Individuelle als auf das Generelle, Allgemeingültige, Gesetzmäßige (nicht Freie). Ein solcher objektivierender Blick ist in der Psychologie und Medizin die Grundlage eines Vorgehens, das sich am naturwissenschaftlichen Paradigma orientiert. Statt um das Verstehen geht es hier um Erklärungen. Erklärungen sind Rückführungen des Einmaligen auf Gesetzmäßigkeiten, des Besonderen auf das Allgemeine. Das naturwissenschaftliche, objektivierende Denken stellt den Gegenpol zum phänomenologischen Schauen dar, das in der Subjektivität verankert und am Einzelnen interessiert ist.

Das folgende Schema (▶ Abb. 5.2) soll den Prozess des phänomenologischen Schauens aufzeigen – wie es von der Wirkung des Gegenstands zur Resonanz im Inneren kommt und wie auch diese mit großer Offenheit wahrgenommen wird.

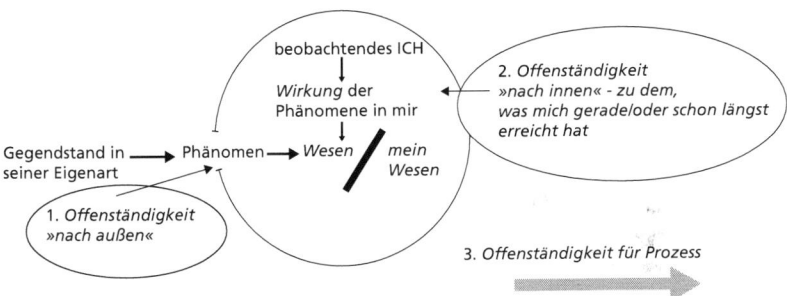

Abb. 5.2: Zur Offenständigkeit nach außen kommt die Offenständigkeit nach innen und für den Prozess hinzu. Dies ergibt die dreifache Offenheit der Phänomenologie als Voraussetzung zur Annäherung an das Wesentliche (modifiziert nach Längle 2007, S. 22)

In der psychotherapeutischen Praxis heißt das, »sich vom Patienten *treffen lassen* und die eigene *Betroffenheit betrachten*, sich dadurch von ihr auch wieder *distanzieren*.« (Lleras 2000). Denn erst Distanz ermöglicht Wahrnehmung. In dieser Verarbeitung geschieht ein Be-Greifen des Wesentlichen.

5.1.4 Die praktische Anwendung

Die Phänomenologie als Erkenntnisinstrument ist einerseits Methode (in Abgrenzung zur Phänomenologie als Philosophie), zum anderen Erkenntnishaltung bzw. eine »Einstellung des geistigen Schauens« (z. B. Scheler 1957, S. 380). Primär ist die Phänomenologie eine *Haltung*, ein Kontrapunkt zum naturwissenschaftlichen Vorrang der Methodik. Phänomenologie versucht eben alles Wesentliche aus dem Phänomen selbst zu erkennen und nicht von einer Theorie oder Messbarkeit abzuleiten, und die eigene Sicht nicht durch vorgefertigte Methoden-Filter zu verzerren. »An die Stelle des Vorranges der Methode vor den Phänomenen tritt der Versuch, diese selbst in ihrer Eigenart zu Wort kommen zu lassen« resümiert der Philosoph Helmuth Vetter (1989, S. 16; 2007). Doch ist die phänomenologische Tiefenschau ein Prozess, der nicht beliebig gestaltbar ist, sondern klaren Rahmenbedingungen und Prozessschritten unterliegt, und insofern als *Methode* Schritte für die praktische Anwendung ergibt. Die PEA (▶ Kap. 5.2) operiert weitgehend phänomenologisch.

Phänomenologie als Haltung

Als Haltung ist Phänomenologie primär Offenheit nach innen und außen, wodurch ein »Zwischen« (Kimura 1982) entsteht, in dessen Raum sich die einzelnen »Mosaiksteine« der Wahrnehmung einfinden können. Zusammengefasst ist diese Haltung durch folgende Elemente begründet:

a. Deskription der konkreten Fakten und Details
b. Freiheit
c. Offenheit
d. Epoché
e. Zusammenschau

Zu den einzelnen Punkten im Detail:
a) Deskription der konkreten Fakten und Details: Die Grundlage der phänomenologischen Wahrnehmung ist immer das Konkrete. Phänomenologie kann nicht an Abstraktem durchgeführt werden, sondern nur am

unmittelbar Gegebenem, weil in ihm die Gesamtheit der Information noch enthalten und nicht durch eine Abstraktion destilliert ist. Die Aussage, »mein Partner liebt mich«, stellt eine Abstraktion dar. Der Satz ist ein Urteil über das Erlebte, eine Extraktion von Information, keine Beschreibung der Fakten. Klienten sprechen oft so, und dann wird das Gespräch nicht dicht, nicht tief, weil das Erleben nicht mehr in Berührung mit der Wirklichkeit steht, sondern von ihr abgehoben ist (lat. »ab-strahere« – »abziehen, entfernen, trennen«). Ein Versuch einer Konkretisierung wäre die Frage: »Woher wissen Sie das?« Die Deskription gibt die subjektive Wahrheit wieder. Die genaue und sachliche Beschreibung ist der Beginn der phänomenologischen Arbeit und stellt den weiteren Prozess auf den Boden der Tatsachen. Jedoch darf die Wahrnehmung nicht daran kleben bleiben: Man schaut nicht *auf* die Fakten und Details, sondern über sie hinweg, durch sie hindurch, nimmt sie wie im Vorbeigehen wahr und schaut auf das Zusammenspiel der Details. Wir schauen z. B. nicht auf das Auge (wie der Augenarzt), sondern *in* das Auge, gewissermaßen durch das Auge hindurch, wenn wir jemandem begegnen.

> Ein Patient sagt auf die Frage des Therapeuten, wie es ihm letzte Woche gegangen sei *»Es ging mir schlecht, weil ich wieder einmal nichts gemacht habe.«* Diese Antwort kann zu vielerlei Interpretationen Anlass geben: Will er Mitleid, braucht er mehr Unterstützung, fühlt er sich zu wenig verstanden, ist er passiv-aggressiv und kritisiert die Therapie usw.?

Wenn wir bei den *Fakten* bleiben, dann wissen wir: 1. Es ging ihm schlecht; 2. Es ist nicht das erste Mal; 3. Er sieht den Grund seines Schlechtgehens bei sich selbst, nämlich weil er »nichts« gemacht hat. Phänomenologie bezieht sich nur auf diese schlichte Information. Er wirkt dabei unglücklich, kleinlaut, etwas resigniert mit wenig Selbstvertrauen.

Die Fakten sind notwendige, aber nicht hinreichende Bedingungen, sind wie Mosaiksteine, aus denen sich das Gesamtbild zusammensetzt und als Einzelteile im Gesamteindruck aufgehen. Durch die konkreten faktischen Elemente enthält die Wahrnehmung einen objektiven Gehalt trotz aller Subjektivität der Wahrnehmung. Ob das Wahrgenommene bewusst oder unbewusst ist, ist nicht von primärer Bedeutung, denn vieles wird intuitiv erspürt und empfunden.

b) Freiheit: Freigabe in dreifacher Hinsicht: Die Phänomenologie ist auf Freiheit ausgerichtet und selbst von Freiheit durchzogen, daher eine sehr freigebende Form der Betrachtung. Sie legt Wert darauf, weder den anderen noch sich selbst zum Objekt zu machen (»Objektivitätsstreben«) und auch selbst nicht zu einem Forschungsobjekt oder -instrument zu werden. Um diesen Respekt vor dem Menschen als Subjekt einzuhalten, ist ein dreifaches Freilassen erforderlich:

- dem anderen gegenüber: man erlaubt ihm gewissermaßen, mit mir in der Wahrnehmung zu tun, »was er will«. Das setzt Vertrauen voraus, um sich öffnen zu können. Denn dies ist ein gewaltiger Schritt: indem ich den anderen auf mich wirken lasse, erlaube ich ihm, mit seiner Wirkung in mich einzutreten. Sowie man sich dagegenstellt, beendet man die phänomenologische Schau.
- sich selbst gegenüber: man überlässt sich dem Erleben, das in einem aufsteigt. Man macht sich keine Vorschriften. Man wird dadurch verletzlich, liefert sich der Wahrnehmung aus. Auch sich selbst gegenüber soll keine Manipulation stattfinden.
- im Dialog: man überlässt es dem Dialogpartner, die phänomenologische Wahrnehmung zu teilen oder nicht und stellt sie ihm zur Verfügung. Man sagt nicht: »Das ist so«, sondern nur: »Es kommt mir im Moment so vor« und fragt nach seiner Sicht.

Diese dreifache Freigabe ist das Gegenteil von Manipulation und Bemächtigung. Sie macht die phänomenologische Tiefenschau aufregend und spannend, da auch für den Wahrnehmenden nicht vorhersehbar ist, was aus dieser Freiheit erwächst.

Wenn man sich innerlich freigibt, kann einem bei dem Satz des Patienten das »*wieder einmal*« auffallen. Dieser Patient verbindet sein Befinden in dieser Antwort gleich mit einem Vergleich und einem Beurteilen, das eigentlich ein Aburteilen ist (klingt nach einem Selbstvorwurf). Es fällt auf, dass da kein Bemühen um ein Verstehen von sich selbst gegeben ist. Gar »nichts« gemacht zu haben wirkt entwertend. Die Ursache des schlechten Befindens nur im eigenen Versagen zu sehen, läuft auf eine resignative Haltung hinaus. Er greift nicht auf sein konkretes Erleben zurück, sondern geht gleich vergleichend an sich heran, indem er sein

Verhalten spontan in eine Geschichte von anderen Verhaltensweisen stellt. Im Tonfall, und dann im weiteren Gespräch ist Aggression gegen sich spürbar. Dieser erste Eindruck wird im weiteren Verlauf des Gesprächs bestätigt durch Selbstvorwürfe und selbstentwertende Äußerungen (»Da ist ja eh nichts Besseres zu erwarten… bin immer schon ein Versager gewesen…«).

> Wo können wir den Patienten als Person in seiner Freiheit und seinem Ringen sehen? Es scheint, dass dieser Patient unter seinem eigenen Versagen leidet und sich nicht erträgt – empathisch empfinde ich ein Mitgefühl – ein Hinweis, dass ich bei ihm als Person angelangt sein könnte.

c) Offenheit: Offenheit bezeichnet die Bereitschaft, das Wahrgenommene auf sich wirken zu lassen. Offenheit bedeutet Aufgeschlossenheit, Zugänglichkeit und Empfänglichkeit dem anderen gegenüber. Durch die Entscheidung zur Offenheit lässt man die »Mosaiksteine von Einzel-Informationen« auf sich wirken und gelangt somit zu einem »Eindruck« im geistigen Er-Schauen der Ganzheit. Im phänomenologischen Prozess besteht eine dreifache Offenheit: nach außen hin, nach innen hin (zu dem, was die Wirkung in einem hervorruft) und auf die Zukunft hin im Wissen, dass es immer ein Prozess ist, der nie zum Stillstand kommen kann, weil wir uns nur asymptotisch und perspektivisch der Wahrheit annähern können.

Diese Betrachtungsweise führt zu einem *phänomenologischen Urerlebnis*: dass wir durch das eine hindurch Zugang zum Ganzen bekommen. Plötzlich sieht man mithilfe dieser phänomenologischen Haltung viel mehr, sieht plötzlich durch ein Symptom, eine Geste, ein Verhalten auf die Person, auf ein Ganzes, das uns da erscheint. Es ist wie ein »Schlüsselloch-Erlebnis«: Man nähert sich einem Phänomen an (z. B. hört den einzelnen Aussagen eines Patienten zu). Es kann einem diese erste Phase der Annäherung fast langweilig erscheinen, weil man sich so lange bei Details aufhält und ihnen nachfragt. Anfangs geben sie meist nicht viel her – man sieht so wenig, wie wenn man aus der Distanz auf ein Schlüsselloch schaut. Noch ist man mit dem Sammeln der Mosaiksteine beschäftigt. Hat man dann eine kritische Schwelle von Eindrücken erreicht, hebt sich langsam, manchmal auch plötzlich ein Bild ab. Es ist, als ob man sich dem Schlüsselloch genug genähert hätte, und nun plötzlich durch es hindurchsehen kann und nun den großen Raum dahinter erkennt.

Das »wieder einmal« fällt in diesem Lichte noch einmal auf und führt zu einem »Schlüssellocherlebnis«. Es scheint so zu sein, dass der Patient mehr von sich möchte, als er derzeit schaffen kann, kein Verständnis für sich hat und sich für sein Versagen bestraft.
In dem »wieder einmal« ist viel über den Umgang dieses Menschen mit sich selbst enthalten.

d) Epoché: Die Epoché ist eine zentrale Aktivität in der Phänomenologie. Epoché (griechisch »Zurückhaltung«) bezeichnet die phänomenologische Reduktion, durch die den vorgefassten Urteilen über die äußere Welt die Geltung entzogen wird. Umgelegt auf die psychotherapeutische Praxis bedeutet dies, dass z. B. der Therapeut im Erstgespräch mit dem depressiven Patienten alles Vorwissen über die Genese einer Depression, mögliche Komorbiditäten, häufige Beziehungskonstellationen etc. außer Acht lässt und sich nur dem konkreten Eindruck öffnet, den das Gegenüber in ihm hinterlässt. Wer ist dieser Mensch? Wo kann ich die Person durchschimmern sehen? Was spricht am stärksten zu mir? Wie stellt sich mir das Wesen des Problems dar? Wie fühle ich mich in der Gegenwart des Patienten und wenn ich ihn höre? Diese Art der Wahrnehmung ist nur durch Ausschließung des eigenen Vorwissens möglich.

Gelingt es nicht, die eigenen Erfahrungen, die Statistiken und theoretischen Gebilde in einer Epoché zur Seite zu stellen, kann es zu einer Wahrnehmungsverzerrung durch eigene Konzepte kommen, die an eigenen Vorurteilen als »Aufhänger« festgemacht werden und die Sicht auf das Wesentliche verstellen (man denkt sich: »Sie brauchen gar nicht mehr weiter reden. Bereits nach fünf Minuten ist mir klar, was das Problem ist: Die klassische kalte und emotionslose Mutter, ein leistungsfixiertes Umfeld, Deprivation und Vernachlässigung...«). Diese »Einklammerung« allen Vorwissens und aller Vorurteile ist wesentlich für das phänomenologische Schauen. Die Phänomenologie versucht sich daher im Bereich vor dem Urteil und somit vor dem *Vor*urteil aufzuhalten. Dieses Schauen soll kein beurteilendes sein, sondern ein sich hineinversetzendes, gleichsam liebevolles, interessiertes. Erst durch die Einklammerung ist es möglich, an die Einmaligkeit und Einzigartigkeit heranzukommen. Je weiter die Epoché ausgeführt wird, desto mehr Gegebenes wird sich zeigen (Husserl 2013).

Wie geschieht Epoché in der Praxis? Die »Einklammerung« in der Epoché heißt nicht Eliminieren oder Zerstören des Vorwissens, des Gelernten, der Vorurteile, sondern ein vorläufiges Beiseitestellen, ein Zurückstellen für die Dauer der Schau (»Ep-echein« – die Hand draufhalten). Diese Einklammerung ist eine Form der Selbst-Distanzierung. Im Bewusstseinsstrom wird zwar alles zugelassen, was kommt, aber nicht alles aufgegriffen, wenn es nicht vom intentionalen Objekt herkommt. Nicht dem Anschauungsobjekt Zugehöriges wird eingeklammert und beiseitegestellt, um den Blick frei zu halten für die offene Wahrnehmung.

Es wäre nicht mehr Phänomenologie, sondern bereits Interpretation, zu denken, dass der Patient sich mit seinem »wieder einmal« vielleicht anspornen möchte, es künftig besser zu machen; oder aber sich noch mehr quälen und abwerten möchte, um sich innerlich abzutöten und durch den verstärkten Schmerz leichter aus dem Leben gehen zu können. Hier braucht es Epoché, denn es geht aus dem Gesagten nicht unmittelbar hervor.

In der Therapie wird auch der Patient zur Epoché angeleitet. Die Beurteilung wird zur Seite gestellt und den Patienten an sich herangeführt mit Fragen wie: »Wie reagieren Sie auf das, was Sie nicht gemacht haben?« »Wie geht es Ihnen, wenn Sie so mit sich sprechen?« Dies ist eine Einladung zur Phänomenologie bei sich selbst: zur Betrachtung seines eigenen Handelns bzw. Reagierens, das er nun auf sich wirken lässt. In der anschließenden Reflexion der Betrachtung geht es um das Gewinnen eines selbstkritischen Abstands zum eigenen Verhalten, verbunden mit einer Betrachtung: »Was tun Sie im Grunde damit?« Im Lichte dieser Frage fällt dem Patienten das aburteilende Verhalten auf, der Vorwurf gegen sich selbst, das Sich-Schuldig sprechen dafür, dass es ihm schlecht geht, das Sich-Abwerten, wenn er sagt, dass er »nichts« getan hat. Dies erlaubt, statt sich abzuurteilen (was einem Sich-Verschließen gleichkommt), sich für sich zu interessieren (sich öffnen).

Bei diesem Patienten erwies es sich, dass er wegen seiner Schmerzen zuerst alles tat, um sie zu lindern, bevor er an die Hausübung hätte gehen mögen. Dazu gesellte sich die alte Gewohnheit, die ihn in einem Trott verharren ließ. Abends sagte er sich dann: »Jetzt pfeif ich drauf, wenn ich es nicht schon vorher gemacht habe, brauch ich jetzt auch nicht mehr anfangen!« So verfing er sich in Selbstvorwürfen und Selbstbestrafungen, weil er sich dadurch im Stich gelassen hatte und nun darunter litt. So hielt er sich in der leidvollen Spirale des fortgesetzten Beziehungsabbruchs mit sich.

e) Zusammenschau: Aus den einzelnen Sinneseindrücken, die einem über die fünf Sinnesorgane zukommen, wird eine Gestalt komponiert, aus den einzelnen Mosaiksteinchen entsteht ein Bild. Das Gesamtbild ist mehr als die Summe der Teile, weil diese nicht unabhängig und zufällig nebeneinander liegen. Das Gesamtbild entsteht wesentlich aus dem Zusammenspiel der Einzelteile, die zueinander in einer Beziehung stehen und alle »vom selben« (dem Wesen) künden. Phänomenologische Schau ist wesenhaft geistige Schau, Zusammenschau, ganzheitliche Herzensschau.

In Anlehnung an Heidegger (1975, § 5) kann der phänomenologische Prozess auch in drei Schritten praktisch angewandt werden:

Die wichtigen phänomenologischen Fragen in psychotherapeutischer Sprache:

1. Was zeigt sich mir?
2. Was verstehe ich? Was scheint mir das Wichtige zu sein?
3. Ist das wirklich das Wichtige? Ist das alles, was ich, du, wir beide verstehen können?

5.1.5 Praktische Konsequenzen der phänomenologischen Haltung

Aus der Anwendung der phänomenologischen Haltung ergeben sich einige Regeln, deren Beachtung das Arbeiten in der psychotherapeutischen Praxis erleichtert.

Begrenzung in der Aussage

a) *Bezugnahme auf das Gegenwärtige*: Wir bleiben bei dem, was der Patient sagt. Wir bringen (vorerst) kein Fremdwissen ein (z. B. allgemeines Wissen von einem klinischen Bild), keine Theorie, keine Diagnose, gehen nicht in die Vergangenheit oder Zukunftspläne. Das Thema ist das Erleben des Patienten, was er sagt, wie er es sagt, in welchem Zusammenhang er steht und wie das alles bei mir ankommt.

b) *Bezugnahme auf sich selbst* (bei sich bleiben statt Extrapolation oder Generalisierung): genau genommen beziehen wir uns nicht auf das, was der andere sagt, sondern auf das, was *bei mir ankommt* (Phänomen). In der Phänomenologie redet man von sich, bleibt in der Aussage auf sich begrenzt (»Ich habe den Eindruck..., verstehe ich das richtig so ..., bei mir kommt das so an ..., mir kommt vor... «). Durch die Begrenzung der Aussagen auf sich selbst wird der andere frei gelassen und zum weiteren Sich-Zeigen eingeladen.

In der Phänomenologie werden keine *Ontologisierungen* wie »das ist... du hast gesagt... das ist falsch, das ist richtig...« gemacht. Das Geschehen wird auf die Subjektivität *relativiert* und dem Geschehen damit ein Spielraum gelassen, in dem nichts festgeschrieben wird, sondern wo man ständig auf der Suche nach dem Wesen, nach der Wahrheit bleibt (»Ich erlebe Sie heute als aggressiv sich selbst gegenüber und bei mir kommt viel Vorwurf an Sie selber an, wenn Sie so sprechen.«). Ontologisierende Äußerungen geben vor, am Ende der Suche angekommen zu sein (die Wahrheit zu besitzen), was der phänomenologischen Haltung der Offenheit des stetigen Suchens entgegenläuft.

c) *Bezugnahme auf das Vorläufige, Prozesshafte* (Begrenzung der Sicherheit): Man bleibt im Prozess der Suche nach dem Wesen, das man nie ganz erfassen kann. In der phänomenologischen Haltung kommt man nie in den Besitz der Wahrheit, sondern bleibt stets in einem Prozess der *Annäherung an die Wahrheit*. Es wird das Erkannte immer wieder infrage gestellt nach dem Muster: »Ist es so?« – »Habe ich Sie richtig verstanden mit dem... Meinen Sie das so...?« Die ständige Infragestellung geschieht durch dialogische Anfrage an den Klienten.

Subjektivität als Realität (Mut zur Subjektivität)

Die Erkenntnis wird auf das subjektive Erleben begrenzt bei gleichzeitigem Verzicht auf objektive Maßstäbe. EA operiert mit erlebnisbezogenen Fragen. Z. B. arbeitet sie bei einer Raucherentwöhnung mit Fragen wie: »Wie erlebst du das, wenn du eine Zigarette rauchst?« Im subjektiven Erleben des Menschen ist alle lebensrelevante Information enthalten – sie aufzugreifen ist erforderlich, wenn man nachhaltige Veränderungen in den Haltungen und im Verhalten erreichen will. Wesentliches lässt sich nur durch das eigene Wesen erfassen. Der Therapeut ist *wertempfindend* (aber nicht bewertend) mit dabei. Wir lassen den Klienten auf uns wirken, nehmen uns Zeit, um uns »be-ein-drucken« zu lassen.

Man nimmt sich als Therapeut in seinen Gefühlen, in seinem Spüren und Denken *ernst*. Bezugspunkt im Gespräch ist man selbst, nicht eine Theorie, ein Manual. Man riskiert damit auch mehr, nämlich sich, und kann sich nicht auf eine Theorie oder ein Buch ausreden. Phänomenologische Therapeuten brauchen eine gute Beziehung zu sich und ein gutes Selbstvertrauen bei gleichzeitiger kritischer Offenheit und einer fast bescheidenen Zurückhaltung.

Selbstreflexion und Epoché

Es besteht eine erhöhte *Wachsamkeit* für das, was *von einem selbst* in der Wahrnehmung enthalten ist. Es kann gelegentlich auch in der Therapie angesprochen werden, wenn man nicht sicher ist oder dem anderen mehr Raum geben möchte (z. B. »Das hat jetzt vielleicht mehr mit mir zu tun...«).

Da der Wahrnehmende im Erlebten immer auch selbst enthalten ist, erfordert die phänomenologische Haltung die *Kenntnis der eigenen Art* (»Eigen-Arten«, eigene Anteile am Erkannten), die vom Erlebten dann wieder »subtrahiert« werden müssen und in der Wahrnehmung relativiert (»eingeklammert«) werden sollen.

Phänomenologie ist also das Mittel der Wahl, um die Person möglichst gut zu erreichen und ihr gerecht zu werden. Dies bereichert den anderen, der sich verstanden fühlt und Raum bekommt, und dies ist auch der große

Gewinn für den Betrachter, der stets etwas Einmaliges und Einzigartiges zu sehen bekommt. Phänomenologie kann nicht ständig durchgehalten werden, sondern muss auch von ganz praktischen Belangen, Funktionen und Erklärungen abgelöst werden. Dies gilt für den therapeutischen Prozess ebenso wie für den Alltag. Denn Phänomenologie kann uns auch im täglichen Leben bereichern. Als Personen sind wir schon von Natur aus phänomenologisch; sie entspricht uns. Wenn wir diese Fähigkeit vertiefen, wird unser Leben reicher.

5.2 Personale Existenzanalyse (PEA) als dialogisches Prozessmodell personaler Verarbeitung

Dieses Herzstück und zentrale Methode existenzanalytischer Psychotherapie basiert auf dem prozessualen Personkonzept, wonach die Person ihr Sein im dialogischen Austausch mit der Welt über vier Schritte vollzieht. Sie stellt eine Anleitung dar für den psychotherapeutischen Prozess der Entwicklung einer autonomen, authentischen, emotional erfüllten, sinnvollen und personal verantworteten Existenz. Die Entwicklung der PEA erfolgte in den Jahren 1988–1990 und markiert die personale Wende in der EA, durch die subjektives Erleben, Emotionen, Psychodynamik, Biografie (Kolbe 1994a, b; Längle 1993a; 2003a) und personale Prozesse in den Mittelpunkt existenzanalytischer Psychotherapie rückten.

Mit der PEA wird der Frage nachgegangen, wie die Person trotz oder durch ihre Probleme hindurch erreicht werden kann und wie ihre wesentlichen Ressourcen zur Verarbeitung von Problemen mobilisiert werden können. Man kann es auch so sagen: Wie ist es zu erreichen, dass der Betreffende mit dem Erlebten/der Situation so umgehen kann, dass dabei die Freiheit der Person mobilisiert wird? Wie kann die Dynamik der Freiheit (d. h. der personale Wille) in Gang gebracht werden?

5 Kernelemente der Therapie

> **Merke**
>
> Das Ziel der PEA ist es, den Menschen in personalen Austausch zu führen mit dem, was ihn angeht: mit sich selbst ebenso wie mit dem »welthaft« anderen (Dialog nach innen und außen).

Durch die Mobilisierung der personalen Ressourcen kann mithilfe der PEA Psychodynamik personal bearbeitet und in das personale Dasein integriert werden. Aber auch nur zur Klärung unverstandener Erlebnisse, Erfahrungen, Gefühle und für das Finden authentischer und selbstverantworteter Entscheidungen ist diese Methode geeignet. Als Aufgabe der PEA kann daher gelten, die Person zu unterstützen, ihre Zustimmung zum Erleben und Handeln zu finden und eine personale Haltung zu sich selbst und zur Welt zu erarbeiten. Der Existenzanalytiker begleitet den Klienten in seinen Einzelschritten, indem er sein eigenes persönliches Erleben im Austausch mit ihm hält. Die ganze PEA kann in einer Stunde durchlaufen werden, oder sich über mehrere Sitzungen hinziehen. Es können Blockaden auftreten im Eindruck, in der Stellungnahme oder im Ausdruck. Es kann zu Wiederholungsschleifen kommen, wenn etwas noch nicht ganz bearbeitet war oder neue Erkenntnisse dazukommen und im weiteren therapeutischen Prozess durchbrechen.

Die Methode der PEA wird über *vier Schritte* praktiziert:

PEA-0 *Deskriptive Vorphase*
Ausschließliche Bezugnahme auf die Tatsachen bzw. Beschreibung des Geschehens. Es sind nur Inhalte, Ereignisse, sinnlich erfahrbare Realität und Fakten (Probleme) gefragt. Emotionale Reaktionen des Betroffenen, seine Interpretationen oder Bewertungen werden zu dem Zeitpunkt zur Seite gestellt.
→ *Grundfrage:* »Was liegt vor?«
→ Therapeutische Haltung: primär kognitiv.

PEA-1 *Phänomenologische Analyse*
Heben des subjektiven *Eindrucks*. Er besteht aus Gefühl und dynamischer Reaktion (Impuls) unter dem Einfluss (manchmal »im Banne«) des unmittelbaren Geschehens. Im Eindruck ist auch der phänome-

5.2 Personale Existenzanalyse (PEA) als dialogisches Prozessmodell

nale Gehalt enthalten – ein intuitives, unmittelbares, tiefes (und daher oft nicht gleich bewusst fassbares) Verstehen der »Botschaft«, die im Erlebten enthalten ist.
→ *Grundfrage*: »Wie ist das für Sie?«
→ Therapeutische Haltung: empathisch.

PEA-2 *Authentische Restrukturierung*
Einarbeiten des neuen Eindrucks zu den bestehenden Wertbezügen. Dies geschieht über das Verstehen und Beurteilen. Der Kern dieser inneren *Stellungnahme* ist die authentische Abstimmung mit dem eigenen Gespür (ein komplexes Gefühl, »integrierte Emotion«). Auf ihrer Basis wird die nun entstehende innere Bewegung zum Willen, zum integrierten, handlungsbereiten Ich, das damit die Art der eigenen Beteiligung und des Umgangs mit der Situation findet.
→ *Grundfrage*: »Was halten Sie davon?«
→ Therapeutische Haltung: verstehend, dann begegnend (bis konfrontativ).

PEA-3 *Selbstaktualisierung*
Erarbeiten des adäquaten *Ausdrucks* als handelnde Antwort (äußere Stellungnahme). Dabei passiert der Inhalt des Ausdrucks mehrere Filter: Nicht alles, was innerer Prozess ist, gehört in die Hände der anderen (*Schamfilter*). Weiters sind die *Modalitäten* zu prüfen (wie etwas gesagt werden kann), die *Adressaten* sind zu wählen und natürlich der günstigste *Zeitpunkt*. Die Vorbereitung des Ausdrucks geschieht unter ständiger Repräsentation dessen, was von den anderen als Reaktion zu erwarten und auf das das geplante Handeln abzustimmen ist (hat Rückwirkung auf die innere Struktur – die GM – des Patienten).
→ *Grundfrage*: Was werden Sie tun?
→ Therapeutische Haltung: Schützend-ermutigend.

Die Abbildung 5.3 soll verdeutlichen, wie sich die, von außen kommende, Information in das subjektive Erleben »eindrückt«, also einen *Eindruck* macht. Zu ihm generiert das Ich auf der Basis des eigenen, ganz persönlichen Spürens eine *Stellungnahme*. Wird die Stellungnahme zum *Ausdruck* gebracht, bringt sich die Person mit ihrer authentischen Antwort »in die Welt«. Dadurch kann sie den anderen antreffen und ihm begegnen und ist für den anderen auch selbst antreffbar. Dieses Modell begründet die vier methodischen Schritte der PEA.

5 Kernelemente der Therapie

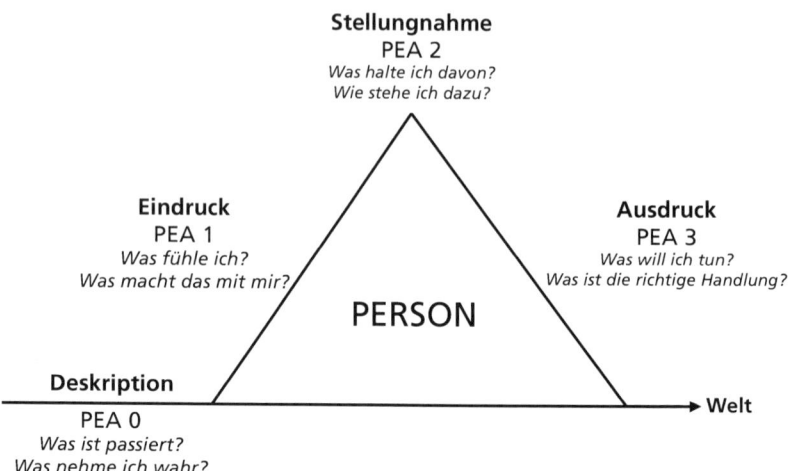

Abb. 5.3: Schematische Darstellung der Schritte in der Personalen Existenzanalyse (PEA) (© A. Längle)

Ein 39-jähriger Mann, alleinlebend in der Nachbarwohnung seiner Eltern, leidet unter der ständigen Kontrolle durch seine Mutter. Aus seiner Verbundenheit zu ihr und einem Mitgefühl für ihre mütterlichen Gefühle und ihre Einsamkeit (und sicherlich auch aus einer gewissen Bequemlichkeit und Gewohnheit) tut er sich schwer, sich von ihr abzugrenzen und seine Unabhängigkeit zu leben. Nach etwa fünf Therapiestunden kann er sie zwar bereits klarer konfrontieren, fühlt sich jedoch innerlich noch nicht frei. Um die innere Freiheit zu stärken wurde eine Kurzform der PEA durchgeführt:

PEA-0 (Deskription): Diese war durch die Vorarbeit im Allgemeinen schon gegeben. Nun wurde konkret die jüngste Situation fokussiert, in der er sich wiederum unfrei gefühlt hatte, trotz der schon begonnenen Konfrontation der Mutter und erster Schritte der Abgrenzung. Sie wollte wissen, was er am Samstagabend gemacht hatte und wo er gewesen war.

PEA-1 (Eindruck): Das *Gefühl*, wenn die Mutter so mit ihm spricht: früher fühlte er sich festgehalten, zum Kind gemacht, gelähmt, hilflos, ohnmächtig, musste alles mit sich geschehen lassen. Jetzt ist das nicht mehr so, er fühlt einen Fortschritt. Sein Gefühl ist jetzt Auflehnung, er spürt eine Kraft, Widerwillen und zugleich eine Gleichgültigkeit zur Haltung der Mutter. Es berührt ihn nicht mehr so wie früher.

PEA-1 (Impuls): Am liebsten würde er davonlaufen, gleich für ein halbes Jahr.

PEA-1 (Phänomenaler Gehalt): Die Mutter vermittelte ihm: »Ich brauche etwas für mich, worum ich mich kümmern kann.« Und, was besonders kränkend war: »Was tätest Du ohne mich?«

PEA-2 (sich verstehen): Ich verstehe mich jetzt besser, weil ich sehe, dass ich sie nicht mehr brauche, weil ich mir selbst Urteile bilde und klar weiß, was ich will. Ihr Verhalten stört mich nur. Außerdem geht es ihr dabei um sich und nicht um mich, ich fühle mich eingeengt und benützt.

PEA-2 (sie verstehen): Sie hat immer so gelebt, und sie ist viel allein, hat praktisch nur mich....

PEA-2 (Gewissen): Ich spüre klar, dass es sicher *nicht richtig* ist, was sie von mir will. Es steht ihr nicht zu, mich so in Beschlag zu nehmen, auch wenn sie viel allein ist. Und ich habe mich ihr viel zu sehr und zu lange gefügt und mitgemacht.

PEA-2 (Stellungnahme): Es ist nicht gut für mich, sie behindert mich und verhindert mein Leben. Ihre Einsamkeit ist *ihr* Problem, ich kann ihr nur Hilfe verschaffen, es ihr aber nicht abnehmen. Aber sie ist arm dran mit dem Problem.

PEA-2 (Wille): Wann immer ich spüre, dass sie mich behindert, will ich es ihr sagen. Ich will nicht wütend sein, ich schätze meine Mutter, aber ich will mich für mein Eigenes einsetzen und stärker die Grenzen ziehen... und sie damit konfrontieren...

PEA-3 (Ausdruck): Ich möchte ihr sagen, wie sehr es mich stört und behindert, und zwar immer sofort, wenn sie etwas von mir will und ich es nicht passend finde. Ich möchte es schon liebevoll, aber bestimmt sagen.

Ziel der PEA ist es, die personalen Ressourcen, die jemand hat, zu aktivieren. Durch Problemsituationen sind sie manchmal blockiert, aber auch überlagert, unzugänglich, unentdeckt. Personale Ressourcen basieren auf den Fähigkeiten in der Selbst-Annahme, der Selbst-Distanzierung und der Selbst-Transzendenz (▸ Kap. 3.9), die einen freien Zugang zu den eigenen Gefühlen, zur existentiellen Freiheit und zur Verantwortung ermöglichen.

Die PEA kommt auch in der Aufarbeitung biografischer Themen zur Anwendung.

PEA als biografische Methode

Die Biografie besteht aus der im heutigen Verstehenshorizont interpretierten und verstandenen Erlebensgeschichte (Eindrucksebene), Lebensgeschichte (Aktivität, Umgangsweise) und dem im selben Verstehenshorizont erwachsenen Lebensentwurf für die Zukunft (»wofür man leben will«) und umspannt somit den gesamten Lebensbogen inklusive Sterben und Tod (Blankenburg 1989).

Wenn Erfahrungen aus der Lebensgeschichte die Prozessfähigkeit des Ichs überfordern, führt dies in der Regel zur kompensatorischen Auslösung von psychodynamischen Reaktionen. Diese lagern sich über die personalen Verhaltensweisen und dominieren ihre Einsätze, was zu Spannungen führt. Denn durch die biografische Vorerfahrung sind entsprechende Themenbereiche sensibilisiert. Außerdem drängt es den Patienten wegen der Fixierung der (psychodynamischen) Schutzkräfte (Coping-Reaktionen) immer wieder in gleichartige Verhaltensweisen. Mit dem Einsatz der Personalen Existenzanalyse können die personalen Kräfte mobilisiert werden, sodass es zu einer Verarbeitung der überfordernden Inhalte aus dem eigenen Leben bzw. der Biografie kommen kann. Dadurch kann das Erlebte in seiner Bedeutung besser verstanden werden, eine eigene Stellungnahme in einem adäquaten Ausdrucksverhalten gefunden und damit zur Aktivität übergeführt werden. Dazu sind verschiedene Vorarbeiten erforderlich, um den Inhalt zu fassen, zu umschreiben und zu aktivieren (Längle 1994; Tutsch und Luss 2000).

Die biografische Methode besteht in einer speziellen Anwendungsform der PEA auf biografische Inhalte. Ist das biografische Thema nicht direkt fassbar, werden in einem ersten Abschnitt die derzeit aktuellen Lebensthemen zusammengetragen, phänomenologisch verdichtet und auf ihre biografischen Inhalte zurückgeführt. Im zweiten Teil wird der Inhalt mithilfe der PEA durchgearbeitet und schließlich in seiner Transparenz bezüglich Selbstverständnis, Fremdverständnis und Aktualitätsbezug durchleuchtet (Kolbe 1994; Längle 1994a).

5.3 Grundmotivationen als strukturelle Kategorien

Die personal-existentiellen Grundmotivationen stellen die psychologische Übernahme der Dimensionen der Existenz dar, so wie sie in der EA phänomenologisch gefunden wurden. Darum wurde ihnen in Kapitel 3.9 schon breiter Raum gegeben. Sie wurden von ihrer Entstehung aus der Urintentionalität des Menschen, »zu sein« (▶ Kap. 3.6), abgeleitet und ihre Inhalte erklärt. Im Unterschied zur EA zentriert die Logotherapie ihre Arbeit auf die Sinnaspekte und die Sinnfindung. Diese Dimension der Existenz stellt eine der Grundmotivationen dar und ist daher auch in der EA von Bedeutung.

Durch den Rückgriff auf die Struktur der Existenz greift die EA auch auf andere Dimensionen der Existenz zu. Diese kommen üblicherweise schon zum Tragen, bevor es um die vierte Dimension, die Sinndimension, geht. Die Erfahrung zeigt, dass tatsächlich viele Sinn-Probleme ihre Wurzel in den drei anderen Dimensionen haben. Damit steht für die Therapie ein breiterer und tieferer Zugang zur Verfügung als in der Logotherapie. Dies macht es verständlich, dass die Logotherapie den Schwerpunkt in der Beratung und Prophylaxe hat.

Die Grundmotivationen stellen das Strukturmodell der EA dar. Sie sind also jene Inhalte, auf die man sich in der therapeutischen Arbeit ständig bezieht. Für jede Dimension der Existenz gibt es ein spezifisches psychisch-geistiges Instrumentarium, spezifische Voraussetzungen und dazugehörige personale Aktivitäten. Dies sind die Basis-Elemente für die Therapie der EA.

Die Tabelle 5.1 (eine Fortführung der Tab. 3.1, ▶ Kap. 3.9) gibt einen Überblick über den praktisch-therapeutischen Zugang zu den vier Grundmotivationen auf der Basis ihrer Voraussetzungen. Wenn die jeweilige Dimension der Existenz nicht ausreichend in Vollzug kommen kann, entstehen die entsprechenden Störungsmuster, die unten angegeben sind. Außerdem sind die psychodynamischen Coping-Reaktionen angegeben, die für jede Dimension der Existenz spezifisch sind.

5.3.1 Therapeutischer Zugang zu den personal-existentiellen Grundmotivationen

Die Grundmotivationen geben einem das Rüstzeug für die existenzanalytische Therapie in die Hand. Sie erfüllen dabei mehrere Aufgaben.

a. Sie helfen für die *Verortung* der Störung bzw. des Problems. Wenn durch die phänomenologische Analyse das Problem z. B. primär in der Verunsicherung des Patienten liegt, wird primär mit der ersten Grundmotivation gearbeitet, weil das existentielle Thema mit dem Sein-Können zu tun hat.
b. Mit der Verortung wird auch das psychologisch-geistige *Instrumentarium* gefunden, mit dem vorwiegend vorzugehen ist. Liegt die Störung z. B. mehr in der zweiten Grundmotivation, geht es mehr um das Fühlen als um Kognition und Wahrnehmung. Geht es mir um die Selbstfindung und das Eigene, die dritte Grundmotivation, ist das Spüren und persönliche Einschätzen durch Stellungnahmen wichtig.
c. Die tiefere Arbeit nimmt dann auf die zugrunde liegenden *Voraussetzungen* zur Realisierung der jeweiligen Dimension der Existenz Bezug. Handelt es sich z. B. um ein Sinnproblem, wird man sich dem Tätigkeitsfeld (wie es auch in der Logotherapie gemacht wird), Kontext und Wert in der Zukunft zuwenden.
d. Die Arbeit auf der Ebene der Voraussetzung ermöglicht und benötigt zugleich eine ganz *persönliche* (»personale«) *Aktivität* der Patienten. Die Voraussetzungen stellen den Boden dar, auf dem es möglich wird, dass die Patienten ihre konkrete Situation ergreifen und sich aktiv mit ihr auseinandersetzen können. Bei einem Problem in der ersten GM

Tab. 5.1: Überblick über die Zugangsweisen, Voraussetzungen und Pathologien der Grundmotivationen (nach Längle 2013b, S. 85 f.) (GM = Grundmotivation) (© A. Längle)

	1. GM Dasein-Können	2. GM Leben-Mögen	3. GM Selbstsein-Dürfen	4. GM Sinnvolles Sollen	Resultat: Handeln wollen
Psychischgeistiges Instrumentarium	**Wahrnehmen** des Faktischen, der Bedingungen und Möglichkeiten: Erfahrung	**Fühlen** der Art, wie etwas ist: Gefühl	**Einschätzen** des Verhaltens: innere Resonanz (Spüren) und Urteil	**Verstehen** des situativ Geforderten / Gebotenen (Nous)	**Sich einlassen** auf das Gegenüber
Voraussetzung (und Folge im Feedback)	**Schutz/Ruhe/** Heimat **Raum/Weite/** Offenheit **Halt/Gelassen-** heit ↔	**Beziehung/** Berührt-sein/ Bewegtsein **Zeit/Lebensgefühl** Nähe/Wärme ↔	**Be-Achtung/** Wahrung der Distanz/ Reflexion **Gerechtigkeit/** Festigkeit/Autorität **Wertschätzung/** An-erkennung des Eigenen ↔	**Tätigkeitsfeld/Auf-** gabe/3 Wertekategorien (Frankl) **Kontext,** Strukturzusammenhang, Orientierung **Wert in der Zukunft** Entwicklung/Religion ↔	Hingabe

Tab. 5.1: Überblick über die Zugangsweisen, Voraussetzungen und Pathologien der Grundmotivationen (nach Längle 2013b, S. 85 f.) (GM = Grundmotivation) (© A. Längle) – Fortsetzung

	1. GM Dasein-Können	2. GM Leben-Mögen	3. GM Selbstsein-Dürfen	4. GM Sinnvolles Sollen	Resultat: Handeln wollen
die personale Aktivität	*Um da sein zu können:* **Annehmen Aus-halten** des Schweren **lassen**	*Um sich beziehen zu können:* **Sich-Zuwenden Trauern** um das Leidvolle **herankommen lassen/ herannehmen** (Nähe)	*Um Wesentliches zu sehen:* **Begegnen (An)Sehen** des Wesens, dazu stehen, ernst nehmen **bereuen/verzeihen Abgrenzen** vom anderen, Stellungnahme, **beurteilen**	*Um fruchtbar zu werden:* **Übereinstimmung** zw. Situation u. sich (prüfen, ob auch gut für andere/Welt/ Zukunft) **sich einlassen / Sich einstellen** gegenüber Unverständlichem (sich fassen)	*Um zur Existenz zu kommen:* **Handeln, verändern** kreativ sein
Realisation der Grundmotivation	**Vertrauen**	**Werte**	**Authentizität**	**Orientierung**	**Wirken (Flow)** fruchtbar werden

Tab. 5.1: Überblick über die Zugangsweisen, Voraussetzungen und Pathologien der Grundmotivationen (nach Längle 2013b, S. 85 f.) (GM = Grundmotivation) (© A. Längle) – Fortsetzung

	1. GM Dasein-Können	2. GM Leben-Mögen	3. GM Selbstsein-Dürfen	4. GM Sinnvolles Sollen	Resultat: Handeln wollen
Coping-Reaktionen	Ablehnung Flucht, Kampf Vernichtung, Hass, Lähmung	Abwendung Rückzug Leisten, Wut entwerten	Selbstverlust Widerwille sich Distanzieren funktionieren Zorn, Ärger leugnen, spalten	Willkür Orientierungslosigkeit provisorische Lebenshaltung Idealisierung Fanatismus Zynismus Nihilismus	---
Bei Fehlen der Voraussetzungen folgt:	**Angst** Verunsicherung Verschlossenheit	**Depression** Sehnsucht Belastung/Kälte	**Hysterie** Einsamkeit Ruhelosigkeit Verletztheit/sich schämen	**Suizidalität** Sucht Leere im Leben existentielle Frustration Verzweiflung	---

z. B. geht es darum, das Gegebene annehmen zu können, z. B. ein Problem mit dem Partner zu haben und sich ihm zu stellen, statt es immer wieder wegzuschieben oder zu ignorieren. Das kann bedeuten, dass man zunächst Leidvolles aushalten muss. Dafür gilt es sich zu entscheiden und eine Bereitschaft für die Arbeit daran zu entwickeln.
Hier sind wir in der Tiefe existenzanalytischer Arbeit angekommen. Sie besteht vorwiegend darin, sich mit einmal erkannten Themen oder Problemen zu konfrontieren. Ihnen entschiedenermaßen und aus freien Stücken gegenüberzutreten und auf das zu schauen, was in der Situation einem selbst gerade möglich ist zu verändern, zu gestalten. Und sich angesichts der Möglichkeiten zu fragen, ob man dafür bereit ist und willens, sich dafür einzusetzen. Dann steht man entschieden persönlich in seinem Leben und kann die optimale Kraft entwickeln entweder zum Tragen oder zum Verändern der Lage.
Zu beachten ist hier, dass in jeder GM die Ebenen der Voraussetzungen und der personalen Aktivität zirkulär miteinander verflochten sind. So stellen die Voraussetzungen einerseits den Boden dar, um beispielsweise annehmen und aushalten zu können, aber andererseits bewirkt jedes Annehmen und Aushalten eine Verbreiterung und Verankerung der Voraussetzungen. Wenn man annehmen kann, erlebt man auch mehr Schutz, bekommt mehr psychisch-geistigen Raum und verspürt auch mehr Halt. Dies ist in Tabelle 5.1 symbolisiert mit dem Doppelpfeil.

e. Der Realisation der jeweiligen Grundmotivation werden die *zentralen Inhalte* geschaffen, die aus jeder Grundmotivation emergieren: Vertrauen, Werte, Authentizität, Orientierung und der Flow im Handeln.

f. Das Strukturmodell ist auch in der Lage, Spezifität von psychodynamischen Schutzreaktionen aufzuzeigen. Gleichzeitig ist das Auftauchen einer *Coping-Reaktion* ein diagnostischer Hinweis, mit welcher Dimension der Existenz der Patient befasst ist. Die Bedeutung und das Verständnis der Coping-Reaktionen werden in Kapitel 5.3.2 ausgeführt.

g. Eine große Bedeutung haben die Grundmotivationen für das Verständnis der *Psychopathologie*. Die Dimensionen der Existenz geben interessanterweise eine Hintergrundfolie für die Ätiologie ab. Dies erlaubt ein besseres Verstehen der Störbilder, weil die existenziellen Inhalte explizit werden. Gleichzeitig macht es die tragende Bedeutung der existentiellen Strukturen für die psychische Gesundheit deutlich (▶ Kap. 5.3.3.).

5.3.2 Coping-Reaktionen

Coping-Reaktionen sind psychodynamische Schutzreaktionen, die dann auftreten, wenn die personale Verarbeitung der Defizite oder Verletzungen in den Grunddimensionen der Existenz nicht gelingt (Hüther 2004).

Das englische »coping« bedeutet »zurechtkommen« und wird im Deutschen in der Psychologie oft mit »bewältigen« übersetzt. Der Begriff Coping ist offen für alles Verhalten, für entschiedenes *Handeln* und für unentschiedenes *Reagieren*. Um deutlich zu machen, dass es sich bei den Schutzreaktionen um die *psychodynamische, automatische Verhaltensreaktion* handelt, wird von »Coping-*Reaktion*« gesprochen. Sie sind »Überlebensreaktionen«, »situationale Bewältigungsmechanismen« im Sinne eines »psychischen Immunsystems«. Sie geschehen aus einer partiellen (nicht totalen) Ohnmacht bzw. momentanen Überforderung der Verarbeitungskapazität. Sie können angeboren oder gelernt oder durch Lernen überformt sein. Da sie in der Psyche evolutionär verankert sind, haben auch Tiere Coping-Reaktionen.

Kennzeichen der Coping-Reaktionen ist, dass sie

1.) nicht *entschiedenes* Verhalten darstellen, somit kein Handeln sind, sondern eine *Reaktions*weise, einen »Reflex der Psychodynamik«.

2.) Coping-Reaktionen sind kein Versuch einer ursachenbezogenen Bewältigung eines Problems, sind keine Aufarbeitung einer Situation. Sie dienen ausschließlich dem Schutz des »Überlebens«, aber eröffnen dem Menschen nicht »die Welt«; sie grenzen ihn ein. Wichtig für das Überleben der Notsituation, sind sie keine Grundlage für eine erfüllende Existenz und haben auch keine anhaltende heilende Wirkung. Sie können jedoch auf dem Weg zu Heilung vorübergehend durchaus hilfreich sein, z. B. wenn ein aggressionsgehemmter Mensch zu seiner Aggression vorstößt und so die Kraft der Psychodynamik für seine Existenz dazugewonnen wird (Längle 2019a). Bildlich kann von ihnen wie von einem »Sicherheitsnetz« unter dem »Seil der Existenz« gesprochen werden, das uns auffängt, wenn wir vom »Seilakt der Existenz« abrutschen.

Mit dem psychoanalytischen Begriff der Abwehr bzw. »*Abwehr-Mechanismen*« gibt es zahlreiche Überschneidungen. Jedoch wird dieser Begriff in der EA nicht verwendet, da er eng mit dem topografischen Modell bzw. Strukturmodell der Psychoanalyse von Über-Ich, Ich und Es verbunden ist, das so nicht auf die EA übertragbar ist. Eine Schutzreaktion kann Abwehr sein, aber auch Prävention, Stärkung oder Lähmung.

3.) Jeder Mensch ist von Natur aus in der Regel mit *allen* Coping-Reaktionen ausgestattet, aber nicht jeder hat alle gleich stark ausgebildet oder verwendet sie gleich oft. *Vorlieben* und häufiges Verwenden von Coping-Reaktionen prägen das *Persönlichkeitsbild* bzw. umgekehrt: aufgrund der Persönlichkeitsstruktur entstehen Vorlieben für Coping-Reaktionen.

4.) *Fixierte Coping-Reaktionen:* das Faktum, dass ein (oder mehrere) Coping-Reaktions-Muster in unterschiedlichen Situationen das Verhalten beherrscht, findet sich bei *psychischen Krankheiten/Störungen* (bzw. sind Mitursachen psychischer Erkrankungen). Neurosen können nachgerade definiert werden als Fixierungen von Coping-Reaktionen (während Persönlichkeitsstörungen tiefergehende Fixierungen im Erleben und Verarbeiten sind).

5.) Coping-Reaktionen können, je nach Schweregrad der Bedrohung, unterschiedliche Reaktionsstufen ausbilden. Man kann *vier Grundmuster* von Coping-Reaktionen unterscheiden:

Grundbewegung (Vermeidungsverhalten): zielt ab auf *Verlustminimierung*. Ist darauf ausgerichtet, die ursprünglichen Bewegungsrichtung einer Grundmotivation möglichst zu erhalten, z. B. in der 1. GM: fliehen oder einen Bogen um das Bedrohliche machen (vermeiden) – Raum haben.

Paradoxe Bewegung – Aktivismus: ist die erste Stufe eines *Bewältigungsversuchs*. Es wird versucht, die Behinderung zu beseitigen. Man traut sich noch ein Können zu, entkommt aber der Situation nicht mehr. Die typische »Flucht nach vorne«.

Stärkste Schutzbewegung – Aggression: Zum stärksten *Schutz* wird nun aktiv der Kampf aufgenommen. Es besteht eine maximale Mobilisierung der Kraft in subjektiv unausweichlich empfundenen Situationen, um das »eigene psychische Überleben« zu sichern.

Totstellreflex: dieser operiert hauptsächlich mit *Zeitgewinn*. Es ist der letzte Schutzmechanismus, wenn man schon *teilweise überwältigt* ist.

Die Ohnmacht nimmt von Stufe zu Stufe zu, entsprechend des Versuchs, sie zu überwinden. In der Aggression ist daher mehr subjektiv erlebte Ohnmacht als im Aktivismus; was auch mit mehr Stresserleben einhergeht. Alle vier Grundmuster kommen in jeder Dimension der Existenz (GM) mit dem gleichen Schema vor, haben jedoch jeweils unterschiedliche Verhaltensweisen.

5.3.3 Psychische Störungen und Krankheiten

Führen beide – wahrnehmendes Verarbeiten und/oder ausreichender psychodynamischer Schutz – nicht zu einer beruhigenden Entlastung, wird die Verunsicherung zur unerträglichen Belastung. Dann kommen die Coping-Reaktionen in einen Dauereinsatz, was sie schließlich fixiert. Psychische Störungen liegen nach dem Verständnis der EA demnach dann vor, wenn ein Mensch einzelne oder mehrere Elemente aus den Grundbedingungen erfüllter Existenz (▶ Kap. 3.9) nicht besorgen oder erleben kann. Das ist immer dann der Fall, wenn man sich nicht in einem offenen Austausch (»Dialog«) mit sich und der Welt befindet. Ohne den inneren und äußeren Dialog ist das Denken, Fühlen, Entscheiden oder Handeln in einem spezifischen Lebensbereich oder Thema behindert. Das Erlebte kommt dann nicht in einen adäquaten Verarbeitungsprozess.

Dieser Mangel an Austausch und die einseitige Fixierung der Coping-Reaktionen auf den Schutz binden Kräfte. Die Coping-Reaktionen werden für eine subjektiv empfundene Überlebensnotwendigkeit gebraucht, was psychologisch gesehen der Stabilisierung des Gefühlshaushaltes dient. Dadurch verliert der Mensch seine Antwortfähigkeit und Kreativität. Die Fixierung der Coping-Reaktionen hindern ihn in seinen Fähigkeiten und Veranlagungen. Dies führt konsequenterweise zu einer existentiellen Verarmung und wird natürlicherweise als leidvoll erlebt. Pathologie besteht demnach aus existentieller Sicht in der Fixierung des Verhaltens (und bei stärkeren Störungen auch des Erlebens) in automatischen, festgelegten Verhaltensschablonen, durch die der offene dialogische Austausch mit seiner Welt verdrängt wird. Sind diese Coping-Reaktionen durch den Dauerstress fixiert, kommt es zum Vollbild der Störung (▶ Kap. 3.8.2).

Auf dieser Grundlage kann eine existenzanalytische *Definition von psychischen Störungen* oder Krankheiten gegeben werden. Eine Störung bzw. Krankheit liegen vor, wenn man wiederholt und über einige Zeit (d. h. regelmäßig) auf die gleiche Art behindert ist, das zu erkennen, zu tun oder zu erleben, was man selbst (in der Situation und oder später) als notwendig, wichtig, richtig oder sinnvoll empfindet (Längle 1992; 2005a). Knapper gefasst: Krank ist man, wenn man wiederholt (regelmäßig) nicht tun kann, was man eigentlich will. Wenn man z. B. gerne eine Beziehung leben möchte, aber die Beziehungen aufgrund eingefleischter Muster regelmäßig nach etwa zwei Jahren auseinandergehen, hat der Mensch keinen vollen Zugang zu sich als Person und zu seiner Freiheit. Fixierte Schutzmechanismen dominieren sein Verhalten. Dasselbe wäre der Fall, wenn ein Mensch in der Belastung immer sich selbst beschimpft und schuldig fühlt. Diese Menschen leiden unter ihrem Erleben und Verhalten.

Als phänomenologische Richtung verknüpft die EA die Psychopathologie mit der subjektiven Freiheit und darüber mit dem Personbegriff. Krankheit bedeutet, dass sich ein Mensch trotz mehrerer Versuche von einer innerpsychischen Einengung (Fixierung) nicht befreien kann und dadurch sein Personsein in diesen Situationen oder Beziehungen nicht wirklich leben kann. Darum handelt es sich um ein anthropologisches, und nicht um ein normatives oder statistisches Störungskonzept. Diese Subjektivität ist aber nicht individualistisch aufzufassen, sondern beruht auch auf die Subjektivität anderer Menschen, die eine subjektive Verhaltensfixierung manchmal klarer erfassen bzw. spüren als der Betroffene selbst. Dies ist häufig der Fall bei Persönlichkeitsstörungen (vgl. weiterführend Längle 2016, S. 140 f.).

Im Rahmen der *Logotherapie* hat Frankl (1956, 1959, 1982b) die klassische Psychopathologie der psychiatrischen Tradition übernommen und um die Begriffe »existentielles Vakuum« (▶ Kap. 1.1) und »noogene Neurose« erweitert. Unter noogener Neurose verstand er psychische Störungen, die ihren Ursprung in geistigen Konflikten (wie Gewissenskonflikten oder anhaltenden Sinnlosigkeitsgefühlen) haben und ähnliche psychische Reaktionen hervorrufen wie andere Neurosen. So würde Frankl beispielsweise von einer noogenen Depression sprechen, wenn als Hauptursache eine unbewältigte, reale Schuld gefunden wird.

> Heute wird die Psychopathologie in der EA prozesshaft-dynamisch auf der Grundlage der personal-existentiellen Grundmotivationen und der in der Folge behinderten personalen Prozessdynamik (PEA) verstanden. Ihr zufolge ist die unzureichende Auseinandersetzung der Person mit

den Bedingungen der Existenz notwendiger Bestandteil bei der Entstehung psychischer Störungen. Diese Defizite und ihre Folgen konnten den entsprechenden Grundmotivationen zugeordnet werden, woraus eine Ätiologie der psychischen Störungen entstand.

Es werden entsprechend der vier Grundmotivationen als Grundmuster der Psychopathologie das ängstliche, depressive, hysterische und dependente unterschieden. Jedes ist im Vollbild gekennzeichnet durch ein Fehlen zentraler Erfahrungen und/oder Stellungnahmen, einen Mangel an entsprechenden Kompetenzen durch Traumatisierungen und spezifischen, das Leiden definierenden Coping-Reaktionen (Längle 2016, S. 159 ff.). Ihr Zusammenspiel prägt das Symptombild und den Krankheitsverlauf und macht das Störungsbild diagnostizierbar und gezielt behandelbar. Durch die Intensität der Störung und das Ausmaß der Defizite entsteht eine Rangreihe des Schweregrades psychischer Störungen: von (nicht krankhaften) Leidenszuständen zu neurotischen Reaktionen und Krankheiten, psychosomatischen Krankheiten, Persönlichkeitsstörungen und Psychosen als schwerste personale Desintegration.

5.4 Existenzanalytische Behandlungsmethoden

Methoden bzw. Techniken spielen in der EA – im Vergleich zu manch anderen Psychotherapie-Richtungen – eine untergeordnete Rolle. Im Zentrum steht das Verstehen auf der Basis der Phänomenologie und das Eröffnen des inneren und äußeren Dialogs. Dennoch braucht es für manche Psychopathologien ein gezieltes und strukturiert aufgebautes Vorgehen, um die Fixierungen aufzulösen und einen Zugang in die Vielschichtigkeit der Pathologie schaffen zu können. Im Folgenden soll ein kurzer Einblick in einige existenzanalytische Methoden gegeben werden.

5.4.1 Existentielle Wende

Das zentrale Theorem der EA, ursprünglich von Frankl (1982a, S. 72) als »kopernikanische Wende« in der Psychotherapie bezeichnet, besagt, dass der Mensch für eine existentielle Lebensgestaltung nicht so sehr Fragen an das Leben richten soll, als vielmehr sich als »der vom Leben her Befragte, der dem Leben zu antworten – das Leben zu verantworten hat«, verstehen soll.

Diese Sichtumkehr, die den Menschen von der passivierenden Anspruchs- und Erwartungshaltung an das Leben und an das, was es zu bieten hat, abwendet und in eine Offenheit gegenüber den Anforderungen und Angeboten seiner Lebenssituationen bringt, ist als *methodische Haltung* bzw. als Einstreutechnik (ein Begriff von Milton H. Erickson 1966) durchgängig in der EA präsent. Sie eröffnet den grunddialogischen Charakter existentiellen Seins und verschafft einen Zugang zur Existenz. Die existentielle Wende ist somit Schlüssel zur Sinnerfahrung, zur Welt- und Wertewahrnehmung, sowie zur Verantwortungsübernahme für das eigene Leben (Längle 1988b). Dies wird in einem sehr bekannt gewordenen Fallbeispiel von Frankl ((1956) 2007, S. 188 f.) sehr schön deutlich:

> »An uns wendet sich ein alter praktischer Arzt; vor einem Jahr ist ihm seine über alles geliebte Frau gestorben, und über diesen Verlust kann er sich nicht hinwegsetzen. Wir fragen den schwerst deprimierten Patienten, ob er sich überlegt hat, was geschehen wäre, wenn er selbst früher als seine Frau gestorben wäre. ›Nicht auszudenken‹, antwortete er, ›meine Frau wäre verzweifelt gewesen.‹ Nun brauchten wir ihn nur darauf aufmerksam zu machen: ›Sehen Sie, dies ist Ihrer Frau erspart geblieben, und Sie haben es ihr erspart, freilich um den Preis, daß nunmehr Sie ihr nachtrauern müssen.‹ Im gleichen Augenblick hatte das Leiden einen Sinn bekommen: den Sinn eines Opfers.« Und auch das Leben des Mannes erhielt einen neuen Sinn, indem er die jetzt, im aktuellen Moment gültige Anfrage des Lebens aufgriff.

5.4.2 Umgang mit Aggression

Jede Form von Aggression wird in der EA als Schutzreaktion aufgefasst (▶ Kap. 5.3.2), in der die Psychodynamik eine mitunter dominierende Mächtigkeit erlangt, sodass der Person die Reaktionen »durchgehen«. Aggressionen mobilisieren ein Maximum an Kräften und stellen somit eine äußerste Anstrengung dar, um aus der beengenden, bedrohenden, belastenden oder verlustreichen Situation heraus zu kommen. Je nach bedrohter Dimension der Existenz (▶ Kap. 3.9 und ▶ Kap. 5.3) entsteht der vernichtende Hass, die beziehungserschütternde Wut, der sich abgrenzende Zorn bzw. Trotz oder Ärger und schließlich der nach Kontext suchende Zynismus oder Sarkasmus (die vier thematischen Aggressionsformen).

Da als Hauptproblem der Aggression ihre Wertblindheit und das nicht an der Kausalität ausgerichtete Vorgehen angesehen wird (was im Übrigen ein Kennzeichen für psychodynamische Reaktionen generell darstellt), geht es in der Behandlung der Aggression um ihre Personierung – ihr Durchdringen mit personalen Kräften, ohne dabei den Wert ihrer Schutzfunktion zu verlieren (»um was geht es mir eigentlich in der Wut? Was will ich schützen – vielleicht hilft mir da die Kraft der Psychodynamik?«). Dafür kann die Methode der Personalen Positionsfindung (▶ Kap. 5.4.5) zum Einsatz kommen. Durch sie kann die Aggression »dreifach sehend« werden:

1. *sehend nach außen* auf die Ursache, auf ihr Worauf, verbunden mit einem Abschätzen der Intensität im Verhältnis zum Auslöser;
2. *sehend nach innen* auf den Wert, den die Aggression schützt. Existentieller Boden wird erreicht, wenn das *Positive* in der Aggression sichtbar wird, was sie einem selbst verständlich macht. Das Positive der Aggression ist der jeweilige Inhalt der Grundmotivation. Dieser Schritt schützt auch vor unreflektierten Schuldgefühlen;
3. *sehend darauf, wie sie gelebt werden* kann, wie mit ihr *zielführend* umgegangen werden kann und wie sie zu ihrem *Adressaten* gelangt, dem sie gehört.

Ein Klient, 34 Jahre alt, ist wütend auf seinen Bruder, der in Kindheit und Jugend durch sein sozial auffälliges Verhalten alle Aufmerksamkeit und Sorge der Eltern bekommen hat. Er als älterer Bruder wurde dazu benutzt, in heiklen Situationen, in denen die Eltern überfordert waren, zu intervenieren. Der Bruder aber brachte ihn um die Zuwendung in der Familie. Im genaueren Betrachten der Situation richtet sich die Wut zunehmend auf die Eltern. Von ihnen fühlt er sich rückblickend in seinem Eigenwert übersehen, zu Unrecht instrumentalisiert und für ihre Zwecke missbraucht, obwohl er damals selbst noch schutzbedürftig war. Bei ihnen spürt er die Überschreitung seiner Grenzen. Diese Entwicklung führt dazu, dass der Klient mit seinem Bruder offen sprechen kann, was bisher durch seine Wut auf ihn aufgrund der erlebten Zurücksetzungen nicht möglich war. Im Erkennen des Wichtigen, was seine Eltern in Gefahr gebracht haben (sehend nach außen und nach innen), bringt er den Inhalt seiner Wut gegenüber den bereits verstorbenen Eltern mit unterschiedlichen Methoden (Brief, Narrativ, direkte Rede...) zum Ausdruck und nutzt diese Erfahrung, um zu lernen, besser für sich eintreten zu können (zielführender Umgang).

In manchen Fällen, wenn die Aggression sehr stark ist, wird der Methode ein *Entlastungsschritt* vorangeschaltet: es soll die Heftigkeit der Aggression durch gestalterische Formen sichtbar gemacht werden (z. B. Schlagen auf ein Kissen). Ziel ist aber nicht die übliche Abreaktion (die den aggressiven Kreislauf durch Lerneffekte verstärken würde), sondern das selbstreflexive Betrachten ihrer Intensität, die zum Ausdruck gebracht wird.

5.4.3 Einstellungsänderung

Einstellungen sind »Verhaltensantizipationen«, d. h. Vorentscheidungen für ein Verhalten unter bestimmten Bedingungen. Ihnen geht ein Werturteil und eine Entschiedenheit voraus, sodass die Person nach diesen Vorleistungen schneller handlungsbereit ist. Die Arbeit an Einstellungen ist ein klassisches Thema existenzanalytischer Beratung/Therapie, weil Vorentscheidungen (z. B. eine ablehnende Einstellung zum Panikgefühl, zum Partner usw.) zu Voreingenommenheiten/Vorurteilen führen und Probleme oft erst erzeugen bzw. aufrechterhalten und Handlungen blockieren.

Die Bearbeitung der Einstellung gegenüber unabänderlichem Leid bezeichnet Frankl (1982a; 1956, S. 701–715) als »Ärztliche Seelsorge«.

Einstellungsarbeit stellt eine Hauptindikation der Logotherapie dar. Sie ermöglicht über das Erarbeiten von Einstellungswerten das Finden von persönlichem Sinn im Leid.

Methoden zur Einstellungsänderung sind in der LT von Lukas (1980 – »Einstellungsmodulation«) und Längle (1994b, 2000b) entwickelt worden. Lukas Einstellungsmodulation ist an die Verhaltenstherapie angelehnt, Längles Methode der Einstellungsänderung an die Struktur des Prozessmodells der PEA. Damit soll neben den kognitiven Inhalten auch ein erlebnismäßig vertiefter Prozess ermöglicht werden, um zu einer Änderung der Einstellung aus der eigenen Innerlichkeit herauszukommen. Dieser beginnt mit dem Bewusstmachen der Einstellung und Feststellen des Geltungsbereiches (z. B. »ein Leben als Pflegefall ist kein Leben mehr«). Dann wird der Wert der alten Einstellung erhellt: wie sie entstanden ist, was sie damals bedeutet hat (z. B. hatte diese Klientin die geliebte Mutter monatelang gepflegt und musste mit ansehen, wie sie qualvoll starb). Damit sollen das Selbstverstehen, die innere Kontinuität und die Beziehung zu sich gefördert werden, damit die Einstellungsänderung nicht zur Verfremdung wird. Im nächsten Schritt geht es um die Beurteilung und Einschätzung der alten Einstellung im Lichte der aktuellen Erfahrungen und Probleme, und wie die alte Einstellung hier hineinwirkt (z. B. »Was sehen Sie heute als das Problematische an, ein Pflegefall zu sein? Was geht Ihnen dadurch verloren?«). Dabei wird die Wertehierarchie beleuchtet und der Horizont aufgeblendet, was zu einem schrittweisen Auf-Distanz-Gehen führt (z. B. »Könnte dadurch auch etwas gewonnen werden? Was bedeutet es für Ihre Angehörigen, für Angehörige überhaupt? Was ist Ihnen das Wichtigste im Leben?«). Der letzte Schritt ist die Erarbeitung der neuen Einstellung anhand der gemachten Erfahrungen und in einer phänomenologisch offenen Haltung (z. B. »Was ist als Pflegefall das Schwierige und was könnte dennoch Leben sein? Was hätte ich getan, wenn ich in der Lage der Mutter gewesen wäre? Was wäre mir dann wichtig?«).

5.4.4 Paradoxe Intention

Die Paradoxe Intention ist die bekannteste psychotherapeutische Technik der EA und LT. Sie wurde von Frankl 1929 entwickelt und erstmals 1938 publiziert (ders. 1956, 1982a, b, 1994). Damit war Frankl ein Pionier in der Anwendung sowohl des Humors als auch des Paradoxes in der Psychotherapie.

In der paradoxen Intention wird der Patient dazu angeleitet, sich paradoxerweise gerade das zu wünschen oder sich vorzunehmen, wovor er sich fürchtet (Frankl 1959, S. 724; 1982a, S. 185). Heute verwenden wir in der Definition häufiger die Beschreibung, »[…] oder einfach dem Symptom erlauben, dass es eintreten kann« (Längle 2003c, S. 8; 2012, S. 18 f., 30). Diese Formulierung soll unterstreichen, dass man sich mit dieser Vorgangsweise nichts Schlechtes wünschen muss (weshalb Patienten die Technik manchmal ablehnen), sondern dass es einzig darum geht, das frustrane Sich-Wehren aufzugeben, weil es einen immer mehr in die Angstspirale hineintreibt.

Indiziert ist die paradoxe Intention bei der Behandlung der Erwartungsangst (ängstliche Reaktionen wie Lampenfieber, Phobien, Zwänge), insbesondere, wenn eine Differenz zwischen Kognition und Affekt besteht (»Ich weiß es wohl, dass nichts passieren wird, aber ich habe trotzdem Angst«) oder die Angstmechanismen trotz anderer Angstkonfrontationsformen hartnäckig weiterbestehen. Dabei geht es um eine spezifische Angstkonfrontation, die (existenzanalytisch) an der *Einstellung zur* Angst und am Einsatz des Willens ansetzt. Sie beruht auf einer genauen Kenntnis der Möglichkeiten und Grenzen des Willens, nämlich darauf, dass er nur das eigene Handeln, nicht aber Ereignisse oder unwillkürliche Körperreaktionen steuern kann. Reines Wollen, das nicht in eine Aktion umgesetzt wird, ist machtlos und wirkungslos – es vermag kein einziges Ding zu bewegen. Folglich hat es keine Wirkung, wenn man sich sagt, dass man z. B. *keinen* Herzinfarkt bekommen will, auch wenn der Wille mit großem ängstlichem Affekt untermauert ist. Aus demselben Grund kann man sich aber auch sagen, dass man im Gegenteil sehr wohl einen Herzinfarkt haben möchte oder gleich *zwei, drei* und immer dann wieder einen, wenn man gerade will. Denn das reine Wollen kann ihn nicht initiieren.

Was mit dieser geistigen Wendung erreicht wird, ist eine Befreiung des Willens aus der starren Klammer der Angst. Die Formulierung stellt eigentlich eine gedankliche Mutprobe dar, mit der dem magischen Bann der Angst in willentlicher Freiheit entgegengetreten wird. Durch Übertreibungen (»sofort«, »gleich mehrere«, »zum Schrecken der Leute kollabiere ich jetzt« usw.) kommt über das – zunächst meist nur zögerliche – humorvolle Lächeln Distanz zur Angst auf (Selbst-Distanzierung). In einer tieferen Schicht gibt diese Erfahrung Vertrauen in den Halt der Welt und stärkt das »Urvertrauen ins Dasein« (Frankl 1959/2005, S. 163 f.).

Eine soziophobische Patientin hat Angst, sie könnte durch ihren (vermeintlich) torkeligen Gang auffallen und ob ihres Schwindelgefühls kollabieren. Sie nimmt sich mit Unterstützung und Ermutigung des Therapeuten nun vor, zunächst einmal täglich einen besonders auffälligen Ausgang zu unternehmen und ihr Torkeln mal nicht zurückzuhalten, sondern alle sehen zu lassen, sodass es die Leute richtig erschrecken solle. Nachdem keine solchen Reaktionen eingetreten sind, wird sie nun versuchen, beim Torkeln zu kollabieren, besonders vor der Wohnung ihrer »heuchlerischen« Nachbarin; aber dann auch im Geschäft, und natürlich auf der Straße. Schließlich nimmt sie sich vor, wie ein gefällter Baum zum Schrecken aller im Geschäft umzufallen. Alle Leute sollen auf sie schauen, werden die Rettung rufen und sich denken: welch eine arme, verrückte Person ... Sie aber steht wieder auf, lächelnd: »Ich kann das eben!« – Trotz angestrengter (und immer spielerischer werdender) Bemühungen trat keine der Befürchtungen ein. Der Wille kann das Befürchtete weder verhindern noch herbeizaubern...

5.4.5 Personale Positionsfindung (PP)

Diese Methode dient der Behandlung von *Passivierungsgefühlen* bei Angst, Depression, generalisierenden Annahmen usw. (Längle 1994c, 1997, 2011). Die Aktivierung der Person und die Festigung ihres Willens geschieht über das Erarbeiten und Beziehen einer eigenen Position gegenüber den Gefühlen (»Positionierung« der Person). Es handelt sich dabei um eine mehr stützende Vorgangsweise und nicht um eine Aufarbeitung von Erfahrungen (wofür die PEA dann das geeignete Verfahren wäre). Da die Methode aber sehr charakteristisch für existenzanalytisches Vorgehen ist und breiten Einsatz findet, soll sie in diesem Rahmen kurz vorgestellt werden.

Durch den Positionsbezug soll eine dialogische Umgangsform mit problematischen, ängstigenden, belastenden usw. Situationen geübt werden. Im ersten Schritt wird die Aufmerksamkeit auf eine definierte Situation gerichtet, auf die als zweites eine konkrete innere Antwort (Position) gesucht wird, um dann abschließend den Blick erneut auf die Situation zu richten, auf deren Wert man sich nun einstellen kann. Das therapeutische Potenzial dieser phänomenologischen Heranführung liegt in der strengen, übenden Konkretisierung. Damit wird das generalisierende Denken durchbrochen. Der passivierenden Wirkung eines zu weit aufgeblendeten Anspruchs, der verlangt das »Ganze« – »immer« – »sicher richtig« zu machen usw., kann durch die Bescheidung auf das Konkrete, Einzelne entgegengewirkt werden. Im Konkreten wird wieder haltgebender Dialog und Beziehung zu einer fassbaren Realität möglich, ohne dass das Scheitern ausgeschlossen ist. Darüber hinaus hätte in der kleinen Dimension einer einzigen, konkreten Situation ein Versagen meist kein katastrophales Ausmaß mehr (Fischer-Danzinger und Janout 2000). Mit dieser Vorgehensweise wird über drei Schritte der Rahmen eines »Dialogs mit der Welt« aufgebaut. Er setzt dort an, wo das Dasein zu bewältigen ist (»im Außen«), um sich dann nach innen zu wenden und danach zu fragen, was einem selbst angesichts der wahrgenommenen Realität möglich ist. Damit ist ein Ablassen von Ansprüchen und Wünschen verbunden, die zur Verkomplizierung mancher Situationen beitragen. Im dritten Schritt geht der Blick wieder »nach außen« auf den empfundenen Wert, der in der Situation enthalten ist, und der es ausmacht, dass sie für den Einzelnen so bedeutungsvoll ist.

In der Praxis läuft dies über folgende Fragen:

PP1 – *Position nach außen*: »fest-stellen«, was real der Fall ist: »Stimmt es? – Woran sehen Sie das? – Was kann real passieren?« (Realitätsprüfung, Konkretisierung, Abgrenzung und erster Halt). Die Differenzierung zwischen befürchteter (fantasierter) Wirklichkeit und ruhiger Betrachtung des Realen trägt i. a. zu einer ersten Beruhigung bei.
PP2 – *Position nach innen*: »sich ein-stellen« auf die eigenen Kräfte und Fähigkeiten. Das Sich-Einlassen auf die innere Realität vermittelt weiteren Halt und aktiviert, bedeutet aber gleichzeitig, sich von Wünschen und Ansprüchen zu distanzieren. Die Fragen lauten: »Wie viel/was des Negativen (Befürchteten) könnten Sie dieses eine Mal aushalten? – Könnten Sie für dieses eine Mal auf Ihre Wünsche/Ansprüche verzichten, oder ist Ihnen

das nicht möglich? – Würden Sie es aushalten, wenn Ihnen dieses eine Mal zustieße, was Sie so nicht mögen?«

PP3 – *Position zum Positiven*: »sich dazu-stellen« zum Wert (zum »Positiven«), um den es in der Situation geht. Von ihm geht eine stärkende Kraft aus, die motiviert, die Situation anzugehen, wenn man die Gründe wieder deutlich fühlt, die unter der Problematik oft verschüttet wurden. Die damit verbundene Selbst-Transzendenz kann mit folgenden Fragen fokussiert werden: »Um was geht es Ihnen eigentlich? – Was ist Ihnen in dieser einen Situation wichtig? – Was wollen *Sie*?« Damit wird eine Stärkung der persönlichen Orientierung und Effizienz angestrebt. PP3 deckt sich weitgehend mit Frankls Dereflexion. Die PP kann darum auch als Vorbau der Dereflexion eingesetzt werden.

5.4.6 Dereflexion

Frankl (1982b, S. 54 ff.) beschrieb erstmals 1947 diese Methode, die er gegen die ängstlich motivierte Hyperreflexion einsetzte. Hyperreflexion ist ein vermehrtes, denkerisches Kreisen um ein erwünschtes Ergebnis (Erfolg), das die Aufmerksamkeit besetzt, ohne aber effektiv zum Erfolg beizutragen. Stattdessen absorbiert es Kräfte, geht auf Kosten der Offenheit und hat eine kontraproduktive Auswirkung, insbesondere wenn es auf normalerweise unbeachtet ablaufende (vegetative) Funktionen gerichtet ist, wie das Einschlafen oder den Orgasmus. Solche übertriebene Reflexion findet sich z. B. bei Versagensängsten, depressiven Schuldgefühlen, Sucht, Schlaf- oder Sexualstörungen – diese stellen somit auch die Hauptindikation der Dereflexion dar.

In der Dereflexion wird die Aufmerksamkeit des Patienten von den hyperreflektierten Vorgängen oder Zielen abgezogen und auf Inhalte hingelenkt, die für den Menschen einen Wert darstellen. Durch die Zuwendung zu erfüllenden Inhalten wird die existentielle Frustration und Leere unterbunden und können beengende oder neurotische bzw. neurotisierende Teufelskreise aufgebrochen werden. Die Wirkung besteht weniger in einer Ablenkung, sondern primär in der Zuwendung zu lebenswerten Inhalten. »…etwas ignorieren […] kann ich nur, […] indem ich auf etwas anderes hin existiere« (Frankl 2007, S. 177).

5.4.7 Phänomenologische Dialogübung (»Sesselmethode«)

Mit dieser Methode kann die phänomenologische, dialogische Offenheit der Welt und sich selbst gegenüber schrittweise eingeübt werden (Längle 1987; Längle 2000d). Damit wird zugleich die Tiefenwahrnehmung geübt sowie der Weltbezug und das Haltfinden gestärkt, was zu einer größeren inneren Ruhe, zu innerer Festigkeit, Verstärkung des inneren Dialogs und vertrauender Offenheit zur Welt führt.

5.4.8 Sinnerfassungsmethode (SEM)

Auf der Grundlage der erweiterten logotherapeutischen Definition des existentiellen Sinns als »wertvollste Möglichkeit in einer Situation« wurde der Sinnfindungsprozess in vier aufeinanderfolgende Stufen zerlegt und operationalisiert (Frankl 1982a; Längle 1988c; Längle et al. 2000b; Drexler 2000). Die Stufen beziehen sich auf die vier Grundformen menschlicher Interaktion mit der Welt: Wahrnehmen (Informationsverarbeitung, Erkennen), Fühlen (Wert-Empfinden), Denken (Urteilen, Entscheiden) und Handeln (Ausführung, Praxis).

Eine existentielle Sinnsuche geht von der zu erkennenden Realität (den Gegebenheiten und Bedingungen) und den in ihr enthaltenen Spielräumen (Möglichkeiten) aus. Dieser Wahrnehmung folgt das Erfühlen ihrer Bedeutung für das eigene Leben, also ihrer subjektiven Wertigkeit, wodurch eine Hierarchie der wahrgenommenen Möglichkeiten entsteht. Auf dieser Rangordnung kann in einem dritten Schritt der Willensakt erfolgen, in welchem sich die Person für den größten, durch sie jetzt realisierbaren Wert entscheidet (Sinn). Im letzten Schritt geht es um die Umsetzung dieses Wertes, denn erst im tatkräftigen Sich-Einsetzen erhält der Sinn sein existentielles Gewicht.

Existentieller Sinn beinhaltet somit die *Qualitäten*: Realitätsbezug und Realisierbarkeit; Emotionalität; Kognition, Freiheit und Gewissenhaftigkeit; Verbindlichkeit, Verantwortung und Aktivität.

Die Methode ist unter der Bezeichnung »4 W« geläufig, weil man die Schritte mit den vier Begriffen »Wahrnehmen, Werten, Wählen, Wirken« zusammenfassen kann.

5.4.9 Willensstärkungsmethode (WSM)

Diese Methode kann bei der Entscheidungsfindung bzw. Stärkung der Entschiedenheit, der Durchhaltekraft und des Ausführungsverhaltens bei willentlich angestrebten Vorhaben eingesetzt werden (Längle 1986: publ. 2000c). Theoretischer Ausgangspunkt ist das existenzanalytische Willenskonzept, dem zufolge eine Willensschwäche primär ein Defizit in der Wertberührung und/oder eine Unklarheit in der Entschiedenheit darstellt. Die WSM ist klassischerweise indiziert bei Situationen, in denen etwas zwar gewollt, aber nicht getan wird (z. B. bei der Motivation zur Suchtentwöhnung), oder wenn Unklarheit bezüglich des eigenen Wollens besteht.

Außer den in diesem Kapitel angeführten Methoden sind andere Methoden schon erwähnt worden: die zentrale Methode der EA, die PEA (▶ Kap. 3.10), sowie die biografische Methode (▶ Kap. 5.2) und die dialogische Methode, die sowohl in der Paartherapie als auch in der Psychosomatik (▶ Kap. 5.2.2, ▶ Kap. 5.2.3) grundlegend sind.

Darüber hinaus hat die EA noch weitere Methoden:

- die biografische Sinnerfassungsmethode
- das Perspektivenshifting zur Erweiterung der Selbst-Distanzierung
- Methoden zur Trauerbegleitung, psychologischen Schuldbewältigung, Verzeihen, Bereuen

Methoden im klinischen Setting:

- Methode des Tores des Todes – eine Methode der Angstkonfrontation
- Die drei-Schritte-Methode in der Panikkherapie
- Methode des Tores des Sterbens – eine Methode in der Depressionstherapie
- Methode zur Suizidverhütung (»Suizidversprechen«)
- Methode zur Prüfung der Suizidalität
- Methode zur Entschiedenheit in der Suchtbehandlung

6 Klinisches Fallbeispiel

Im Folgenden wird eine knapp zweijährige Therapie überblicksartig wiedergegeben, um zu veranschaulichen, wie im existenzanalytischen Vorgehen mit der Person und ihrer Freiheit gearbeitet wird. Das Mobilisieren der »personalen Potenziale« (wie Verstehen, Stellungnahme) und das »Sich-dem-Leben-Stellen« durch situatives Handeln verlangt oft biografische Aufarbeitung, aber nicht immer, wie in diesem Falle, wo die Patientin durch die Verflechtung von Persönlichkeitsstruktur und unreifen Vorstellungen *über* das Leben nicht zu einer Entschiedenheit *für* das Leben gelangte.

In die Darstellung sind Reflexionen eingebaut, um die Verbindung zur Theorie transparent zu machen. Auch soll deutlich werden, dass eine phänomenologische Vorgangsweise keineswegs von Beginn an einen Therapieplan hat, sondern bei dem ansetzt, was die Patientin aktuell braucht und was ihr möglich ist. Dies wird mit der subjektiven phänomenologischen Wahrnehmung des Therapeuten verbunden.

Zugunsten der besseren Übersicht wird der Therapieprozess in der Darstellung etwas schematisiert und in Abschnitte unterteilt.

Eine 55-jährige Frau, wir nennen sie Eva, leidet unter jahrelangen körperlichen Beschwerden, die seit dem Einsetzen des Klimakriteriums vor einem knappen Jahr als bedrückend empfunden werden. Ärztlicherseits hat sie viele Diagnosen, während der Psychotherapie kommt noch ein Brustkrebs hinzu. Sie leidet unter starken Hitzewallungen, Schlafstörungen, einer beginnenden Inkontinenz, wechselnden Gelenksbeschwerden, gelegentlicher Migräne und Verstimmungszuständen. Die Beschwerden würden ihr »das Leben nehmen« und sie hindern, »überhaupt ein gutes Leben führen zu können«. Das sei deshalb besonders schlimm, da sie nun sehe, dass sie nicht mehr so viele Jahre vor sich habe. Das Altern mache ihr zu schaffen, es sei wie ein Dieb, es nehme ihr mehr und mehr weg, und so habe sie das Gefühl, immer mehr zu verlieren. Ihre Zukunft würde immer düsterer und sie wolle keine Zeit mehr verlieren.

Schon zu Beginn der Therapie ist die lebensablehnende Haltung der Klientin deutlich. Die therapeutische Aufgabe besteht darin, mit ihr einen Weg zu finden, dass sie sich dem existentiellen Grundproblem stellen kann.

I. Therapiebeginn und initiale Entlastung

Eva hat eine große, etwas füllige Gestalt, die Haare mit einem Haarreif festgehalten. Sie hat immer allein gelebt, hat keine Kinder und nie eine nahe Beziehung gehabt. Ihre Gestik und Mimik sowie ihr Verhalten lassen sie wie eine jungfräuliche Romanfigur aus dem 19. Jahrhundert aussehen. Ihre romantischen Ideale passen genau dazu. Insgesamt wirkt sie etwas naiv, recht gefühlsarm, fast kalt, durchgehend angespannt und schaut meistens angestrengt und erwartend auf den Therapeuten.

Diagnostisch liegt auf der strukturellen Ebene der existentiellen Dimensionen (Grundmotivationen) vor allem eine Schwächung in der dritten Dimension (Selbstsein) und der zweiten Dimension (Emotionalität) vor, wodurch die vierte Dimension (Sinn-Thematik) fragil ist. In der ersten Dimension (Sein-Können) sind keine nennenswerten Symptome zu sehen. Die Prozessdiagnostik (PEA) zeigt eine Schwächung der emotionalen Beeindruckbarkeit (aber starker affektiver Reaktionen, besonders Schutzreaktionen) und der Stellungnahmen. Allgemeindiagnostisch kann vordergründig von einer *abnormen Belastungsreaktion* gesprochen werden, die von *psychosomatischen Reaktionen* bei einer Persönlichkeit mit *histrionischen Tendenzen* überlagert ist.

Die therapeutische Situation ist geprägt von Evas expansiver Dynamik. Sie ist in den Gesprächen vorwiegend mit ihren körperlichen Symptomen beschäftigt, die ständig wechseln und sie zu neuen Arztbesuchen mit neuen Untersuchungen veranlassen. Es ist ihr sichtlich wichtig, über dieses Leiden sprechen zu können und Gehör zu finden. Das Mitteilungsbedürfnis ist stärker als das

Einholen von Mitgefühl, das Klagenkönnen wichtiger als das Verstehen psychischer Zusammenhänge. Die Therapiesituation dient sichtlich auch der Überbrückung der Einsamkeit. Die Schwierigkeit des Alterns, des Gefühls, immer mehr auf die Verliererseite zu geraten, werden von ihrer Seite tunlichst vermieden. Werden diese Themen gestreift, ist nie eine Vertiefung möglich. Dann schaut sie immer sehr angestrengt und im Therapeuten entsteht das Gefühl, als ob er gegen sie arbeite. Dieselbe Reaktionsweise wird hervorgerufen, wenn es darum geht, ihre Gegebenheiten, Symptome und Krankheiten als gegeben anzunehmen. Dies zieht stets Gegenreaktionen und Ausflüchte nach sich. Es müsse da doch ein Mittel geben..., sie bräuchte andere Doktoren..., die Doktoren diagnostizierten nur oberflächlich und hörten ihr nicht aufmerksam zu... Vor allem am Ende der Therapiesitzungen nehmen diese Coping-Reaktionen des Aktivismus breiten Raum ein, wobei sie regelmäßig versucht, die Stunde zu überziehen. Selbst beim Hinausgehen lässt sie zumeist nicht vom Klagen über die Ärzte ab. Ihre Botschaft über viele Sitzungen hinweg ist: So könne es nicht weitergehen, so wolle sie nicht weitermachen. Diese Haltung der Auflehnung gegen die Symptome bleibt bestehen, auch als jene nach einer Reihe von Gesprächen spürbar leichter werden.

Die regelmäßigen Therapiesitzungen lindern Evas Einsamkeitsgefühle und es entsteht eine vertrauensvolle Beziehung. Der Therapeut hält mit ihr das »Unaushaltbare« aus und versucht sie immer wieder mit ihrer aktuellen Realität in Beziehung zu bringen (Arbeit an der 1. GM ▶ Kap. 3.9.1). Damit soll auch die expansive histrionische Dynamik eingedämmt werden und ein Boden geschaffen, auf dem die konstruktive Veränderung aufsetzen kann. Jedoch werden die Therapiegespräche vom Therapeuten zunehmend als mühsam erlebt. Die Gespräche drehen sich immer um dasselbe und es gibt kaum ein Vorankommen. Die Patientin bleibt auf ihre Symptomatik fixiert, geht wenig auf die Fragen, Wahrnehmungen und Sichtweisen des Therapeuten ein und zeigte kaum wirkliche Gesprächsbereitschaft. Es fühlte sich für den Therapeuten an, als wolle sie nicht ihr Verhalten ändern, sondern ihre Lebens*bedingungen* geändert bekommen (Wunschhaltung und Unfähigkeit zur existentiellen Wende ▶ Kap. 3.8.4). Sie fühlt sich zwar weniger einsam, kann sich aber Erleichterung verschaffen durch ihr Klagen, findet Gehör und ein wenig Verständnis, was ihr sichtlich wohltut. Jedoch wird deutlich, dass nun ein Schritt in Richtung mehr Eigenaktivität ansteht, indem sie sich mit ihrer Realität eigenverantwortlich auseinandersetzt und ihr aktuelles Leben lebt. Doch bevor der Therapeut diese erste Phase der Entlastung beenden kann, brechen neue Ereignisse herein, die das weitere Vorangehen zunächst vereiteln.

II. Stützung bei Überforderung

In dieser Zeit wird bei Eva ein Brustkrebs diagnostiziert. Hier braucht sie zunächst stützende Begleitung, um die zusätzliche Krankheit emotional tragen zu können. Zweimal muss sie kurz hintereinander operiert werden. Die Operationen verlaufen gut, aber es geschieht etwas ganz Überraschendes: sie verliebt sich in den Chirurgen. Zum ersten Mal in ihrem Leben bekommt sie starke Liebesgefühle. Noch im Krankenhaus eröffnete sie dem Mann ihre Liebe. Er aber bleibt zurückhaltend, erwidert ihre Gefühle nicht, hält aber eine, wie sie sagt, »freundschaftliche Beziehung« zu ihr aufrecht. Mit ihrer Tendenz, sich in Themen zu fixieren, fixiert Eva sich nun in diese Liebe und meint, ihr Leben hätte keinen Sinn mehr, wenn sie diesen Menschen nicht haben könne.

Als dann wenige Wochen nach der Entlassung noch eine schmerzhafte Gonarthrose (Kniebeschwerden) dazukommt, appelliert sie flehentlich an den Therapeuten: »Ich will, dass Sie mir helfen, dass ich nicht depressiv werde! Das wird mir alles zu viel, jetzt habe ich auch noch Angst, dass ich nicht mehr gehen kann!«

Unter der Belastung ständig wechselnder Symptome, eines dazugekommenen Karzinoms und des unbedingten Wunsches nach erfüllter Liebe sind die Therapiesitzungen weiterhin mit den Beschwerden und ihren Wünschen angefüllt, ohne dass viel strukturelle Veränderung erreicht wird. Die Gespräche drehen sich im Leeren, sind für den Therapeuten manchmal eher langweilig. Es ist klar, dass nichts Wesentliches mehr geschieht. Der anfängliche Effekt der psychischen Entlastung und Stützung durch das Gesehen- und Gehört-Werden ist zum Erliegen gekommen. Eva kommt nicht als Person hervor hinter den Symptomen und Beschwerden. Es ist die Zeit reif, sie persönlich mehr zu mobilisieren. Dies geschieht, indem nun vermehrt ihre *innere Zustimmung* (▶ Kap. 3.8) angefragt wird – anfangs zu einfachen und aktuellen Situationen (z. B. Therapiestunden und Therapieverlauf).

III. Erste Mobilisierung des Ichs – Arbeit mit innerer Zustimmung

Solche Situationen wie hier mit Eva sind in der Praxis nicht selten. Die Patienten können sich allein nicht weiterhelfen, finden sich selbst nicht und finden sich auch in ihrem Leben nicht zurecht. Parallel dazu kann auch der Therapeut die Patientin schwer antreffen. So kommt es nicht zu wirklichen Begegnungen. Eva hat keine Sprache für sich, ihr Unwohlsein kommt v. a. körperlich zum Ausdruck, selbst kann sie nicht viel dazu sagen. Die therapeutische Aufgabe liegt nun darin, ihr zu helfen, zu ihrem personalen Ich (▶ Kap. 3.3) vorzustoßen. Der Störungsgrad von Eva liegt auf der neurotischen Ebene und ist daher nicht so schwer, dass sie ihren Kern, ihre Person nicht selbst finden könnte, wenn sie nur durch die Begegnung von außen dorthin geführt wird. Das geschieht durch die Mobilisierung ihrer inneren Zustimmung.

> *Th: Seit bald einem Jahr würden die Gespräche vor allem um ihre körperlichen Beschwerden gehen, und das fülle die Stunden praktisch zur Gänze aus. Ob sie das denn so möchte oder ob es mehr passiere, dass die Stunden so verliefen? Ob sie mit dem Verlauf der Gespräche also einverstanden sei?*

Durch das Einholen der *inneren Zustimmung* wird die Patientin als Person angesprochen und für den Therapieprozess persönlich aktiviert und verantwortlich eingebunden. Es wird ihre Freiheit mobilisiert. Es geht weniger um Aufarbeitung, sondern um Ressourcenmobilisierung in ihrer Lebensunerfahrenheit.

> *Eva meint, dass es ihr schon recht sei, dass sie zwar schon einen Drang spüre, dem sie nachgebe, aber dass sie es auch so wolle. – Wie denn ihre Einschätzung sei, ob ihr das helfe? – Sie bejaht es, es würde ihr in jeder Stunde leichter und nach jeder Stunde besser gehen. – Wie lange dies anhielte? – Ein bis zwei Tage, meint sie. – »Sie kommen in die Therapie wie zum Aufladen ihrer Batterien,*

aber der Ladestatus hält nicht lange an und dann fallen Sie immer wieder auf ihr Ausgangsniveau zurück.« Ob ihr das Recht sei? – *Das sei natürlich schon schade, aber man könne es wohl nicht ändern bei ihrem schweren Zustand.*

Hier kann nun die Passivität ihrer Wunschhaltung verdeutlicht und durch Erklärung konfrontiert werden: *Gerade dieser Zustand könne verändert werden, wenn sie selbst gemeinsam mit dem Therapeuten aktiv darauf schaue, was sie anders machen könne. Dass sie ihr Leben, so wie es ist, selbst in die Hand nehme, und mit ihren Krankheiten und Beschwerden ihr Leben gestalte, und nicht mehr warte, bis die Ärzte sie geheilt hätten.*

Für Eva ist dieser Perspektivenwechsel schwer, weil sie keine wirkliche Vorstellung hat, wie sie das Leben in die Hand nehmen könnte. Gutes Leben ist für sie Schmerzfreiheit, erfüllte Träume und Wünsche. Alles ist in den letzten Jahren schlechter geworden. Eva mit ihren histrionischen und etwas lebensfremden Zügen brauchte eine Anleitung und ein Wissen, wie »Leben geht«. Um hier eine konstruktive Grundlage zu schaffen, werden Inhalte und Informationen darüber, was ein gutes Leben sein kann, vermittelt und besprochen.

IV. Dialoge über Existenz und Aufbauphase

Häufig wenden Menschen in schwierigen Situationen ihre Aufmerksamkeit dem zu, was sie am deutlichsten zu greifen und zu fühlen vermögen. Im Falle von Eva sind es die Schmerzen. Es machte den Eindruck, dass sie diese nachgerade brauchte, um eine Orientierung zu haben. Dies könnte dazu führen, dass sie selbst dazu beiträgt, die Schmerzen zu fokussieren und so aufrechtzuerhalten – eine pathologische Schleife der Intensivierung und psychosomatischen Reaktionen. In der EA wird die Psychosomatose als Symptom einer kombinierten depressiven und hysterischen Grundstimmung verstanden, zu der sich angstbedingte Anspannung der Arteriolenmuskulatur gesellt. Auf dieser Grundlage kann existentieller Sinn nicht mehr gelebt werden. Die Ausrichtung auf das, was existentiellen Sinn darstellen würde, wird durch ein pragmatisches, zweckorientiertes Funktionieren ersetzt. Um dem entgegenwirken zu können, wurden nun vermehrt Informationen und mögliche neue Sichtweisen über ein existentielles Leben eingebaut, wie beispielsweise, dass wirkliches Leben nicht immer unseren Vorstellungen folgt, sondern eine Eigendynamik hat und uns fragt, während wir die Antwortenden sind (▶ Kap. 5.4.1 Existentielle Wende).

Th: »Ist nicht Ihre aktuelle Lebensfrage, wie Sie mit oder trotz aller Beschwerden etwas Wertvolles tun oder erleben können? Die Knieschmerzen und der Krebs fragen nicht mehr, was sie dagegen tun können. Denn sie tun schon alles, was man dagegen tun kann. Die existentielle und realistische Frage aber könnte nun sein, ob nicht trotzdem ein Leben möglich ist, auch wenn jetzt die Beschwerden da sind...?«

So lernte Eva mehr und mehr, ihre Aufmerksamkeit auf die Inhalte und Voraussetzungen eines existentiell erfüllenden Lebens zu lenken.

Bis hierher war die Arbeit v. a. beraterisch, d. h. erklärend und Information vermittelnd. Therapeutisch geht es nun um die Veränderung der darunterliegenden Strukturen (Haltungen, Stellungnahmen und dialogische Offenheit, entsprechend der 3. GM ▶ Kap. 3.9.3) und um das Einbringen von neuen Inhalten (Wertmöglichkeiten, entsprechend der 2. GM ▶ Kap. 3.9.2). Damit verbunden ist auch ein kausales Arbeiten an den Ursachen der psychosomatischen Symptome.

Ihre Verliebtheit öffnet eine Türe zu Evas Emotionalität, sodass sie angeregt werden kann, erstmals Liebesgedichte zu lesen. Ob sie nicht auch gelegentlich Musik hören könne? Wenn sie den Nachbarn im Stiegenhaus begegne, mit ihnen vielleicht ein paar Worte wechseln? Obwohl motorisch eingeschränkt, beginnt sie gelegentlich ein paar Gymnastikübungen zu machen und damit die Beziehung zu ihrem Körper besser wahrzunehmen. Ansätze von Meditation werden versucht, ebenso Autogenes Training. Um ihrer Verliebtheit Ausdruck zu verleihen, wird ihr vorgeschlagen, Briefe (für sich und ohne sie abzusenden) zu schreiben und ihre Vorstellungen und Hoffnungen darin zu formulieren. Manche der Briefe werden in der Therapie besprochen.

V. Verstärkte Mobilisierung des Ichs (Nachreifung)

Die EA arbeitet viel mit *Stellungnahmen*. Damit wird das Ich und die personale Freiheit vermehrt in den Lebensvollzug eingebunden. Anfangs geschieht das mit Eva durch Stellungnahmen zum Ablauf der Therapiestunde. Dann folgt das Einbinden von neuen Wertmöglichkeiten und neuen Haltungen. Schließlich geht es darum, das *Ich* noch mehr zu stärken und mit der Realität besser in Verbindung zu bringen durch die Stellungnahme zu sich selbst und zu ihrem eigenen Verhalten. Dafür wird die bereits etwas geübte Fähigkeit des Stellungnehmens (vgl. 3. GM ▶ Kap. 3.9.3) ausgeweitet und auch auf ihre noch immer zu passive Lebenshaltung angewandt. Dies macht eine folgenschwere Verwechslung deutlich. Was sie nämlich als ihren Willen bezeichnet, ist meistens *ein Wunsch* und kein Wille (▶ Kap. 3.8.4).

Th: Wenn sie wolle, dass sie keine Beschwerden habe, und dabei eh schon alles tue, was sie könne, dann handle es sich dabei um einen Wunsch. Sie wünsche sich, dass sie gesund werde. Das aber könne man nicht machen. Ein Wille beziehe sich aber nur auf das, was man selbst tun kann. Der Erfolg, das Ergebnis hingegen stelle sich von selbst ein.

Die Klärung des Unterschiedes zwischen (passivem) Wunsch und (aktivem) Willen (▶ Kap. 3.8.4) führt die Klientin aus der realitätsfernen Wunschhaltung heraus und an ein realistischeres Leben heran. Das Aufgeben der Wünsche führte in die Trauer (2. GM ▶ Kap. 3.9.2), weil die im Wunsch enthaltenen Werte vielleicht nie eintreten werden. In diesem therapeutischen Durchgehen und Lösen von Wunschhaltungen, Ertragen und Durchleben von Trauer kann Eva die Erfahrung machen, dass sie doch mehr aushalten kann (1. GM ▶ Kap. 3.9.1), als sie anfangs angenommen hat. Und sie erlebt, wie sie sich finden kann. Hier wird die Methode der PEA (▶ Kap. 3.10) eingesetzt.

Th: Da ein Wunsch darauf aus ist, etwas als Geschenk zu erhalten, müsse man auch damit rechnen, dass der Wunsch nicht in Erfüllung gehe. Der Wunsch nach einer Beziehung zu ihrem Chirurgen könne unerfüllt bleiben. [PEA-1] Wie das denn für sie wäre, wenn es so ausginge? Sie könne ja nicht mehr tun, als sie täte. Das sei im Grunde ganz gleich wie bei ihren Krankheiten, da hätte sie auch alles getan, was sie könne ... Es wäre bestimmt sehr traurig für sie und würde einen großen Verlust darstellen, wenn die Krankheiten blieben ... Ob sie glaube, dass sie es überhaupt aushalten könne? Wo sie doch schon so viele Jahre alleine gelebt hätte ... [PEA-2] Hätte sie da nicht bereits erfahren, dass sie auch alleine leben könne? Wie sie sich denn eine Partnerschaft konkret und im Detail vorstelle? Was sie sich da zutraue und was sie damit aufgeben würde? [PEA-3] *Was sie selbst hier konkret tun könne, um das zu erhalten, was ihr heute wichtig ist?*

VI. Suizidalität vs. Entscheidung für das Leben

Eva ist nun ganz mit sich persönlich beschäftigt, ihre Schmerzen und ihr Altern treten in den Therapiegesprächen in den Hintergrund. Dennoch ist die verdeckte Suizidalität noch immer gegenwärtig, die sie von Anfang an wegen der vielen Beschwerden und später für den Fall der unerfüllten Liebe geäußert hatte. Nun nicht mehr so stark im Zusammenhang mit unerfüllter Liebe, jedoch weiterhin ziemlich rigide in Bezug auf die weiter bestehenden Beschwerden und Krankheiten. Es ist in ihr ein anhaltendes, geradezu zwingendes Bestreben, dass das Leben nach ihren Vorstellungen gehen muss. Was hier nun ansteht, ist eine grundsätzliche Entscheidung für das Leben. Mit ihren histrionischen Persönlichkeitszügen fällt es ihr besonders schwer, etwas zu akzeptieren, was sie nicht will und als Freiheitsbeschränkung empfindet: mit nicht gewollten Krankheiten und unerfüllten Wünschen leben zu müssen. Das verlangt eine existentielle Konfrontation und Letztentscheidung bezüglich des Lebens.

Auf der Basis der neuen Erfahrungen in den letzten Therapieabschnitten kann nun auf die *existentielle Wurzel ihres Leidens*, nämlich ihre Unentschiedenheit für das Leben, direkt hingeschaut werden. Die Entwicklung und spürbare Erleichterung der Symptome geben ihr Hoffnung. Das Erleben, dass Leben auch anders gehen kann, zeigt ihr, dass sie stark genug ist und einiges aushalten kann. Nun hat der Therapeut das Gefühl, sie schließlich mit dem Grund ihrer Suizidalität konfrontieren zu können.

Th: Ihre Beschwerden machen ihr das Leben schwer, da bestehe kein Zweifel und es sei auch sehr bedauernswert. Immer wieder werde ihr gesagt, sie müsse ihre Beschwerden annehmen. Doch das stimme nicht. Letztlich müsse sie ihre Beschwerden nicht annehmen. »Man muss *nicht mit Beschwerden leben, es sei denn, man will leben.*« *Ob sie sich denn ein Leben vorstellen könne, wenn die*

> *Beschwerden weiterhin anhielten und auch, wenn diese Liebe nicht in Erfüllung ginge? – Das könne sie nicht bejahen. – Sie sei ja keineswegs dazu gezwungen, damit zu leben. Jeder Mensch habe die Möglichkeit, das Leben zu beenden. Ob sie denn eher das wolle? – Vielleicht schon, das wisse sie auch nicht so genau.*

Diese unklare Haltung zum Leben schwächt Evas Resilienz gegenüber dem Leiden. Der Umgang mit den Schmerzen und Krankheiten ist für Eva wie ein existentielles Probierfeld, um zu erfahren, ob es das Leben nicht doch gut meint mit ihr und folge dessen lebenswert ist. Doch diese Entscheidung kann ihr das Leben nicht abnehmen, hier braucht es sie selbst und ihren Einsatz.

> *Th: Wie es denn für sie wäre, wenn sie das Leben beenden würde? Wäre es eine Erleichterung? ... Was wäre besser? Würde sie durch den Tod etwas verlieren, das ihr wert ist? ... Wenn ihre Liebe nicht in Erfüllung ginge, wäre es besser gewesen, sie hätte diesen Mann nie kennengelernt? – Das verneinte sie eindeutig. – So könne es auch mit dem Leben gehen: auch wenn es nicht nach Wunsch gehe, könne es wertvolle Erlebnisse und Erfahrungen mit sich bringen. Leben wäre spannend, weil es nie ganz nach Plan oder Wunsch verläuft, immer wieder anderes fordert und bietet. Sich für das Leben entscheiden hieße, offen zu sein für solche Möglichkeiten...*

Diese offene Konfrontation mit ihrer Suizidalität bringt die Wende in der Therapie. Vorbereitet durch erstes Üben in dem, wie Leben gehen kann, und zugewandt zur Realität durch das sich beginnende Lösen von Wünschen und Betrauern ihrer unerfüllten Träume, konnte sie erfahren, dass sie die Stärke hat, Unerwünschtes auch aushalten zu können. Nun ist sie in der Lage, erstmals dem Leben keine Bedingungen mehr zu stellen und es nicht zwingen zu wollen. Sie erkennt und fühlt, dass sie sich dem Leben öffnen und versuchen kann, es zu leben. Die Suizidalität ist nun kein Thema mehr, ihre klagende Fixierung auf die Schmerzen kaum mehr anzutreffen, weil die körperlichen Beschwerden auch nicht mehr so schmerzlich sind. Es gibt keine depressiven Schwankungen mehr, ein Zeichen, dass sie nun psychisch nicht mehr überfordert und in sich eingemauert ist. Denn sie lebt mit viel mehr Offenheit für das, was das

Leben ihr bietet und wo sie angefragt ist, versucht jeweils aktiv ihre Antwort zu geben (existentielle Wende). – Eva baut ihr Leben auf Inhalten auf, die ihr persönlich etwas bedeuteten. Ihr Leben ist zwar nicht ganz schmerzfrei geworden, aber dafür gut.

7 Anwendungsgebiete und spezifische Indikationen

Die EA ist ein umfassendes Psychotherapieverfahren, innerhalb dessen die Logotherapie als integraler Bestandteil weiterbesteht. Indiziert ist diese Therapieform bei allen Formen psychischer, psychosomatischer und psychosozialer Verhaltensstörungen und Leidenszuständen. Neurotische Störungen wie Angst, Depression, Zwang etc., psychosomatische Störungen, Sexual- und Beziehungsstörungen, Sucht, Persönlichkeitsstörungen wie Borderline- oder narzisstische, histrionische, paranoide oder depressive Persönlichkeitsstörungen sowie auch psychotische Störungen können mithilfe der EA behandelt werden.

Aber nicht nur im Problemstadium kommt die EA zum Einsatz: Auch prophylaktisch bzw. im salutogenetischen Bereich in der Selbsterfahrung, Pädagogik oder im Coaching findet sie durch ihre breite anthropologische Basis Anwendung. Da die EA nicht nur auf die Behebung von Störungen ausgerichtet ist, sondern den Menschen zu einem erfüllten, existentiellen Leben befähigen möchte, ist die Persönlichkeitsentwicklung in allen privaten und beruflichen Bereichen ein über die Krankenbehandlung hinausgehendes, fruchtbares Arbeitsgebiet. Das Verständnis der EA umfasst das Dasein an sich und ist nicht nur auf das gestörte oder leidbesetzte Leben beschränkt.

Ein besonderes Anwendungsfeld ergibt sich für ein Teilgebiet der EA, die Logotherapie (LT). Aus unserer heutigen Sicht ist die EA die umfassende psychotherapeutische Methode, die LT jener integrierte Teil, der sich mit der Sinnproblematik befasst. Mit der LT wird der Sinnthematik in der EA Raum gegeben. Jedoch kann mit der LT allein schwerlich eine umfassende Psychotherapie klinischer Störungen durchgeführt werden, weil sie vom Verständnis Frankls her praktisch rein kognitiv (und im Falle der Paradoxen Intention übend) arbeitet. Frankl ging es darum, Patienten u. U. Dinge zu sagen, die sie vielleicht nicht gerne hören wollen. Damit hat Frankl einmal in humorvoller Weise den Unterschied zu Psychoanalyse skizziert. Ein Psychoanalytiker fragte ihn, ob er in wenigen Worten das Wesen der Logotherapie beschreiben könne? Frankl beschreibt seine Antwort folgendermaßen: »›Ja‹, sagte ich, ›aber zuerst müssen Sie mir in einem Satz sagen, worin Ihrer Meinung nach das Wesen der Psychoanalyse liegt.‹ Seine Antwort war: ›Bei einer Psychoanalyse muss sich der Patient auf eine Couch legen und Dinge sagen, die auszusprechen manchmal sehr unangenehm ist.‹ Woraufhin ich ihm umgehend antwortete: ›Sehen Sie, in der Logotherapie darf der Patient aufrecht sitzen bleiben, aber dafür muss er sich Dinge anhören, die zu hören manchmal sehr unangenehm ist‹.« (Frankl 2015, S. 11 f.)

Und vor allem geht es darum, dem Patienten »Argumente« zu geben »für einen tragischen Optimismus« (Frankl 2015, 11 f.). Statt an Übertragungen zu arbeiten, geht es in der Logotherapie um die Schaffung von Überzeugungen (Lukas 1981). In der LT ist die Arbeit an der Vergangenheit nicht vorgesehen, weil ihr Konzept nur auf Zukunft ausgerichtet ist. Selbsterfahrung wird als »geistige Nabelschau« angesehen, die mit einem Verlust von Selbst-Transzendenz einhergeht und daher von Frankl als »antilogotherapeutisch« bezeichnet wird. Das Arbeiten an der Psychodynamik wird strikt abgelehnt. All dies waren die Gründe für den Rückzug Frankls aus der GLE in Wien und für die Trennung der Vereine (Längle 1991; die darin wiedergegebenen Inhalte sind von Frankl selbst korrekturgelesen worden).

Dadurch wird aber die Anwendungsmöglichkeiten der LT v. a. bei schwereren Psychopathologien eingeschränkt. Wir sehen die LT aufgrund der Inhalte und ihrer Methodik primär als sinnorientierte Behandlungsform, die in der Beratung, Begleitung und Prophylaxe zum Tragen kommt, wie Frankl (1990, S. 272) selbst vorgeschlagen hat. Ihre praktische Anwendung liegt hierbei vor allem in der Hilfestellung für Menschen, die (noch) nicht erkrankt sind, sich aber in einer leidvollen existentiellen Situation und/oder Orientierungslosigkeit befinden. Sie dient der Prävention psychischer Störungen, der Behandlung von Sinnlosigkeits- und Leeregefühlen (existentielles Vakuum), der Bewältigung von Verlusterfahrungen, dem Umgang mit schweren oder chronischen Erkrankungen, der Verarbeitung von Schicksalsschlägen und Lebenskrisen.

Durch die hier vorgestellten Entwicklungen wurde die EA zu einer vollumfänglichen Psychotherapie. Als solche stellt sie eine umfassende, bewusste und geplante Behandlung von psychosozial oder auch psychosomatisch bedingten Verhaltensstörungen und Leidenszuständen mit wissenschaftlich-psychotherapeutischen Methoden dar, mit dem Ziel, bestehende Symptome zu mildern oder zu beseitigen, Verhaltensweisen und Einstellungen zu ändern und die Reifung, Entwicklung und Gesundheit der Patienten zu fördern (entsprechend dem § 1 des Österreichischen Psychotherapiegesetzes). Darüber hinaus ist sie aber auch eine »noetische« (von gr. nous, das »geistige Vernehmen«) oder »personale« Therapie, die jene Behinderungen in Psyche, Beziehungen und Dialog mit der Welt bearbeitet, die das Wirksamwerden der Person in der Welt hemmen. Zwar kann die personale, »noetische« Dimension nicht erkranken, jedoch kann sie eingekerkert und der Zugang zu ihr verschüttet sein, sodass man auch als Mensch ohne manifeste psychische Störung ein unerfülltes, ein unpersönliches oder uneigentliches Leben führen kann. Dieses Leben kann »verbogen« sein (z. B. bei einer erzwungenen Übernahme des elterlichen Betriebs entgegen der eigenen Neigungen, Begabungen und Interessen), kann hohl sein (ein veräußerlichtes Leben), oder einfach nicht das eigene (sondern z. B. das einer Rolle als Manager oder Ehefrau), oder ein Massenleben, in dem die eigene Person nicht zum Vorschein kommt. Dies kann, muss aber nicht zu psychischen Störungen führen. Zum Indikationsgebiet der EA gehören daher auch nicht in Diagnosesystemen kategorisierte psychische Störungen und Defizite, wie auch spezifische Arbeit mit Menschen mit Behinderung (Längle und Rühl 2013).

8 Die therapeutische Beziehung

Die Rolle der therapeutischen Beziehung für die Wirksamkeit wie für die Qualität der Psychotherapie ist heute unstrittig (vgl. z. B. Steering Committee 2002). Für die Beschreibung des Beziehungsrahmens in der EA sind die strukturellen Elemente der vier existentiellen Dimensionen anleitend (Längle 2016). Durch sie soll gemäß ihrer Bestimmung ein gutes Bei-sich- und Bei-einander-sein-Können möglich werden.

Beziehungsaufnahme wird als aktiver Prozess gesehen, bei dem die Therapeuten sich ihren Klienten und Patienten entsprechend den Inhalten der 2. GM *zuwenden*. Damit ist gemeint, dass sie nicht nur ihre Aufmerksamkeit den Klienten schenken, sondern sich auch innerlich öffnen und bereit sind, sich vom Gehörten und Gesehenen emotional berühren zu lassen. Durch die Zuwendung vermitteln die Therapeuten ihren Klienten existentiell gesehen: »Für dieses Gespräch bist Du meine Welt.«

Als Grundlage der Beziehung fungieren die Inhalte der 1. GM, vor allem die Vertrauensbildung. *Vertrauen* bedeutet in dem Rahmen, dass die Therapeuten genügend Halt bieten, damit die Klienten über ihre Unsicherheiten hinwegkommen und sich öffnen können. Diese 1. Dimension der Existenz beinhaltet ganz grundlegend das Annehmen-Können der Klienten und ihrer Probleme, sowie das Bieten von Schutz, Raum und Halt.

Dasein-, Sein-Lassen- und Aushalten-Können sind die Basisfähigkeiten, über die der Therapeut verfügen muss. Im Lassen und Sein-Lassen liegt auch die Anerkennung der Realität. Die Haltung der Gelassenheit bringt nicht nur eine Basis von Grundvertrauen in die therapeutische Situation, sondern eröffnet auch dem Klienten den Raum, um »da zu sein«.

Auf dieser Grundlage kann es zur therapeutischen *Begegnung* kommen, dem Herzstück der Arbeit in der EA. Und die im Rahmen der Beziehung auftauchenden *Übertragungen* werden durch die Begegnung aufgefangen, an ihren eigentlichen Adressaten gelenkt und anschließend mithilfe der PEA aufgearbeitet. Die therapeutische Beziehung (2. GM) erhält ihr Leben durch die Zuwendung, die der Therapeut den Klienten gibt, wodurch die bestehende Beziehung vertieft wird. Die Zeit, die er sich für den Patienten nimmt, gibt dem Patienten und seinem Anliegen einen besonderen Wert und die Nähe stößt Gefühle im Patienten an. Aufseiten des Therapeuten entsteht nicht nur Mitgefühl, sondern vor allem Empathie. Sie erlaubt dem Therapeuten, den Patienten und seine Situation noch besser gefühlsmäßig zu erfassen und vermittelt dem Klienten Nähe. So wächst Verbundenheit, die an sich schon einen Wert und einen zentralen Wirkfaktor darstellt. – Auf die spezifischen Gefahren, die dabei entstehen können, weist Tutsch (2007) hin.

Begegnung impliziert die Kernelemente der 3. GM. In der Begegnung geht es um das Ansichtig-Werden des anderen und dessen, was ihn/sie bewegt. Die therapeutische Begegnung beruht auf der phänomenologischen Haltung und diesem speziell offenen Zuhören. Die Fähigkeit begegnen zu können hat ihre Wurzel in der Individuation (Abgegrenztheit des Eigenen vom anderen, Selbstwert) der Person.

Durch das Ansehen des anderen, das sich auf ein Du ausrichtet, entsteht in der damit verbundenen respektvollen Distanz ein interpersonaler Raum, ein Zwischen. Dieses Sich-Öffnen in einer schauenden und freigebenden Haltung erzeugt ein generatives Feld (von lat. generare »erzeugen«, »hervorbringen«). Dieses heißt so, weil es das In-Erscheinung-Treten begünstigt und das Aufleuchten des Phänomens im subjektiven Erleben fördert und somit »zeugend« wirkt. Dies umso mehr, als durch die offene, zugewandte Haltung für beide Beteiligte eine neue Form des Daseins entsteht: es bildet sich eine gemeinsame, verbindende Plattform, die sie zu einem erlebbaren »Wir« macht.

In einem generativen Feld kann sich nun also aus eigener Kraft etwas *Neues* einstellen, das weder der eine noch der andere Partner allein zu Wege gebracht hätte. Der Raum, den das generative Feld darstellt, lädt die Person ein, »einzutreten« und sich zu zeigen, sodass die Person aus sich heraus erkennbar, d. h. verstehbar wird.

Begegnung braucht den unmittelbaren Kontakt, der Dialog ist ihr Mittel. Personale Begegnung meint das Erkennen, Verstehen und Beantworten eines »Du« (einer anderen Person) durch ein »Ich«, das aus

8 Die therapeutische Beziehung

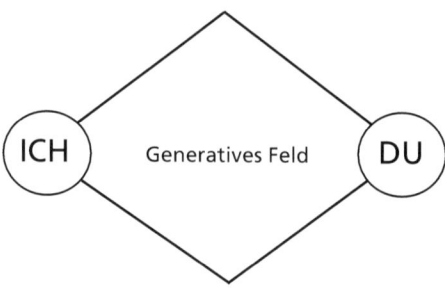

Abb. 8.1: Das generative Feld, das in der Begegnung entsteht (Längle 2007, S. 21)

denselben Prinzipien des Sich-selbst-Erkennens, Verstehens und Ernstnehmens heraus auf das eingeht, was den anderen und ihn selbst im Prozess während der Interaktion bewegt und daher gemeinsames Thema ist. Diese phänomenologische Offenheit beinhaltet aufseiten des Therapeuten Authentizität, personale Echtheit und emotionale Zugänglichkeit bei sich selbst, woraus die Empathiefähigkeit und die unbedingte, wertschätzende Haltung dem Patienten gegenüber entsteht (vgl. dazu Rogers Basisvariablen – 1957). Diese Basisvariablen der personzentrierten Psychotherapie gelten im Grunde genommen für Psychotherapie im Allgemeinen. So lässt der Therapeut dem Klienten Beachtung, Gerechtigkeit und Wertschätzung zuteilwerden, ohne im Gegenzug dasselbe für sich einzufordern. Er rückt mit dem Eigenen in den Hintergrund und stellt sich als Gegenüber, Resonanzraum, Phänomenologe und Dialogpartner auf den Klienten ein.

Schließlich ist für die therapeutische Beziehung auch die 4. GM von Bedeutung, denn Therapie braucht für ihr Fruchtbar-Werden einen gemeinsamen Sinnhorizont, in dem sie stattfindet. Existentielle Therapie ist auf ein Werden hin angelegt, auf Entwicklung und Entfaltung. Im Setting ist darauf zu achten, dass der Wert in der Zukunft, das, worum es in der gemeinsamen Arbeit geht, immer wieder hereingeholt, aktualisiert und hinterfragt wird (Was soll werden?). Hierfür ist es in der existenzanalytischen Arbeit auch wichtig, über das, was in der Beziehung wächst und sich in Form eines Willens herauskristallisiert und ins Leben gebracht werden soll, ganz konkret und praxisnah nachzudenken. In welches Tätigkeitsfeld ruft den Klienten die Situation? Wo wartet etwas im Leben auf den

Patienten? Denn Therapie ist nicht identisch mit dem Leben und soll die Verbundenheit des Patienten mit der eigenen Lebenswelt nicht abblenden oder gar übersehen. Es geht darum, die existentielle Wirklichkeit in Übereinstimmung mit der eigenen Person zu bringen.

9 Settings

Wie die meisten Psychotherapierichtungen ist die EA in vielfältigen Settings anwendbar – im klinischen und nicht-klinischen Bereich. Die *Existenzanalyse* kann in Form der Kurz- oder Langzeittherapie eingesetzt werden. Sie ist sowohl für Einzel-, Paar-, Gruppen- und Kinder-/Jugendpsychotherapie, aber auch Beratung, Krisenintervention, Coaching oder spiritual care geeignet. Dauer und Setting richten sich nach der jeweiligen Fragestellung und Indikation. Das zentrale Element ist in allen Fällen die therapeutische Beziehung und Begegnung.

Die *Logotherapie* kommt ebenfalls als Kurzform im Rahmen der Beratung bzw. der Prävention und im Coaching zum Einsatz, und als Langform im Rahmen der Begleitung und Stützung von Menschen mit Problemen der Sinnfindung, chronischen Belastungen und schicksalhaftem Leiden. Auch sie kann in Einzel-, Paar- oder Gruppenform zur Anwendung kommen, sowohl bei Kindern, Jugendlichen, Erwachsenen als auch bei sehr alten Menschen. Ein besonderes Indikationsgebiet sind Krisenintervention und spiritual care, aber auch in der Pädagogik, Seelsorge und Sozialarbeit kommt sie häufig zum Einsatz.

Beispielhaft soll hier die Gruppen-, Paar- und Körperpsychotherapie/Psychosomatik angeführt werden.

9.1 Gruppenpsychotherapie

Die Gruppenpsychotherapie ist eine Möglichkeit zum erweiterten dialogischen Arbeiten, wie es kennzeichnend ist für die EA. Der Dialog des Einzelnen mit sich und der Situation wird erweitert durch den Dialog untereinander (Tutsch 2001, S. 34).

Im Rahmen der Gruppe hat der Teilnehmer die Möglichkeit, Beziehungen aufzunehmen – nicht nur zu sich, sondern auch zu den anderen. Die Teilnehmer kommen in einen Austausch miteinander, in dem psychodynamische Muster sichtbar und dadurch besprechbar werden und personaler Umgang gefördert wird. Die Gruppenmitglieder repräsentieren die »Mit-Welt« und ermöglichen, dass der Teilnehmer zu seinem Verhalten und Erleben ein direktes Feedback hat und nicht auf sein eigenes Narrativ angewiesen ist. So stellt die Gruppe einen Mikrokosmos dar, in dem der Einzelne hautnah erleben und beobachten kann, wie er mit anderen in Austausch steht, welche Blockaden ihn dabei behindern und in dem er Schritt für Schritt lernt, Dialog zu führen. Gleichzeitig kann er anderen hierbei zuschauen und sich selbst auch an den Erfahrungen und Entwicklungen der anderen weiterentwickeln.

In Anlehnung an die vier Grundmotivationen sind folgende Themen, die in existenzanalytischer Gruppenpsychotherapie zum Einsatz kommen, als vordergründig anzusehen:

1. Annahme der Faktizität der Bedingungen
2. Zuwendung zum Leben als Kraft
3. Wertschätzung und Authentizität der Person
4. Sich Einlassen auf den Sinnanspruch der jeweiligen Situation.

Für dieses grundmotivationale psychotherapeutische Arbeiten in Gruppen ist es die Aufgabe des Gruppenleiters, in der Gruppe die Voraussetzungen zu schaffen (▶ Kap. 3.9). Ziel ist es, neben der Bearbeitung des Verhindernden, personale Kompetenzen zu stärken und das Personsein als Qualität mehr erfahrbar zu machen, um in der Welt der Sinn- und Wertbezüge besser zurechtzukommen.

9.2 Anwendungen der EA mit Paaren und in anderen Beziehungen

In der existenzanalytischen Paartherapie geht es darum, Paare in den Dialog zu führen und sie in diesem zu begleiten. Das bedeutet, dass beide Partner sich als Person einbringen können in die Beziehung und authentische und wertschätzende Begegnung möglich werden (Pointner 2016). Dies geschieht, indem alle Beteiligten innerhalb eines strukturierten Rahmens eine phänomenologische Haltung sich selbst und dem anderen gegenüber einnehmen, was zumeist erst zu lernen ist. Die Aufgabe des Therapeuten ist es in erster Linie, die existentiellen Grundbedingungen sicherzustellen: sicheren Raum, emotionale Beteiligung, klare persönliche Positionierung und sinnvolle Beteiligung in der Beziehung.

Dabei wird die Partnerschaft als Möglichkeitsraum verstanden, wo jeder für sich und beide miteinander in die Tiefe ihrer Person kommen können – Beziehung ist ein guter Boden, um sich zuzumuten und eine Auseinandersetzung zu wagen und somit miteinander in Entwicklung zu treten. Daher geht es in der existenzanalytischen Paararbeit um mehr als um das Einüben von Kommunikationsstrukturen und -regeln. »Das ist alles sehr hilfreich, gut und wichtig, entscheidend ist aber: Verstehe ich das, worum es dem anderen geht? Und kann ich die Freiheit in mir finden, egal wie es mir damit geht, erst mal bei ihm zu bleiben. Habe ich den Spielraum zu sagen: ›Erzähl mir von dem, was dir wichtig ist‹ – vielleicht gerade auch dann, wenn es meine eigenen tiefsten Ängste berührt.« (Kolbe 2007, S. 7, 11)

Durch die Stärkung der Begegnungsfähigkeit werden die Partner vor allem in ihrer Fähigkeit zur Selbsthilfe gestärkt. Sie lernen außerdem, sich selbst und die Muster ihrer Partnerschaft zu verstehen, die unter den alltäglichen Konflikten lauern. Dieses Verständnis umfasst Erinnerungsspuren kindlicher Interaktionserfahrungen, intrapsychische Konfliktfelder und psychodynamische Schutzmuster ebenso wie persönliche Werte, Bedürfnisse und Stellungnahmen. Die Grundstruktur paartherapeutischen Arbeitens, welche die Methodenvielfalt vereint, ist die PEA, die personale EA (Längle 2000a).

Geleitet von den einzelnen Schritten in Eindruck, Stellungnahme und Ausdruck wechseln sich die Partner darin ab, sich im Gespräch zu zeigen und sich dem anderen im aktiven Zuhören zu öffnen. Dieses Vorgehen bremst die verletzende Dynamik zwischen beiden, die bei fehlender Struktur im therapeutischen Prozess eher auftreten kann. So kann das Paar im Laufe des Prozesses eine klarere Sicht auf das, was ihnen im Gemeinsamen existentiell wichtig ist, bekommen. Es stellt das »verbindende Band« dar.

Launeau et al. (2018) haben sich speziell mit klinischen und theoretischen Herausforderungen bezüglich der Sinnfragen bei trauernden Paaren und Familien aus einer existenzanalytischen Perspektive auseinandergesetzt. Im Besonderen erwies sich die Methode des Lebenshorizontes für die Sinnfindung (Längle, nicht publ.) als gut geeignet für die Begleitung trauernder Familien.

Im Bereich der Ehe-Selbsthilfe-Gruppen erwiesen sich die Anwendungen der vier Grundmotivationen als hilfreich für die Paare (Kwee und McBride 2017).

9.3 Existenzanalytische Psychosomatik und Körperarbeit

Menschliches Sein ist leibliches Sein. Die Beachtung leiblicher Phänomene und der Körperlichkeit bekommt in der EA zunehmend mehr Gewicht und es werden Formen entwickelt, wie mit der Leiblichkeit besser gearbeitet werden kann. Denn Existieren ist kein abstrakter Prozess, sondern ist leibhaftiges Sein. Der leidende Mensch ist daher *immer* auch ein leiblich Leidender, selbst wenn keine primär körperliche Krankheit vorliegt. Im Sinne der ganzheitlichen Betrachtung des Menschen wird eine »psychosomatische Haltung« eingenommen. Der Blick ist also auf alle Dimensionen der Existenz gerichtet, die sich gegenseitig vertreten. So kann die körperliche Dimension für die psychische oder die personale sprechen, und jede Kombination des »Für-einander-Eintretens« ist möglich (Swoboda et al. 2004; Längle 2009). Darum fokussiert die existenzanalytische Psychosomatik das »Verstehen eines ganzheitlichen Existierens, in dem der Leib nicht Werkzeug, sondern Träger des und Mittler für den Existenzvollzug ist, sich ja die Person über diesen Leib und mit diesem Symptom zum Ausdruck bringt.« (Bukovski 2014, S. 66). Im Umgang mit »somatischen« Beschwerden verläuft der existenzanalytische Therapieprozess entlang der Schritte der Personalen Existenzanalyse (PEA). Damit soll der existentielle Inhalt, der in der »Sprache« des Körpers enthalten ist, verstanden und für das Leben fruchtbar gemacht werden. Die Klienten werden angehalten, sich dem schmerzhaften, leiblichen Geschehen zu öffnen, indem sie ihre Körperempfindungen zunächst einfach wahrnehmen, um sich ihnen dann fühlend zuzuwenden. Es wird nun versucht, das Erlebte in Worte zu fassen. Die Versprachlichung hilft, mögliche Botschaften aus dem Schwingen des Körpers zu entnehmen, um dann auf sie eingehen zu können. Informationen und »somatisches Wissen« werden vor allem über körperliches Empfinden, das mit inneren Bildern verbunden sein kann, transportiert, oder werden gleich direkt durch den leiblichen Ausdruck sichtbar. Ziel dabei ist die Entwicklung bzw. Verbesserung des Dialogs des Ichs auch mit dem Körper, des Verstehens dessen, was er durch Wohlbefinden oder Beschwerden zum Ausdruck bringt und wie sich darüber auch sein In-der-Welt-Sein ausdrückt. Denn »im Körper sein«, also körperlich sein und empfinden, ist die ursprüngliche Form des In-der-Welt-Seins.

In der existenzanalytischen Körperarbeit versucht insbesondere Markus Angermayr (2009, 2014) die »große Vernunft des Leibes«, die aus der engen Verschränkung von Emotionalität und Leiblichkeit erwächst, bewusst und achtsam erlebbar zu machen und ihr eine Sprache zu verleihen (Angermayr 2010, S. 100). Die phänomenologische Herangehensweise an leibliche Phänomene (vgl. auch Merleau-Ponty 1966; Waldenfels 2000) eröffnet den Zugang zu der Tatsache, »dass der Mensch als leibliches Wesen implizit mehr weiß als ihm bewusst präsent ist« (Angermayr 2010, S. 101). Darüber hinaus wird dieser Dialog mit der unbewussten körper-leiblichen Tiefe zu einer erweiterten Erfahrung des inneren Gegenübers, eines Du in der eigenen Tiefe, das das Personsein nährt. Durch diesen selbstannehmenden Zugang können die Klienten zu einem leiblichen Verstehen und in eine personale Verarbeitung kommen, was einen aktiven, ressourcenorientierten und von Selbstheilungskräften begleiteten Umgang mit sich und der Erkrankung grundlegt (Bukovski 2014, S. 65).

9.4 Weitere Settings in der Existenzanalyse

Neben den genannten, gibt es noch eine Reihe anderer spezifischer existenzanalytischer Settings innerhalb des psychotherapeutischen Rahmens, aber auch außerhalb davon. Zu den therapeutischen Settings zählen die existenzanalytische Kinder- und Jugendpsychotherapie, die Krisenintervention, die Sterbebegleitung, die Bibliotherapie sowie die existenzanalytische Supervision.

Zu den außertherapeutischen Settings zählen unter anderem die existentielle Pädagogik und Lehre, existentielle Managementformen, Teamarbeit und Organisationsentwicklung (existential leadership, existential coaching), die existenzanalytische Pflege (existential care) und spiritual care.

10 Wissenschaftliche und klinische Evidenz

Die Psychotherapieforschung verfolgt das Ziel, die Methoden und Anwendungsweisen der Psychotherapie systematisch in ihrer Effektivität und Effizienz zu überprüfen. Damit soll zur Verbesserung und Weiterentwicklung der psychotherapeutischen Arbeit beigetragen werden. Daneben werden auch andere Interessen an die Psychotherapieforschung herangetragen, die insbesondere von Kostenträgern formuliert werden und auf eine Rechtfertigung der einzelnen Methoden und Verfahren in kostenrechtlicher Hinsicht hinauslaufen. Dies hat auch bildungspolitische Auswirkungen hinsichtlich der Anerkennung, des Ansehens und der Akzeptanz der Verfahren unter den Studierenden sowie ihre Aufnahme in Lehrbücher (vgl. z. B. Wampold und Bathi 2004). Durch diese unterschiedlichen und zum Teil gegenläufigen Interessen in der Psychotherapieforschung entsteht ein Druck insbesondere auf Verfahren, die noch keine so große Verbreitung haben, der durch die Vorgabe von quantitativen Forschungsmethoden zur Vergleichbarkeit im Rahmen der Mainstreamforschung noch verschärft wird. Es soll darum zunächst die Position der Existenzanalyse zur Forschung erläutert werden. Anschließend wird ein Überblick über die Forschungen in EA und LT gegeben.

10.1 Wissenschaftliche Evidenz und ihr existenzanalytisches Verständnis

Psychotherapieforschung braucht ein wissenschaftstheroretisches Rahmenmodell anhand der Grundannahmen der jeweiligen Psychotherapierichtung. Aus diesen leitet sich die Herangehensweise und die Methodik der psychotherapeutischen Forschung ab, die im Falle der EA vor allem auf Phänomenologie rekurrieren soll, da die Forschung dem eigenen Paradigma ja möglichst entsprechen soll. Der naturwissenschaftlich-quantitative Zugang ist naturgemäß wenig geeignet, personale Themen wie Freiheit, Hoffnung oder Sinn zu untersuchen, weil der Blick für das Nicht-Gesetzmäßige, eben für das Freie, Einzigartige und Einmalige im quantitativen Paradigma verloren geht. Das Einmalige lässt sich nicht zählen, es bleibt immer bei eins. Solche personal-geistigen Phänomene lassen sich nicht in diesem Sinne »materialisieren« oder reifizieren (Längle 2016, S. 52). Dennoch steht die Arbeit mit ihnen im Zentrum der EA und LT, die ja gerade deshalb auch einen neuartigen Ansatz in der Psychotherapieszene darstellen.

Mit der Anerkennung dieser Dimension des Menschen geht die Berücksichtigung der Autonomie des Menschen (Frankl 1990) einher. Diese hat zahlreiche Spielarten, wie z. B. die Selbstaktualisierung, die selbstorganisatorische Tendenz zu geordnetem Verhalten (Goldstein 1934), die Synergetik (Haken und Stadler 1990), die Eigenverantwortung und Sinnstrebigkeit (Frankl 1990), der Wirkung von Erkenntnissen usw. Die Respektierung der Bedeutung der Individualität und ihres kokreativen »inneren« Beitrags auf die Psychotherapiewirkung, die durch den Therapeuten »von außen« angestoßen wird, führt zur Überlegung, dass »…jede Wirkbeschreibung […] immer auch eine Aussage über das Wesen des Wirkobjektes [ist], an dem sich die Wirkung entfaltet.« (Längle 1988a, S. 79). Empirische Psychotherapieforschung soll nicht nur auf die anthropologischen und soziokulturellen Bedingungen Bezug nehmen und »Fremdwirkungen« berücksichtigen, sondern auch auf die individuelle Ausstattung der Person in allen Fähigkeitsbereichen, Erfahrungen, Zielvorstellungen, Sinnzusammenhängen, die für jeden Menschen anders und daher einmalig sind. Damit geht notwendigerweise eine Begrenzung der Aussagekraft von generalisierenden Beobachtungen und Experimenten durch Außenwirkung einher (Kriz 2006b).

Neben diesem zentralen Anliegen der EA ist es gerade aus einer existentiellen Sicht des Menschen wichtig zu reflektieren, was eine *erwünschte und angestrebte Wirkung* ist, wer das festlegt (Therapeut, Forschergruppe, Patient?) und zu welchem Zweck überhaupt etwas bewirkt werden soll (ethische und philosophische Überlegungen). Dazu gehört selbstverständlich die Untersuchung der Wirkmittel und Methoden, also der Frage, wodurch es zur Wirkung kommt (deterministische und indeterministische Faktoren) und warum diese Mittel überhaupt eine Wirkung entfalten können (Längle 1988a, S. 79 f.). Für eine existentiell orientierte Forschung finden wir eine Grobunterteilung der Wirksamkeitsforschungsthemen in drei Bereiche angebracht (Längle 1988a, S. 66):

- Wirk*instrumente* (Methoden; Üben, Lernen, Haltung zum Klienten... um die Wirkinhalte zu transportieren)
- Wirk*bedingungen* (Umfeld und Voraussetzungen, durch die sich die Wirkung entfalten kann: soziales Milieu, ökonomische Bedingungen, aber auch physischer und psychischer Gesundheitszustand, Motivation, Leidensdruck, kognitive Stile...)
- Wirk*inhalte* (das eigentlich Bewegende in der Therapie: verbale und averbale Inhalte in der Begegnung und Beziehung, Werte, Sinnzusammenhänge, Beziehungsfindung zu sich selbst ...)

Die therapeutische Beziehung (▶ Kap. 8.1) gilt zumeist als zentral für die Wirkungsentfaltung (vgl. z. B. Steering Committee 2002; Hermer und Röhrle 2008). In der EA wird jedoch durch das primäre Operieren mit den personalen Ressourcen die Begegnung, das persönliche Antreffen des Klienten durch den Therapeuten, als von noch größerer Bedeutung angesehen. Die Differenzierung zwischen Beziehung und Begegnung ist zwar in der EA von Bedeutung, aber wird von anderen oft nur als Teilaspekt der Beziehung gesehen, weil die Begegnung nur in der Beziehung stattfinden kann. Das Ziel dieser Begegnung ist, die Klienten mit sich selbst und den eigenen Ressourcen, aber auch ihrem Leid und den Defiziten in Beziehung zu bringen. »Es ist vielmehr das In-Beziehung-Treten des Patienten zum eigenen Körper, zu den eigenen Gefühlen, zur eigenen Vergangenheit, zur Mit- und Umwelt, zu allem, was auf ihn wartet, was der therapeutischen Intervention Wirkkraft verleiht.« (Längle 1988a, S. 86). Dies geschieht in einer Dialektik von Einheit und Vielfalt: wenn dies an einem Thema gelingt, wird es bei vielen weiteren Themen möglich.

Was Forschung im Rahmen der EA untersuchen soll, ist aber nicht nur die psychotherapeutische Wirkung selbst, sondern auch ihre *Auswirkung* auf subjektives und objektives Befinden, Symptome, Entwicklung, Erfüllung in der Existenz. Hier lassen sich natürlich gut quantitative und qualitative Untersuchungen durchführen, die wir gleich im Anschluss an einige Anmerkungen zum Forschungsparadigma besprechen werden.

10.1.1 Haltung zum Forschungsparadigma

Unterschiedliche Zugänge zum Menschen erfordern unterschiedliche Forschungsmethoden (vgl. auch American Psychological Association 2006). Doch gibt es seit Jahrzehnten einen »gold standard« für die Überprüfung *aller* psychotherapeutischen Praxis: das randomisierte, kontrollierte Experiment (»RCT-Studien«). Trotz des unzweifelhaften Wertes dieser Vorgangsweise für spezifische Fragestellungen sehen wir den Wert der RCT-Studien nicht so umfassend für die Wirkung der Psychotherapie (vgl. z. B. Persons et al 1998). Wir teilen Kriz (2013, S. 13) Ansicht, dass »evidenzbasierte Medizin mit ihrer Fokussierung auf randomisierte kontrollierte Studien (RCT) ... für experimentell sauber zu überprüfende statistische Hypothesen als Zuspitzung spezifischer Forschungsfragen [wichtig] sein mag: Die Komplexität wirklichen Geschehens in der menschlichen Entwicklung, ihren Retardierungen und Störungen und deren therapeutische, beraterische oder pädagogische Behandlung, kann ein solcher Ansatz nicht adäquat abbilden.«

Die Kriterien der Evidence Based Medicine (EBM) können in der EA aufgrund ihres phänomenologischen Paradigmas nur bedingt aufgegriffen werden. Dennoch gibt es in unserem Paradigma auch RCT-Studien, insbesondere für einzelne Methoden, wie etwa die paradoxe Intention (▶ Kap. 5.4.4) oder auch Studien zu sinnzentriertem psychotherapeutischem Vorgehen, wie sie in der Metastudie von Vos et al. (2015) dargelegt sind.

Psychotherapieforschung, die sich nur an den Symptomen einer Störung orientiert, ist unvollständig und nicht immer effektiv (Norcross und Wampold 2010). Diese Autoren beanstanden außerdem, dass die eigentliche Person, die hinter dem Störungsbild steht, in der bisherigen Psychotherapieforschung kaum Beachtung gefunden hat. Dies deckt sich mit der Sicht der EA, da das existenzanalytische Störungs- und Krankheitskonzept einem personalistischen Verständnis folgt, das die Krankheit mit dem Personsein verknüpft (▶ Kap. 4). Dieses unterscheidet sich von normativen oder statistischen Störungskonzepten, weil es bewusst subjektiv ist (Längle 2008, S. 118 f.)

Auch die im Rahmen der EBM geforderte umfassende *Manualisierung* kann in der EA aus ihrem Grundverständnis heraus nur eine untergeordnete Rolle spielen. Die EA verfügt zwar über eine Vielzahl therapeutischer Behandlungsmethoden, doch steht die therapeutische Beziehung und Begegnung auf Basis der Phänomenologie stets im Vordergrund (Längle 2008). Ein solcher hermeneutisch-phänomenologischer Zugang zur Therapie (Heidegger 1975) kann nicht manualisiert werden, ohne seine Kraft zu verlieren, die in der Haltung der Offenheit, des Verstehens und Begegnens liegt. Diese Haltung darf nur an den Phänomenen Maß nehmen, und nicht umgekehrt, weil dadurch der Weg der Behandlung über die Phänomene gestellt würde (Fiedler 2012; Längle 2001, S. 16).

Tschukke (2005, S. 112) spricht uns aus dem Herzen, wenn er schreibt: »Jedem erfahrenen Kliniker sträuben sich die Haare, sich die Komplexität alltäglicher klinischer Arbeit mit kaum jemals mono-symptomatischen Patienten (ohne Komorbidität) unter Zugrundelegung eines Kochrezepts vorzustellen. Manualisierte Psychotherapie ähnelt dem Versuch, aus jedem Musiker einen Konzertvirtuosen zu machen, wenn er sich nur exakt an die Noten hielte. In der Tat wird die manualisierte psychotherapeutische Behandlung zunehmend als sinnlos und wirklichkeitsfremd und eher einem »Anfängerstadium« (Zurhorst 2003) gemäß und allenfalls für in Ausbildung und diesbezüglicher Supervision befindliche Psychotherapeuten erachtet. Entsprechend erzielen erfahrene Therapeuten, die sich an Manuale halten, schlechtere Behandlungsergebnisse (Lambert und Ogles 2004). Henningsen und Rudolf (2000) beziffern die Einbuße an möglichen Behandlungseffekten auf bis zu 40 % aufgrund von manualisierter Behandlungsweise, die gerade die für die psychotherapeutische Praxis typische Flexibilität des Therapeuten beschneiden würde.«

Wie oben schon angeschnitten, stellt sich außerdem die Frage, was als Heilung anzusehen ist. Es ist zu kurz gegriffen, Heilung nur in der Linderung von Symptomen zu verstehen. In einer existentiellen Perspektive umfasst Heilung ein Ganzwerden und die Fähigkeit zum inneren und äußeren Dialog, der in eine »Versöhnung mit dem Sein« mündet, sodass in allen Strukturen der Existenz die Verbindung mit der Kraft des Lebens erreicht wird (Längle 2019a). »Heilung« ist nicht nur die Beseitigung von Symptomen, da diese nicht nur Ausdruck des Krankheitsprozesses sind, sondern auch zum Selbstheilungsprozess des psychophysischen Organismus gehören (Fäh und Fischer 1998). Kazdin (1999) weist darauf hin, dass klinisch relevante Veränderungen auch dann eintreten können, wenn es zu einer geringen oder auch zu gar keiner Veränderung der Symptomatik kommt. Aus dem bisher Gesagten lässt sich ableiten, dass innerhalb der Psychotherapieforschung eine methodische Herangehensweise zu bevorzugen ist, die sich nicht nur auf die Veränderung der Symptomatik konzentriert, sondern auch die Person hinter der Symptomatik mitberücksichtigt und »dem Gegenstandsbereich der Psychotherapie, der Subjektivität des Menschen«, gerecht werden kann (Löffler-Stastka und Datz 2016, S. 45). Dazu kann die Lebensqualitätsforschung (z. B. Kazdin 1999; ▶ Kap. 10) zur Erfassung des subjektiven Wohlbefindens viel beitragen, um sich von einem zu engen symptom-fokussierten Forschungsansatz abzuwenden (Görtz 2019; Scheyer 2012). Eine wichtige Rolle in der EA könnte künftig die hermeneutisch-phänomenologische Forschung mit ihrem qualitativen Ansatz spielen, die eine genuin existenzanalytische Forschungsmethode darstellt (Längle S 2015).

10.1.2 Empirische Forschungen in der EA

Als primär phänomenologisch operierende Vorgehensweise hat die Persönlichkeit der Therapeuten und ihre Beziehungs- und Begegnungsfähigkeit das Hauptgewicht im Verständnis von Wirksamkeit, während Methoden und Techniken in den Hintergrund treten. Dennoch stehen auch empirisch-statistische Forschungen (hauptsächlich zu Methoden) zur Verfügung. Übersichtsarbeiten zur Wirksamkeit stammen, um einige Beispiele zu nennen, von Ascher et al. (1985) über die Wirkweise der Paradoxen Intention, Becker (1985) über die Sinnwirkung auf die psychische Gesundheit, Görtz (2001) mit einem Überblick über empirische Forschung in der EA, Laireiter et al. (2000) über die Patientenzufriedenheit, Längle et al. (2000a) über die Wirkung der EA im stationären Bereich bei Suchtpatienten und im Vergleich mit anderen Therapien, Längle et al. (2005) über die

Wirkung der EA in einer multizentrischen explorativen Effektivitätsstudie, Regazzo et al. (2008) in der Paartherapie. Zwei Sondernummern der Zeitschrift Existenzanalyse (2000, S. 3; 2001, S. 1) geben Überblick über den Forschungsstand anhand empirisch-quantitativer Untersuchungen. Es sind uns knapp 30 kontrollierte *Doppelblind-Studien (RCT)* zur LT und EA bekannt, die sich auf Angststörungen, Depression, gemischte Störungen, Psychoonkologie, Prokrastination, Paartherapie, Schlafstörungen und Substanzabhängigkeit beziehen (vgl. auch Batthyány und Guttmann 2005).

Insbesondere soll auf die Untersuchungen zur Wirkweise der Paradoxen Intention eigens hingewiesen werden, wo es über 100 Publikationen gibt, die von Einzelfallstudien zu Mehrgruppenstudien das gesamte Potenzial der gängigen Psychotherapieforschung umspannt (wie z. B. Ascher et al. 1985). Ihre Effizienz wurde besonders im Vergleich mit verhaltenstherapeutischen Techniken nachgewiesen und für spezielle Diagnosen differenziert behandelt. In etwa der Hälfte der Fälle stellte sich die Kombination verhaltenstherapeutischer Techniken mit Paradoxer Intention als überlegen heraus gegenüber der Anwendung von nur einer Technik allein.

Vos (2016) konnte in einer Überblicksarbeit zeigen, dass die Anwendung der klassischen Logotherapie und existentiellen Sinnarbeit moderate bis starke Wirkung auf existentielle, psychologische und körperliche Bereiche hat, und einigen anderen sinnorientierten Verfahren überlegen ist.

In einer neuen RCT-Studie befasste sich Boandl (2020) mit der Internet-Anwendung von EA zur Stärkung der Authentizität mithilfe eines stufenförmigen Fünf-Tages-Programmes. Dieses methodisch gestaltete Selbsthilfeprogramm zeigt signifikante Wirkung bei Personen, die etwas Psychotherapie-Erfahrung haben (weniger als 30 Stunden).

Erwähnt werden soll auch, dass die schweizerische Gesellschaft für Existenzanalyse an der bundesweiten PAP-Studie teilgenommen hat. Das war eine von der Uni Köln, der Schweizer Charta für Psychotherapie und der Zürcher Hochschule für angewandte Wissenschaften (zhaw) organisierte Studie über die gängigen Psychotherapie-Verfahren in der Schweiz von 2009–2013. Auch die EA nahm daran mit 13 psychotherapeutischen Behandlungen in engmaschigem Untersuchungsraster teil. Die Effektstärke war überdurchschnittlich hoch (ES = 1.01), insbesondere im depressiven Symptombereich wurde eine hohe Wirkung erreicht. Das therapeutische Beziehungserleben und die durchschnittliche Behandlungszufriedenheit aufseiten der Patienten waren ebenfalls hoch (vgl. Abschlussbericht Schweizer Charta für Psychotherapie[5], Teil 1, Februar 2013, 8+12).

Die klassische Domäne der Wirksamkeitsforschung für phänomenologische Verfahren ist die Einzelfallstudie (▶ Kap. 10.2.3). Dazu gibt es mehrere hundert Publikationen. Auch gibt es zahlreiche qualitative Gruppenstudien, Eingruppenstudien und Mehrgruppenstudien. Im Durchschnitt ergab sich eine Patienten wie Therapeuten zufriedenstellende Besserung der Beschwerden in etwa drei Viertel der Fälle bei unterschiedlicher Zeitdauer (einfache, relativ frische Störungen ca. zehn Sitzungen, chronifizierte Neurosen bei 30 Sitzungen, schwerere Störungen wie Persönlichkeitsstörungen und Schizophrenien brauchen jahrelang Therapie).

Wegen der für ein personalistisch-phänomenologisches Verfahren unbefriedigenden Lage hinsichtlich adäquater Forschungsinstrumente werden von einer Forschungsgruppe um Silvia Längle seit Jahren Anstrengungen unternommen, eine eigene phänomenologische Forschung zu entwickeln. Derzeit wird die Wirkung existenzanalytischer Psychotherapie in Einzelfallstudien durch den Vergleich zweier bzw. mehrerer Messzeitpunkte untersucht (mit dem Ziel, dieses Verfahren auch für kürzere Therapiesequenzen einzusetzen). Dabei geht es um die Erhöhung der Exaktheit und Vereinfachung der Vorgangsweise.

Die phänomenologische Forschung kombiniert drei Wahrnehmungsformen: rational-kognitiv, emotional-fühlend, personal-spürend. Sie ist eine Zusammenschau phänomenologischer Inhalte mit existenzanalytischer Theorie auf der Basis von wissenschaftstheoretischen Kriterien (Längle S 2015; Längle und Häfele-Hausmann 2016). Die Anwendung beginnt mit einem semistrukturierten Interview bezüglich der existentiellen Grundmotivationen mit den Patienten, das diagnosespezifisch erweitert wird. Das Interview wird transkribiert und in einer Gruppe phänomenologisch geschulter Psychotherapeuten bezüglich der inhärenten Information nach den Regeln der Phänomenologie (also nicht anhand einer

---

5 Der Bericht ist nur zugänglich über die Charta, Schoffelgasse 7, 8001 Zürich bzw. über http://www.ip-sgta.ch/view/data/1593/SGTA-PAP-S%20Abschlussbericht.pdf (14.02.2020) oder per e-mail: praesidium@psychotherapiecharta.ch

Theorie) ausgewertet. Es zeigt sich wiederholt, dass die »objektiv« gewonnenen Test-Daten manchmal auch irreführende Ergebnisse liefern, z. B. eine Verschlechterung der Testergebnisse während der Therapie anzeigen, obwohl phänomenologisch eindeutig ein Fortschritt festzustellen ist (Längle und Görtz 2015). Die Patienten werden z. b. besser in der Selbstwahrnehmung, offener sich selbst gegenüber, spüren ihre Probleme und ihr Leid besser, sodass sie in den Testverfahren mitunter schlechtere Ergebnisse haben gegenüber der unbehandelten Ausgangslage. Dennoch ist diese Verbesserung der Wahrnehmung und die Öffnung dem eigenen Erleben gegenüber als therapeutischer Fortschritt zu werten und mit einer Verbesserung der Dialogfähigkeit verbunden, weil sie sich nicht mehr so an ihren Vorstellungen und Wunschbildern orientieren.

Görtz (2019) untersuchte Einzelfälle mittels Therapie-Rückblick. Dabei wurden die Veränderungen und hilfreichen bzw. hinderlichen Elemente der Therapie in Anlehnung an Elliotts (1999, S. 2001) »Client Change Interview« erfragt und der Therapieprozess insgesamt reflektiert. Die Wirkelemente, die auf phänomenologisch-hermeneutischem Weg extrahiert wurden, entsprechen gut den theoretischen Vorstellungen über das diagnose-spezifische therapeutische Vorgehen, basierend auf den existentiellen Grundmotivationen und der Personalen Existenzanalyse (Längle 2020).

Batthyány (2018, S. 35) fand in einer Recherche, dass zwischen 1975 und 2016 680 empirische und klinische Studien zur LT und EA in psychiatrischen und psychotherapeutischen Fachzeitschriften publiziert worden sind. Weitere Forschungsergebnisse werden im nächsten Kapitel zur klinischen Evidenz beschrieben.

Es stehen rund 20 *Testverfahren* zur fachspezifischen Evaluation von Logotherapie und Existenzanalyse zur Verfügung. Einige Instrumente sind theoriegeleitet (z. B Crumbaugh und Maholick 1969; Längle et al. 2000; Längle und Eckhardt 2001 Längle et al. 2021), andere empirisch konstruiert (z. B. Görtz 2002; Lukas 1986).

Von Frankl selbst stammen über 400 Artikel und 31 Bücher, die insgesamt in 50 Sprachen übersetzt worden sind. Bis 2019 sind ca. 420 Bücher von anderen Autoren zur LT und EA erschienen, das ist dreimal mehr als 1995. Und es wurden ca. 250 Buchkapitel zur Logotherapie und Existenzanalyse verfasst.

10.2 Klinische Evidenz

Vor diesem Hintergrund geht es aus Sicht der EA darum, den Uniformitätsmythos einer Einheitswissenschaft aufzugeben und im Wissen um die notwendige Pluralität in der Psychotherapieforschung sowie um die von Kächele (2004, zitiert nach Hau 2005, S. 125) beschriebenen verschiedenen Stadien der Psychotherapieforschung, in denen jeweils unterschiedliche Forschungsmethoden zur Anwendung kommen, eine Gleichberechtigung zu fordern. Darum sollen sowohl klinische Fallstudien, deskriptive Studien als auch klinisch kontrollierte Studien zur Anwendung gelangen. Naturalistische Studien haben ebenso ihre Bedeutung, gerade wenn es um die Untersuchung längerer Behandlungen geht, wie auch experimentelle Analogstudien, die für die Theorieentwicklung wichtig sind.

Aus dem Bereich der klinischen Evidenz soll vor allem auf drei Gebiete existenzanalytischer Forschung hingewiesen werden:

1. Lebensqualitätsforschung
2. Klinische Studien
3. Einzelfalldarstellungen

10.2.1 Lebensqualitätsforschung

Zahlreiche existenzanalytische und logotherapeutische Studien beschäftigen sich mit der Forschung zu Lebensqualität und Wohlbefinden, da diese ein zentrales Element der Outcome-Forschung und ein zunehmend an Bedeutung gewinnendes Evaluationskriterium darstellt (Schumacher et al. 2003; Bullinger 2002). Gerade durch die starke Fundierung der EA in der Anthropologie und der Fruchtbarmachung des Sinnkonzeptes in der Logotherapie stellt die Lebensqualitätsforschung ein Hauptgebiet dieser Therapierichtung dar. Die Bedeutung des Sinnkonzeptes für die Bewältigung aller Formen psychischer und körperlicher Krankheiten sowie der Stärkung der Resilienz ist in hunderten Arbeiten untersucht worden (für einen Überblick vgl. Batthyàny und Guttmann 2005). Als individuumbezogenes Konzept entspricht die Evaluierung des Therapieerfolges anhand der Verbesserung der Lebensqualität der personalen Grundausrichtung der EA und erfährt in spezifisch existenzanalytischen Forschungsinstrumenten wie dem von Görtz (2003a; 2005, 2007) entwickelten ELQ, aber auch der anderen existentiellen Tests, eine weitere Feinabstimmung auf existentielle Themen. Dabei wurden folgende Themen behandelt:

- Lebensqualität
  - im Zusammenhang mit den Grunddimensionen der Existenz (Mayerweg 2003)
  - bei Karzinom-Patienten (Drachsler 2011; Eiter et al. 2008)
  - im Alter (Harbich 2013)
- Die Auswirkungen der Arbeitslosigkeit auf die Lebensqualität (Inaebit 2000), von Sport (Jerard 2011) und der personalen Faktoren auf die Berufszufriedenheit (Kundi et al. 2001)
- Der Einfluss der existentiellen Spiritualität auf die Lebensqualität (Kratochvil 2011)
- Der Einfluss von Sinn auf die Lebensqualität bzw. die Bewältigung von psychischem Leid (von Aesch Shaked 2007; Steinert 1997; Tutsch et al. 2000; Konkolÿ Thege 2006)
- Der Einfluss der existentiellen Lebenshaltung (Kellerer 2010) bzw. der geistigen Dynamik (Gottfried 1999)
- Die Differenz zwischen realer und vorgestellter Lebensqualität (Längle et al. 2006)
- Der Einfluss der existentiellen Grundmotivationen auf das Werterleben (Eckhard 1992, 2000) und in Verbindung mit Musikimprovisation (Ziering 2012)
- Der Einfluss von Partnerbeziehung auf die existentielle Lebensqualität (Prandl 2004)
- Der Einfluss existenzanalytischer Psychotherapie auf die Klientenzufriedenheit (Schirl und Kimeswenger 1999) und existentielle Zusammenhänge mit der Entstehung von Psychopathologie (Orgler 1990).

10.2.2 Klinische Studien

Hier sollen einige Gruppen-Studien erwähnt werden, die die klinische Relevanz der EA bei breiter Streuung der Diagnose beschreiben.

Batthyány und Guttmann (2005) haben 320 Studien zusammengetragen, welche die *präventive* Wirkung der Sinnfindung für die psychische Gesundheit untersucht haben. Es ergaben sich signifikante Korrelationen zum Neurotizismus-Faktor und spezifischen psychischen Störungen, wie z. B. Depressivität, Phobien Anpassungsstörungen, Essstörungen usw. Darunter sind auch prospektive Studien und Regressionsanalysen, um die Unilateralität der Wirkung zu belegen. Der *Purpose in Life Test* könne sogar zur Diskriminierung zwischen psychisch gesunden und kranken Menschen dienen (Rosenberg und Green 1998). Kinnier et al. (1994) fanden das Sinndefizit als den stärksten Mediator und den einzig signifikanten Prädiktor für Substanzmissbrauch bei depressiven Patienten. Weiters fanden Batthyány und Guttmann (2005) 79 Studien, in denen die Arbeit mit Sinn eine primäre oder zumindest bedeutsame Rolle spielte in der Behandlung von psychiatrischen Störungen. Weitere 150 Studien untersuchten die positive Wirkung von Sinnfindung bei tiefen Lebenskrisen, Krankheit im Allgemeinen, chronischen Schmerzen, Trauer und in der Sterbebegleitung (für einen Überblick siehe auch Batthyány und Russo-Netzer 2004).

Die Evaluation der Wirksamkeit der EA in der freien psychotherapeutischen Praxis war das Ziel einer Studie an 248 Patienten und Patientinnen (Längle et al. 2005). Die Untersuchung wurde als prospektive Wirksamkeitsstudie mit mehreren Testzeitpunkten konzipiert. Die Testauswahl fand unter Berücksichtigung der für die EA relevanten Variablen in Verbindung mit bereits anderenorts standardisierten Testverfahren statt. Es ergab sich eine gute Wirksamkeit der existenzanalytischen Psychotherapie in der freien Praxis.

Scheyer (2011) hat die Wirkung existenzanalytischer Psychotherapie allgemein und bei Therapieabbruch bei Personen mit unterschiedlichen psychischen Störungen untersucht. Es wurden acht existenzanalytische Psychotherapeuten in Ausbildung und unter Supervision mit insgesamt 39 Patienten untersucht. Die Ergebnisse zeigten, dass es in beiden Gruppen über die Therapie hinaus zu einer klinisch relevanten Verbesserung hinsichtlich Lebensqualität, existentieller Erfüllung und symptomatischer Belastung kam, die noch besser war, wenn die Therapie zu Ende geführt wurde. Was die Exploration therapeutischer Wirkfaktoren betrifft, so finden sich Hinweise, dass die vier Grundmotivationen von grundlegender Bedeutung für die therapeutische Beziehung sind.

Eine breit angelegte Studie von Laireiter et al. (2013) untersuchte die Wirksamkeit existenzanalytisch-logotherapeutischer Psychotherapie auf *psychische, körperliche und sozialkommunikative Beeinträchtigungen* und die *Veränderung im Erleben und Verhalten aus der Sicht von Patienten und deren Therapeuten* aus retrospektiver Perspektive. Es wurden 26 Therapeuten und 106 ihrer Klienten, die eine existenzanalytische Psychotherapie abgeschlossen oder abgebrochen hatten, in einem retrospektiven Design mit dem Beeinträchtigungsschwere-Score (BSS), dem Veränderungsfragebogen des Erlebens und Verhaltens (VEV) und der Veränderungsskala des Patientendokumentationssystem »Psycho-Dok« (V-Skala) untersucht. Als Ergebnis zeigten sich hohe bis sehr hohe Effektstärken in den psychischen, körperlichen und sozialkommunikativen Beeinträchtigungen nach der Therapie. Weiters zeigten sich bei fast 90 % der Probanden klinisch signifikante positive Veränderungen im Erleben und Verhalten. Die Ergebnisse weisen auf eine sehr gute Wirksamkeit der EA und LT in der therapeutischen Alltagspraxis im Bereich psychischer Auffälligkeiten und Störungen und zwischenmenschlicher Beeinträchtigungen hin.

Im Rahmen einer explorativen Studie wurde die Wirkung existenzanalytischer Therapie bei *Suchtpatienten* in einem multimodalen Therapiesetting untersucht (Längle et al 2014). In einer Zeitspanne von sieben Jahren wurden 280 alkohol- bzw. medikamentenabhängige Patienten vor und nach ihrer achtwöchigen Behandlung in einem stationären Suchtkrankenhaus über ihr Selbstbild sowie über die Entwicklung personal-existentieller Fähigkeiten befragt. Es ergaben sich signifikante positive Veränderungen in allen untersuchten Bereichen, wodurch die Methode in stationären Settings als integrationsfähig gelten kann. Auch Emge (1995) hat die existenzanalytische Form der Belastungsverarbeitung bei Alkoholabusus untersucht.

Regazzo et al. (2008) hat eine experimentelle Studie zur Behandlung von 18 Paaren mit sehr hohem Scheidungsrisiko entsprechend der Gotmann-Kriterien vorgelegt. Er verwendete dabei ein Therapiemodell, das über drei

Stufen zu je zehn Therapiestunden abgewickelt wurde und entsprechend den Kriterien des Experimentellen Validierungssystem EST (Evidence-Based Psychology) der APA aufgebaut war. Die anfänglich recht guten Ergebnisse fielen in der Follow-up Erhebung nach zwölf Monaten allerdings zurück, sodass nur von rund einem Drittel der Paare eine verringerte Scheidungsrate gegenüber unbehandelten Paaren vorlagen.

10.2.3 Einzelfallstudien

Die existenzanalytische Psychotherapie geschieht vorwiegend im Einzelsetting. Die wissenschaftliche Weiterentwicklung der Psychotherapie hat die subjektive Einmaligkeit des Individuums im Auge zu behalten. So vertreten wir in der EA die Ansicht, dass in einer ernsthaften empirischen Forschung die subjektive Einmaligkeit des Individuums und der einzelnen Phänomene Berücksichtigung finden muss. Denn es ist nun einmal nicht möglich, die persönlichen Empfindungen eines Individuums mit jenen von 20 anderen Personen zu korrelieren. Wer dies versucht, »wird nicht in allen Einzelheiten oder mit einem Anspruch auf Allgemeingültigkeit zuverlässig *meine* echten Gefühle, *meine* persönliche Lebensgeschichte und *meine* Art und Weise des Vergessens wiedergeben. So versagt die Naturwissenschaft bei der individuellen Geschichte, obwohl es ihr gelingen mag zu erkennen, was zwanzig Vorgeschichten gemeinsam haben.« (Edelman 1995, S. 199)

Daher kommt der Einzelfalldarstellung in der EA nach wie vor eine grundlegende Bedeutung zu, da hier die Phänomene am besten sichtbar werden und ein phänomenologisches Verständnis psychischer Störungen nur aus der Wesensschau der Fallschilderung entwickelt werden kann (Elliott 2002). Beispielhaft seien einige Einzelfallbesprechungen hier angeführt: Asid-Cardigni 2008; Fischer-Danzinger 2002; Freitag 1997; Görtz 2003b; Jarosik 2012; Jöbstl 2002, 2005; Karaś 2018; Kohler 2012; Längle 2011; Längle und Steinert 2004; Luss 1996; Möstl 2010; Mullan 2004; Probst 2002a, b; Schmid 1996). Außerdem gibt es hermeneutische Analysen von Kindertherapien (vgl. Krivtsova 2012; Loktionova 2014; Skvortsova und Shoumskiy 2014).

Einen Überblick über aktuelle Entwicklungen und Forschungen in EA und LT weltweit geben Kwee und Längle (2019).

11 Institutionelle Verankerung

Einen guten Überblick über die institutionelle Verankerung der EA und LT gibt Wikipedia unter dem Stichwort Logotherapie und Existenzanalyse (https://de.wikipedia.org/wiki/Logotherapie_und_Existenzanalyse, Zugriff am 01.08.2020).

11.1 Die Gesellschaft für Logotherapie und EA (GLE)

Die hier dargestellte Form der EA wurde in der GLE-International (mit Sitz in Wien) entwickelt und wird nur von ihr und durch ihre Landesverbände und Institute gelehrt. Die GLE-International ist mit etwa 1.800 Mitgliedern allein im deutschen Sprachraum (Stand 2019) die größte Vereinigung existentieller Psychotherapie weltweit. In Österreich ist die GLE seit rund zehn Jahren die zweitgrößte Ausbildungsinstitution in Psychotherapie laut Statistik des Bundesministeriums für Gesundheit; dies gilt für die Zahl der Ausbildungsteilnehmer per 01.06.2017 (Sagerschnig und Strizek 2018). Durch die spezifische Weiterentwicklung der EA ist auf Wunsch Frankls 1991 eine Trennung der Gesellschaften durchgeführt worden, sodass es sich heute bei der EA um eine eigenständige Psychotherapierichtung handelt, die zwar die klassische Logotherapie integriert hat, aber nicht mehr mit ihr identisch ist und mit einer erweiterten theoretischen Grundlage und Methodik arbeitet.

11.1 Die Gesellschaft für Logotherapie und EA (GLE)

Die GLE-International hat Landesverbände in Österreich, Deutschland, Schweiz, Tschechien, Slowakei, Rumänien, Polen, Lettland, Russland, England; in Amerika: Argentinien, Chile, Mexico und in Kanada. Die Ausbildung ist international einheitlich geregelt. Die staatliche Anerkennung der EA als Psychotherapie-Verfahren hat die GLE in Österreich (auch sozialversicherungsrechtlich), in der Schweiz ist das Anerkennungsverfahren nach dem neuen Gesetz gerade im Laufen, in Tschechien und Rumänien, aber nicht in Deutschland (trotz der Bestrebungen der AGHPT, der Vereinigung der humanistischen Richtungen, bei der die GLE Mitglied ist, deren Bemühungen 2017 vom WBP in Berlin abgelehnt wurden). In England gibt es nur privatrechtliche Anerkennungen, weil es kein Psychotherapiegesetz gibt. In Argentinien, Chile und Russland kann mit der Ausbildung an einzelnen Universitäten auch ein Mastertitel erworben werden, in Österreich ist die Ausbildung als post-graduate Studium anerkannt und kann mit dem Titel des Masters of Science (MSc) abgeschlossen sowie für ein Masterstudium in Psychotherapie-Wissenschaften an der Sigmund-Freud-Universität eingerechnet werden.

Die GLE-International organisiert jährlich einen internationalen Kongress abwechselnd in den deutschsprachigen Ländern (zweimal auch in Prag), mit Teilnehmerzahlen von rund 800 und mehr, die Landesverbände organisieren weiters jährlich eine nationale Tagung. Die GLE-International gibt die Zeitschrift »Existenzanalyse« heraus und hat rund zehn Tagungsberichte in Buchform publiziert.

Die bekanntesten Vertreter dieser deutschsprachigen Gruppierung sind Lilo Tutsch, Christoph Kolbe, Christian Probst, Brigitte Heitger, Christine Wicki, Silvia Längle, Jana Bozuk, Toni Nindl, Renate Bukovski, Doris Fischer-Danzinger, Astrid Görtz, Helene Drexler, Susanne Jaeger-Gerlach, Helmut Dorra, Ingo Zirks, Erika Luginbühl, Susanne Pointner, Karin Steinert, Andrea Kunert, Markus Angermayr, Barbara Gawel, Elisabeth Wurst, Karin Matussak-Luss, Johann Zeiringer, Barbara Jöbstl, Martin Hötzer, Johannes Rauch, Manuela Steger, Kerstin Breckner und Alfried Längle.

Die GLE ist Mitglied der International Federation of Psychotherapy (IFP), der Internationalen Gesellschaft für Tiefenpsychologie, der Martin Heidegger Gesellschaft, des Österreichischen Berufsverbandes für Psychotherapie (ÖBVP), der Schweizer Charta für Psychotherapie, der Schweizerischen Gesellschaft für Beratung (SGfB), der deutschen Arbeitsgemeinschaft für Humanistische Psychotherapie (AGHPT).

11.2 Andere Vereinigungen

Logotherapie. Die klassische Logotherapie, die sich auf die von Viktor Frankl entwickelte Lehre bezieht und die ursprünglich auch die Grundlage der Ausbildung in der GLE war (1983–1991), wird heute vom Viktor-Frankl-Institut vertreten und in nationalen Logotherapie-Gesellschaften bzw. Viktor-Frankl-Instituten sowie an einzelnen Universitäten gelehrt. Die deutsche Gesellschaft DGLE gibt einmal im Jahr das Fachjournal Existenz & Logos heraus. Das Viktor-Frankl-Institut wird vornehmlich von der Familie Frankl geführt. Es verwaltet den Nachlass und das Frankl-Dokumentationszentrum. Eine große Auswahl von Vorträgen Frankls ist außerdem über das Auditorium-Netzwerk (www.auditorium-netzwerk.de) erhältlich. Die bekanntesten Vertreter dieser Gruppierung sind Elisabeth Lukas (2004, 2014), die durch eine besonders große Anzahl von Publikationen und Vorträgen mit Abstand am bekanntesten ist, sowie Uwe Böschemeyer (1996), Wolfram Kurz (1991) und der verstorbene Günter Funke (und Kühn 2005). Staatliche Anerkennung der klassischen Logotherapie-Ausbildung (die in den einzelnen Ländern unterschiedlich aufgebaut ist) gibt es nur in Österreich aufgrund eines Bescheids des Gesundheitsministers (ABILE, www.abile.org).

Englischsprachige existentielle Psychotherapieformen. In London hat eine Vereinigung ihren Sitz, die auch den Namen »Existential Analysis« trägt. Sie ist aus der Antipsychiatrie um R.D. Laing Ende der 1970er Jahre entstanden, hat aber trotz Namensgleichheit keinen Bezug zu V. Frankl oder unserer EA. Sie beruht vorwiegend auf der Philosophie von Jean-Paul Sartre (1946). Ihre Hauptvertreter sind Emmy van Deurzen (2010, 2012) und Ernesto Spinelli (2005). In San Francisco hat eine Vereinigung mit dem Namen »Existential-Humanistic« bzw. »Existential-Integrative Therapy« ihren Sitz. Sie geht auf die Arbeiten von Rollo May (1969), James Bugenthal

(1967) und Irvin Yalom (2010) und in der Weiterentwicklung auf Kirk Schneider (2009, und Krug 2012, 2015) zurück. Sie steht unserer Richtung in der Vorgangsweise am nächsten. Eine Nähe in den Grundpositionen hat auch die Daseinsanalyse, die von Ludwig Binswanger (1942) schon vor dem 2. Weltkrieg gegründet wurde, und dann vor allem von Medard Boss (1957) und Gion Condrau (1989) weitergeführt wurde. Hauptvertreter sind derzeit Eric Craig (2007, 2008) und Alice Holzhey-Kunz (2006, 2019). Die Daseinsanalyse hat methodisch einen stark psychoanalytischen Bezug. Für einen Überblick sei auf das jüngst erschienene Handbuch der existentiellen Therapie verwiesen (van Deurzen et al. 2019).

12 Informationen zu Aus-, Fort- und Weiterbildungsmöglichkeiten

12.1 Die Ausbildung in Existenzanalyse (GLE)

Eine deutschsprachige Ausbildung kann in mehreren Städten in Österreich, Deutschland und der Schweiz als Beratungs- und Psychotherapieausbildung absolviert werden. Die Ausbildung ist selbsterfahrungsorientiert und induktiv aufgebaut: Die Inhalte werden in der Gruppe gemeinsam anhand der eigenen Erfahrung erarbeitet und danach mit der Theorie in Verbindung gebracht und zusammengefasst. Damit wird die phänomenologische Grundhaltung geübt und der dialogische Austausch in der Großgruppe (mit 12–16 Personen), in Kleingruppen und in begleitender Einzelselbsterfahrung gepflegt.

Die Ausbildung umfasst drei Abschnitte:

1. *Die Grundausbildung* ist in der Beratungs- und Psychotherapieausbildung fast gleich aufgebaut und dauert etwas mehr als zwei Jahre. In ihr werden die Anthropologie, die Sinnlehre und einige grundlegende Methoden der Behandlung und Gesprächsführung vermittelt.
2. *Der Klinische Teil.* In der Beratungsausbildung folgen sieben Tage Überblick über psychische Störungen und beraterisches Vorgehen bei Ängsten, depressiven Verstimmungen, hysterischen Reaktionen und Persönlichkeitsstörungen.
In der Psychotherapieausbildung sind für die klinischen Störungen und ihre Behandlung knappe zwei Jahre reserviert. Danach folgt das Supervisionsstadium.

3. *Das Supervisionsstadium* beträgt für die Beratung i. a. ein Jahr, für die Psychotherapie mind. zwei Jahre und umfasst das selbständige Arbeiten unter Supervision sowie das Verfassen einer Abschlussarbeit. Die Gesamtdauer beträgt für die Beratungsausbildung 3–4 Jahre, für die Psychotherapieausbildung 5–6 Jahre. Die Kosten belaufen sich für die Beratungsausbildung auf etwa 14.000 Euro (inklusive Selbsterfahrung und Supervision), für die Psychotherapieausbildung auf etwa 22.000 Euro (vgl. die aktuellen Daten unter https://www.existenzanalyse.at/inhalt.php?kat=101&id=53).

12.2 Adressen der Fachverbände

Im Folgenden werden die Kontaktadressen der Ausbildungsträger im deutschsprachigen Raum aufgelistet, an die man sich wenden kann, wenn man sich über die aktuellen Aus-, Fort- und Weiterbildungsmöglichkeiten informieren will.

Internationaler Fachverband
GLE-International
https://www.existenzanalyse.org
Eduard Sueß-Gasse 10
1150 Wien, Österreich
Tel.: +43-1-985 95 66
e-mail: gle@existenzanalyse.org

Nationale Fachverbände in den deutschsprachigen Ländern
Gesellschaft für Logotherapie und Existenzanalyse Österreich (GLE-Ö)
https://www.existenzanalyse.at
Strohmayergasse 13/14
1060 Wien, Österreich
Tel.: +43-1-897 43 39
e-mail: sekretariat@existenzanalyse.at

Gesellschaft für Logotherapie und Existenzanalyse in Deutschland (GLE-D)
https://www.gle-d.de
Borchersstr. 21
30559 Hannover, Deutschland
Tel.: +49-511-5294977
e-mail: buero@gle-d.de

Gesellschaft für Existenzanalyse Schweiz (GES)
https://existenzanalyse.ch
Kappelenring 54d
3032 Hinterkappelen, Schweiz
Tel.: +41-31-901 12 11
e-mail: info@existenzanalyse.ch

LOGOTHERAPIE-Ausbildungen:
Ein Überblick über Ausbildungsinstitute *weltweit* findet sich auf der Homepage des Viktor Frankl Instituts: https://www.univie.ac.at/logotherapy/institutes_wwE.html

ABILE – Ausbildungsinstitut für Logotherapie nach V. Frankl
http://www.abile.org/
Bahnhofstrasse 3
3390 Melk, Österreich
Tel.: +43-660-70 01 505
e-mail: abileinstitut@aon.at

Deutsche Gesellschaft für Logotherapie und Existenzanalyse e. V.
https://www.dgle.org/
Irmelenweg 9
79292 Paffenweiler, Deutschland
Telefon: 07664-962772
Telefax: 07664-962774
E-Mail: dgle.dierenbach@t-online.de

Schweizerische Gesellschaft für Logotherapie und Existenzanalyse SGLE
https://www.sgle.ch/
Rosenbergstrasse 4
8820 Wädenswil
info@sgle.ch13

Literatur

Adler A ([1933] 2004) Der Sinn des Lebens. Frankfurt: Fischer TB.
von Aesch Shaked A (2007) Sinnhaftigkeit: out oder aktueller denn je? – Eine Untersuchung der Konstrukte Existentialität, Emotionsregulation und psychische Gesundheit. Bern: Univ Bern, Psych Inst, unveröff Lic.-Arbeit.
American Psychological Association, Presidential Task Force on Evidence-Based Practice (2006) Evidence-based practice in psychology. American Psychologist 61 (4): 271–285.
Angermayr M (2009) Dasein-Atmen-Achtsamkeit. Existenzanalyse und vorreflexives leibliches Erleben. Existenzanalyse 26(2): 99–104.
Angermayr M (2010) Im Dialog mit der »großen Vernunft des Leibes«. Existenzanalyse 27(2): 100–105.
Angermayr M (2014) Existentielles Grounding: Das Seinserleben als Ressource der Person – Bausteine zur vertieften Einbindung des gefühlten Körpers in die Existenzanalyse. Existenzanalyse 31(2): 41–45.
Arbeitskreis OPD (Hrsg.) (2014) Operationalisierte Psychodynamische Diagnostik OPD-2. Bern: Huber.
Arbeitskreis OPD-KJ (Hrsg.) (2003) Operationalisierte Psychodynamische Diagnostik im Kindes- und Jugendalter. Grundlagen und Manual. Bern, Göttingen, Toronto, Seattle: Verlag Hans Huber.
Ascher LM, Bowers MR, Schotte DE (1985) A review of data from controlled case studies and experiments evaluating the clinical efficacy of paradoxical intention. In: Weeks GR (Hrsg.) Promoting change through paradoxical therapy. Homewood, IL: Dow Jones-Irwin. S. 216–251.
Asid-Cardigni M L (2008) Paula: The Rebirth of the Person. Existenzanalye 25(1): 54–57.
Batthyány A, Russo-Netzer P (2004) Psychologies of Meaning. In: Batthyány A, Russo-Netzer P (Hrsg.) Meaning in Positive and Existential Psychologies. New York: Springer. S. 3–22.
Batthyány A, Guttmann D (2005) Empirical research on Logotherapy and Meaning-Oriented Psychotherapy. An Annotated Bibliography. In collaboration with PsychINFO (American Psychological Association.) Phoenix, AZ: Zeig, Tucker & Theisen.

Batthyány A (2018) »... denn immer schon war die Person am Werk«. Viktor Frankls Weg zur Logotherapie und Existenzanalyse. In: Korsch D (Hrsg.) Die heilende Kraft des Sinns. Viktor E. Frankl in philosophischer, theologischer und therapeutischer Betrachtung. Stuttgart: Kohlhammer: S. 11–40.

Bauer EJ (2016) Verstehen als Existenzial menschlichen Daseins. In: Existenzanalyse 33(1): 4–14.

Bauer EJ (2020) Vom egologischen Ich-Sein zum authentischen Selbst-Sein. In: Bauer EJ, Darge R, Schmidinger H (Hrsg.) Salzburger Jahrbuch für Philosophie Nr. 65 – Personalität und Freiheit. St. Ottilien: Eos-Verlag: S. 45–62.

Becker P (1985) Sinnfindung als zentrale Komponente seelischer Gesundheit. In: Längle A (Hrsg.) Wege zum Sinn. Logotherapie als Orientierungshilfe. München: Piper: S. 186–207.

Becker P (1986) Psychologie der seelischen Gesundheit. Bd. 2. Göttingen: Hogrefe.

Binswanger L (1942) Grundformen und Erkenntnis menschlichen Daseins. München: Reinhardt.

Blankenburg W (Hrsg.) (1989) Biographie und Krankheit. Stuttgart: Thieme.

Boandl D (2020) On Becoming Authentic: A Self-Guided Web-Intervention Based on Existential Analysis. Wien: Univ. Philosoph. Inst Cognitive Science: unveröff. Masterthesis.

Böschemeyer U (1996) Wertorientierte Existenzanalyse. Das Konzept des Hamburger Instituts für Existenzanalyse und Logotherapie. Zeitschrift des Hamburger Instituts für Existenzanalyse und Logotherapie 1: 3–8.

Boss M (1957) Psychoanalyse und Daseinsanalytik. Bern: Huber.

Buber M (1973) Das dialogische Prinzip. Heidelberg: Lambert Schneider.

Buber M (2003) Hundert chassidische Geschichten. Zürich: Manesse.

Bugenthal J (1967) The Search for Existential Identity. San Francisco: Jossey-Bass.

Bukovski R (2014) Eine Botschaft des Körpers? Der innere Dialog bei psychosomatischen Erkrankungen. Existenzanalyse 31(2): 65–72.

Bühler C, Allen M (1983) Einführung in die humanistische Psychologie. Frankfurt: Klett-Cotta.

Bullinger M. (2002) »Und wie geht es Ihnen?« Die Lebensqualität der Patienten als psychologisches Forschungsthema in der Medizin. In: Brähler E, Strauß B (Hrsg.) Handlungsfelder der psychosozialen Medizin. Göttingen: Hogrefe. S. 308–329.

Condrau G (1989) Daseinsanalyse. Bern: Huber.

Correia EA, Cooper M, Berdondini L (2014) The worldwide distribution and characteristics of existential counsellors and psychoteherapists. Existential Analysis 25(2): 321–337.

Correia EA, Cooper M, Berdondini L (2016) Existential therapy institutions worldwide; An update of data and the extensive list. Existential Analysis 27(1): 155–200.

Craig E (2007) Tao psychotherapy: Introducing a new approach to humanistic practice. The Humanistic Psychologist 35(2): 109–133.

Craig E (2008) A brief overview of existential depth psychotherapy. Humanistic Psychologist 36(3–4): 211–226.

Crumbaugh JC, Maholick LT (1969) The Purpose in Life Test. Munster, Indiana: Psychometrics Affiliates.
van Deurzen E (2010) Everyday Mysteries: A handbook of Existential Psychotherapy. London: Routledge.
van Deurzen E (2012) Existential Counselling and Psychotherapy in Practice. London: Sage.
van Deurzen E, Craig E, Längle A, Schneider K, Tantam D, du Plock S (2019) The Wiley World Handbook of Existential Therapy. Chichester, West Sussex: Wiley.
Dilthey W (1910/1992) Der Aufbau der geschichtlichen Welt in den Geisteswissenschaften. Gesammelte Schriften VII, Göttingen: Vandenhoeck & Ruprecht.
Drachsler S (2011) Existentielle Lebensqualität bei Brustkrebspatientinnen während der Strahlentherapie mit und ohne psychoonkologische Betreuung. Wien: Univ. Wien, Psych. Fak., unveröff. Diplomarbeit.
Drexler H (2000) Schritte zum Sinn. Existenzanalyse 17(1): 36–41.
Eberwein W (2012) Humanistische Psychotherapie. Unterstützung von selbstregulativen Prozessen und Potentialentfaltung. Deutsches Ärzteblatt 11(11): 505–506.
Eckhardt P (1992) Selbstwert und Werterleben aus existenzanalytischer Sicht. Die Konstruktion des Selbstbeurteilungsfragebogens. Wien: Univ. Wien, Psych. Fak., unveröff. Diplomarbeit.
Eckhardt P (2000) Skalen zur Erfassung von existentieller Motivation, Selbstwert und Sinnerleben. Wien: Univ. Wien, Psych. Fak., unveröff. Dissertation.
Edelmann W (1995) Lernpsychologie. Weinheim: Psychologie Verlagsunion.
Eiter H, Längle A, Steinert K (2008) Personal and existential competence of cancer patients. Results of an empirical pilot study on the existential situation of patients during radiotherapuetical treatment. Psychologische Medizin 19(3): 4–10.
Elliott R (1999) Client change interview protocol. (http://www.experientalresearchers.org/instruments/elliott/changei.html, Zugriff am 17.12.2020).
Elliott R (2002) Hermeneutic Single-Case Efficacy Design. Psychotherapy Research 12(1): 1–21. (http://vvp.nl/2002%20-%20Robert%20Elliott).
Emge S (1995) Alkoholabusus und Belastungsverarbeitung vor dem Hintergrund existenzanalytischer Betrachtungen. Wien: Univ. Wien, Psych. Fak., unveröff. Diplomarbeit.
Erickson MH (1966) Die Einstreu-Technik der Hypnose zur Symptomkorrektur und Schmerzkontrolle. In: Rossi EL (Hrsg.) Gesammelte Schriften von Milton Erickson, Vol. 5 Heidelberg: Carl-Auer.
Fäh M, Fischer G (1998) Einführung und Übersicht. In: Fäh M, Fischer G (Hrsg.) Sinn und Unsinn in der Psychotherapieforschung. Eine kritische Auseinandersetzung mit Aussagen und Forschungsmethoden. Gießen: Psychosozial-Verlag. S. 9–12.
Fiedler P (2012) Phänomenologisch orientierte Indikation: Gemeinsame Herausforderung für die Therapieschulen. In: Fiedler P (Hrsg.) Die Zukunft der Psychotherapie. Wann ist endlich Schluss mit der Konkurrenz? Berlin Heidelberg: Springer.
Fischer-Danzinger D (2002) Erfahrungen zur Therapie eines narzisstischen Sexualdelinquenten. Existenzanalyse 19(2+3): 70–75.

Literatur

Fischer-Danzinger D (2010) Emotionen in der Therapie von schweren Persönlichkeitsstörungen. Existenzanalyse 27(2): 55–58.

Fischer-Danzinger D (2017) Die (sichere) Fahrt auf der Hochschaubahn. Existenzanalyse 34(2): 49–58.

Fischer-Danzinger D, Janout U (2000) Die personale Positionsfindung. Existenzanalyse 17(1): 42–46.

Frankl V (1938a) Zur geistigen Problematik der Psychotherapie. Zentralblatt der Psychotherapie 10: 33–45. In: Frankl V (2005) Logotherapie und Existenzanalyse. Texte aus sechs Jahrzehnten. München: Quintessenz: 15–30.

Frankl V [(1938b) 1987] Seelenärztliche Selbstbestimmung. In: Frankl V: Logotherapie und Existenzanalyse. Texte aus sechs Jahrzehnten. München: Piper: 31-35.

Frankl V (1959) Grundriß der Existenzanalyse und Logotherapie. In: Frankl V, v Gebsattel V, Schultz JH (Hrsg.) Handbuch der Neurosenlehre und Psychotherapie. München/Wien: Urban & Schwarzenberg, Bd. III, S. 663–736. Wiederabdruck: (2010) Logotherapie und Existenzanalyse. Texte aus sechs Jahrzehnten. Weinheim: Beltz, 3. Aufl., S. 57–184 und (2017) Wer ein Warum zum Leben hat. Lebenssinn und Resilienz. Texte aus sechs Jahrzehnten. Weinheim: Beltz, 2. Teil des Buches.

Frankl V (1979b) Der unbewußte Gott. München: Kösel.

Frankl V (1981) Die Sinnfrage in der Psychotherapie. München: Piper.

Frankl V (1982a) Ärztliche Seelsorge. Wien: Deuticke.

Frankl V (1982b) Psychotherapie in der Praxis. Wien: Deuticke.

Frankl V (1990) Der leidende Mensch. Anthropologische Grundlagen der Psychotherapie. München: Piper TB.

Frankl V (1991) Der Wille zum Sinn. München: Piper.

Frankl V (1994) Eine Sinnlehre gegen die Sinnleere. Psychologie heute, 21.10. 94: 26–27.

Frankl V (1995) Was nicht in meinen Büchern steht. Lebenserinnerungen. München: Quintessenz.

Frankl V (2005) Logotherapie und Existenzanalyse. Texte aus sechs Jahrzehnten. 3. Aufl. Weinheim: Beltz.

Frankl V [(1956) 2007] Theorie und Therapie der Neurosen. 9. Aufl., München: Reinhardt (Uni-TB 457).

Frankl V ([1946] 2009) …trotzdem Ja zum Leben sagen: Ein Psychologe erlebt das Konzentrationslager. München: Kösel.

Frankl V (2015) Grundkonzepte der Logotherapie. Wien: Facultas Verlag.

Freitag P (1997) Psychotherapie eines Patienten mit schizoaffektiver Psychose: Eine Falldarstellung. Existenzanalyse 14(1): 8–12.

Funke G, Kühn, R (2005) Einführung in eine phänomenologische Psychologie (Seele, Existenz und Leben). Freiburg: Karl Alber.

Furnica C (1998) Die »paraexistentielle« Persönlichkeitsstörung. Existenzanalyse 15 (3): 13–17.

Furnica C, Furnica AM (2006) Die para-existentielle Persönlichkeitsstörung: Ein existenzanalytischer Beitrag zur Theorie der Persönlichkeitsstörungen. Existenzanalyse 23(2): 42–51.

Görtz A (2001) Weitere empirische Forschungsarbeiten zur Existenzanalyse seit 1995. Existenzanalyse 18(1): 59–60.

Görtz A (2002) Existentielle Lebensqualität Entwicklung eines Modells samt Fragebogen. Empirische Überprüfung bei Suchtkranken. Wien: Univ. Psych. Fakultät, unveröff. Diss.

Görtz A (2003a) Existentielle Lebensqualität. Entwicklung eines Modells samt Fragebogen. Empirische Überprüfung bei Suchtkranken. Wien: Univ. Wien, Psych. Fak., unveröff. Dissertation.

Görtz A (2003b) Sandspieltherapie mit einem Scheidungskind. Existenzanalyse 20 (1): 4–11.

Görtz A (2005) Existentielle Lebensqualität: ein Outcome-Kriterium in der Psychotherapieforschung. Psychotherapie-Forum 12: 61–68.

Görtz A (2007) Existentielle Lebensqualität. Über die Messbarkeit von Glück und Wohlbefinden. Saarbrücken: VDM Verlag Dr. Müller.

Görtz A (2019) »Was hat mir geholfen?« – Wirkelemente im Therapieprozess aus Patienten-Sicht Ein Beitrag zur Psychotherapie-Prozessforschung. Existenzanalyse 36(1): 15–43.

Goldstein K (1934) Der Aufbau des Organismus. Einführung in die Biologie unter besonderer Berücksichtigung der Erfahrungen am kranken Menschen. Den Haag: Nijhoff.

Gottfried AE (1999) La dinámica espiritual en la Logoterapia de Viktor Frankl: entre el ser y el deber ser. Mendoza: Univ. Aconcagua, unveröff. Diplomarbeit.

Harbich A (2013) Existentielle Lebensqualität im Alter. Wien: Univ Wien, Psych Fak, unveröff. Diplomarbeit.

Haken H, Stadler M (1990) Synergetics of cognition. Berlin: Springer.

Hau S (2005) Empirische Forschung in der Psychoanalyse. Psychotherapeutenjournal 2: 123–127.

Hegel GWF (1988) Phänomenologie des Geistes. Hamburg: Meiner.

Henningsen, P, Rudolf, G (2000) Zur Bedeutung der Evidence-Based Medicine für die Psychotherapeutische Medizin. Psychotherapie, Psychosomatik, medizinische Psychologie 50(9/10): 366–375.

Heidegger M (1975) Die Grundprobleme der Phänomenologie. Gesamtausgabe Bd. 24. Frankfurt/M: Klostermann.

Heidegger M (1979) Sein und Zeit. Tübingen: Niemeyer.

Hermer M, Röhrle B (2008) Handbuch der therapeutischen Beziehung. Band 1. Allgemeiner Teil. Tübingen: dgvt Verlag.

Hofstätter PR (1957) Psychologie. Frankfurt a.M.: Fischer.

Holzhey-Kunz A (2006) Ludwig Binswanger: Psychiatry based on the foundation of philosophical anthropology. In: Wolpert E M, Maurer K, Rifai A H et al. (Hrsg.)

Images in Psychiatry: German Speaking Countries. Heidelberg: Universitätsverlag Winter. S. 271–288.
Holzhey-Kunz A (2019) Philosophy and Theory: Daseinsanalysis – An Ontological Approach to Psychic Suffering Based on the Philosophy of Martin Heidegger. In: van Deurzen E, Craig E, Längle A, Schneider K, Tantam D, du Plock S (Hrsg.) The Wiley World Handbook of Existential Therapy. Chichester, West Sussex: Wiley: S. 55–67.
Husserl E (1927/1968) Phenomenology. In: Biemel W (Hrsg.) Encyclopædia Britannicavol. 17, London 1929. Deutsche Originalmanuskripte in: Husserliana IX: Edmund Husserl – Gesammelte Werke. Phänomenologische Psychologie. Vorlesungen Sommersemester 1925.
Husserl E (1984) Logische Untersuchungen. Zweiter Band. Erster Teil, Husserliana XIX/1; Zweiter Teil, Husserliana XIX/2. Hrsg. von U Panzer. Den Haag: Martinus Nijhoff.
Husserl E (2013) Zur Phänomenologischen Reduktion: Texte aus dem Nachlass (1926–1935), hrsg. von Sebastian Luft. Dordrecht: Springer,
Hüther G (2004) Die Macht der inneren Bilder. Göttingen: Vandenhoeck & Ruprecht.
Hutterer R (1998) Das Paradigma der Humanistischen Psychologie. Entwicklung, Ideengeschichte und Produktivität. Wien: Springer.
Inaebit C (2000) Auswirkungen der Arbeitslosigkeit im mittleren Lebensalter auf das psychische Wohlbefinden. Bern: Univ. Bern, Psych Fak, unveröff. Diplomarbeit.
Jarosik H (2012) Kurzzeittherapie in der Suchtarbeit - eine Falldarstellung aus Stationärer Alkoholbehandlung. Existenzanalyse 29(1): 31–36.
Jaspers K (1971) Einführung in die Philosophie. München: Piper.
Jaspers K (1973) Allgemeine Psychopathologie, Berlin-Heidelberg-New York: Springer Verlag.
Jerard S (2011) Der Einfluss sportlicher Aktivität auf die Existentielle Lebensqualität. Wien: Univ Wien, Psych Fak, unveröff. Diplomarbeit.
Jöbstl B (2002) …Mein ganzes Leben war nur Leiden… Existenzanalytische Therapie einer Depression im Alter. Existenzanalyse 19(1): 21–27.
Jöbstl B (2005) Mein Leben besteht nur noch aus Angst - Fallschilderung zur Posttraumatischen Belastungsstörung. Existenzanalyse 22(2) 46–51.
Karaś A (2018) »Something empty has been filled« – Individual psychotherapy of a patient addicted to psychoactive substances, conducted in the prison and based on the Existential Analysis paradigm. In: Psychoterapia 1 (184): 51–63.
Kazdin AE (1999) The meanings and measurement of clinical significance. Journal of Consulting and Clinical Psychology 67: 332–339.
Kellerer G (2010) Das Glück mit der Existenzanalyse. Positive Psychologie – Resilienzforschung – Existenzanalyse – Synergien im therapeutischen Kontext. Lochau: Schloss Hofen, Zentrum für Wissenschaft und Weiterbildung, unveröff. Masterarbeit.

Kimura B (1982) The phenomenology of the between: on the problem of the basic disturbance in schizophrenia. In: de Koning et al. (Hrsg.) Phenomenology and Psychiatry. London: Academic Press. S. 173–185.

Kinnier RT, Metha AT, Keim JS, Okey JL, Alder-Tabia RL, Berry MA, Mulvenon SW (1994) Depression, meaninglessness, and substance abuse in »normal« and hospitalized adolescents. J Alcohol Drug Education 39(2): 101–111.

Kohler E (2012) Und das Heroin hüllte sie in einen Schutzmantel. Trauma und Sucht – eine Fallvignette. Existenzanalyse 29(1): 26–30.

Kolbe C (Hrsg.) (1994) Biographie. Verständnis und Methodik biographischer Arbeit in der Existenzanalyse. Wien: GLE.

Kolbe C (1994a) Sich selber auf die Spur kommen. Über Selbsterfahrung und Lebensgestaltung. In: Kolbe C. (Hrsg.) Biographie. Verständnis und Methodik biographischer Arbeit in der Existenzanalyse, Wien: GLE: 46–59.

Kolbe C (1994b) Stellungnahmen aufgrund biographischer Erfahrungen in ihrer Bedeutung für das aktuelle Handeln. In: Kolbe C (Hrsg.), Biographie. Verständnis und Methodik biographischer Arbeit in der Existenzanalyse, Wien: GLE: 34–46.

Kolbe C (2007) Was die Liebe so kompliziert macht, und wie sie trotzdem gelingen kann. Existenzanalyse 24(1): 4–11.

Kolbe C (2014a) Person und Struktur. Zeitschrift Existenzanalyse 31(2): 32–40.

Kolbe C (2019) Person – Ich – Selbst. Existenzanalyse 36(2): 4–11.

Konkolÿ Thege B (2006) Die Beziehung zwischen existenzieller Frustration und gesundheitsschädlichem Verhalten. Existenzanalyse 23(1): 68–72.

Kratochvil M (2011) Spiritualität jenseits institutionalisierter Frömmigkeit. Lochau: Schloss Hofen, Zentrum für Wissenschaft und Weiterbildung, unveröff. Masterarbeit.

Kretschmer W (2000) Individualpsychologie und Logotherapie. In: Längle A (Hrsg.) Praxis der Personalen Existenzanalyse. Wien: Facultas. S. 105–108.

Krivtsova SW (2012) Analyse des Phänomen des Verzeihens – Phänomenologischer Zugang zur Forschung des Erlebens: Einzelfalldarstellung und Methode der empirisch- phänomenologischen Forschung. Existenzanalyse 29(1): 94–102.

Kriz J (2006a) Self-Actualization. BoD.

Kriz J (2006b) Wie evident ist klinische Evidenz? In: Bührmann A et al. (Hrsg.) Gesellschaftstheorie und die Heterogenität empirischer Sozialforschung. Münster: WD-Verl.: S. 32–43.

Kriz J (2013) Warum die Psychomotorik sich mit Personzentrierter Systemtheorie beschäftigen sollte. In: Richter-Mackenstein J, Eckert AR (Hrsg.) Familie und Organisation in Psychomotorik und Motologie. Marburg: wvpm S. 13–54.

Kriz J (2014a) Grundkonzepte der Psychotherapie. Weinheim: Beltz.

Kriz J (2014b) Fragen der Diagnostik aus Sicht Humanistischer Psychotherapie. Gestalt-Zeitung 27: 13–17.

Kundi M, Endler H, Fischer C, Potuschak I, Vogel E, Wurst E (2001) Personale Faktoren des Berufserfolgs und der Berufszufriedenheit in Sozialberufen. Existenzanalyse 18(1): 24–30.

Kurz W (1991) Suche nach Sinn. Seelsorgerliche, logotherapeutische, pädagogische Perspektiven. Würzburg: Stephans-Buchhandlung.

Kwee J, Längle A (2019) Challenges and New Developments in Logotherapy and Existential Analysis. In: van Deurzen E, Craig E, Längle A, Schneider KJ, Tantam D, du Plock S (Hrsg.) The Wiley World Handbook of Existential Therapy. Chichester, West Sussex: Wiley. S. 381–396.

Kwee J, McBride H (2017) Intimate friendship: How do we get there? In: Beyer E, Nelson L (Hrsg.) Mutual by Design; A better model of Christian Marriage. Minneapolis: Christians for Biblical Equality Publishers. S. 17–42.

Laireiter AR, Schirl CF, Kimeswenger I, Längle A, Sauer J (2000) Zufriedenheit mit Existenzanalyse. Ergebnisse einer katamnestischen Feldstudie zur Patientenbeurteilung von existenzanalytisch-logotherapeutischer Psychotherapie. Existenzanalyse 17(3): 40–50.

Laireiter AR, Schaireiter MM, Schirl-Russegger C, Baumgartner I, Längle A, Sauer J (2013) Die Wirksamkeit von Existenzanalyse und Logotherapie. Retrospektive Beurteilungen. In: Existenzanalyse 30(1): 4–14.

Lambert MJ, Ogles BM (2004) The efficacy and effectiveness of psychotherapy. Bergin and Garfield's Handbook of Psychotherapy and Behavior Change. In: Lambert MJ (Hrsg.) Bergin and Garfield's Handbook of psychotherapy and behavior change. New York: Wiley. S. 139–193.

Längle A (1984) Das Seinserlebnis als Schlüssel zur Sinnerfahrung. In: Längle A (Hrsg.) Sinn-voll leben. Viktor E. Frankls Logotherapie – Seelenheilkunde auf neuen Wegen. Freiburg: Herder. S. 47–63.

Längle A (1987) Recenti sviluppi dei metodi logoterapeutici. In: Peresson L (Hrsg.) Lineamenti per una Classificazione delle psicoterapie . Padova: Edizioni CISSPAT. S. 111–118

Längle A (1988a) Zur methodischen Vorgangsweise in der Existenzanalyse und Logotherapie. In: Tagungsbericht 1+2, 4. Wien: GLE-Verlag: 14–16.

Längle A (1988b) Was ist EA und Logotherapie? In: Längle A (Hrsg.) Entscheidung zum Sein. München: Piper.

Längle A (1988c) Wende ins Existenzielle. Methode der Sinnerfassung. In: Längle A (Hrsg.) Entscheidung zum Sein. Viktor E. Frankls Logotherapie in der Praxis. München: Piper. S. 40–52.

Längle A (1989) Die Bedeutung der Persönlichkeit und der Selbsterfahrung des Psychotherapeuten für den Therapieverlauf - aus der Sicht der Existenzanalyse. In: Bulletin der GLE 6(1): 3–5.

Längle A (1991) Prof. Viktor E. Frankl legt seinen Ehrenvorsitz in der GLE zurück. In: Bulletin der GLE 8(2): 3–4.

Längle A (1992) Der Krankheitsbegriff in EA und Logotherapie. In: Pritz A, Petzold H (Hrsg.) Der Krankheitsbegriff in der modernen Psychotherapie. Paderborn: Junfermann. S. 355–370.

Längle A (1993a) (Hrsg.) Wertbegegnung. Phänomene und methodische Zugänge. Tagungsbericht der GLE 7, 1+2 (von 1989 u. 1990). Wien: GLE-Verlag.

Längle A (1993b) Personale Existenzanalyse. In: Längle A (Hrsg.) Wertbegegnung. Phänomene und methodische Zugänge. Wien: GLE-Verlag. S. 133–160.
Längle A (1994a) Die biographische Vorgangsweise in der Personalen Existenzanalyse. In: Kolbe C (Hrsg.) Biographie. Verständnis und Methodik biographischer Arbeit in der Existenzanalyse. Wien: GLE-Verlag. S. 9–33.
Längle A (1994b) Sinnvoll leben. St. Pölten: NP-Verlag.
Längle A (1994c) Personale Positionsfindung. Bulletin der GLE 11(3): 6–21.
Längle A (1996) Kritik, Bedeutung und Stellenwert der Selbsterfahrung in der Logotherapie und Existenzanalyse. In: Psychotherapieforum 4(4): 194–202.
Längle A (1997) Die Personale Positionsfindung (PP) in der Angsttherapie. In: Hofmann et al (Hrsg.) Klinische Psychotherapie. Wien: Springer: S. 284–297.
Längle A (1999a) Was bewegt den Menschen? Die existentielle Motivation der Person. Existenzanalyse 16(3): 18–29.
Längle A (1999b) Existenzanalyse – Die Zustimmung zum Leben finden. Fundamenta Psychiatrica 12: 139–146.
Längle A (1999c) Authentisch leben - Menschsein zwischen Sachzwängen und Selbstsein oder: Wie können wir trotzdem werden, wer wir sind? - Anregungen aus der Existenzanalyse. Existenzanalyse 16(1): 26–34.
Längle A (Hrsg.) (2000a) Praxis der Personalen Existenzanalyse. Wien: Facultas.
Längle A (2000b) Einstellung. In: Stumm G, Pritz A (Hrsg.) Wörterbuch der Psychotherapie. Wien: Springer: 152 f.
Längle A (2000c) Die Willensstärkungsmethode (WSM). Existenzanalyse 17(2): 4–16.
Längle A (2000d) Phänomenologische Dialogübung (»Sesselmethode«). Existenzanalyse 17(1): 21–30.
Längle A (2001a) Die Grundmotivationen menschlicher Existenz als Wirkstruktur existenzanalytischer Psychotherapie. In: Hofmann P, Lux M, Probst Ch, Steinbauer M, Zapotoczky HG, Zeiringer H (Hrsg.) Klinische Psychotherapie Update 2001. Linz: Univ.-Verlag Trauner. S. 59–70.
Längle A (2001b) Gespräch – Kunst oder Technik? Der Stellenwert von Methodik in Beratung und Therapie. Existenzanalyse 18(2/3): 7–18.
Längle A (2002a) Die Grundmotivationen menschlicher Existenz als Wirkstruktur existenzanalytischer Psychotherapie. Fundamenta Psychiatrica 16(1): 1–8.
Längle A (2002b) Die Persönlichkeitsstörungen des Selbst. Eine existenzanalytische Theorie der Persönlichkeitsstörungen der hysterischen Gruppe. In: Längle A (Hrsg.) Hysterie. Wien: Facultas. S. 127–156.
Längle A (2002c) Das Selbst als Prädilektionsstelle von Dissoziation und Spaltung. In: Längle A (Hrsg.) Hysterie. Wien: Facultas: S. 157–176.
Längle A (2003a) Emotion und Existenz. In: Längle A. (Hrsg.) Emotion und Existenz., Wien: WUV-Facultas: S. 27–42.
Längle A (2003b) Psychodynamik – die schützende Kraft der Seele. Verständnis und Therapie aus existenzanalytischer Sicht. In: Längle A. (Hrsg.) Emotion und Existenz. Wien: WUV-Facultas. S. 111–134.

Längle A (2003c) Im Bann der Angst. Das versteckte Wirkprinzip der Paradoxen Intention von V. Frankl. In: Existenzanalyse 20(2): 4–11.
Längle A (2005a) Handhabung und Verwendung der Diagnostik aus Sicht der Existenzanalyse. In: Bartuska H, Buchsbaumer M, Mehta, G, Pawlowsky G, Wiesnagrotzky S (Hrsg.) Psychotherapeutische Diagnostik. Leitlinien für den neuen Standard. Wien: Springer. S. 85–92.
Längle A (2005b) Das Sinnkonzept V. Frankls – ein Beitrag für die gesamte Psychotherapie. In: Petzold H G, Orth I (Hrsg.) Sinn, Sinnerfahrung, Lebenssinn in Psychologie und Psychotherapie. Bd. II. Bielefeld/Locarno: Aisthesis. S. 403–460
Längle A (2006) Hysterie – Psychopathologie, Psychopathogenese und Dynamik. Versuch zur Rehabilitation des Konzeptes auf der Grundlage psychodynamischer und existenzieller Dynamik. Psychodynamische Psychotherapie. Forum der tiefenpsychologisch fundierten Psychotherapie 5(4): 187–203.
Längle A (2007) Das Bewegende spüren. Phänomenologie in der (existenzanalytischen) Praxis. Existenzanalyse 24(2): 17–29.
Längle A (2009) Das eingefleischte Selbst. Existenz und Psychosomatik. Existenzanalyse 26(2): 13–34.
Längle A (2011) Angst als Symptom einer inneren Entfremdung. Selbstfindung anhand der Personalen Positionsfindung (PP). Existenzanalyse 28(1): 33–36.
Längle A (2012) Vom gelassenen Wollen zum erzwungenen Lassen. Zur Praxis der realen Freiheit. Existenzanalyse 29(2): 15–30.
Längle A (2013a) Viktor Frankl – eine Begegnung. Wien: Facultas, wuv.
Längle A (2013b) Lehrbuch zur Existenzanalyse – Grundlagen. Wien: Facultas. wuv.
Längle A (2014) From Viktor Frankl's Logotherapy to Existential Analytical psychotherapy. In: European Psychotherapy 12: 67–83.
Längle A (2015) The Power of Logotherapy and the Need to Develop Existential Analytical Psychotherapy. In: Intern J Psychoth 19(1): 73–80.
Längle A (2016) Existenzanalyse. Existentielle Zugänge der Psychotherapie. Wien: Facultas.
Längle A (2019a) Heilung als Versöhnung mit dem Sein – Über die Anbindung des Menschen an den Ursprung. Existenzanalyse 36(1): 63–74.
Längle A (2019b) Die Psyche macht's (un)möglich. Weisheit und Eigenmächtigkeit der Lebenskraft. Existenzanalyse 36(2): 26–40.
Längle A (2021) Existenzanalyse. In: Höfner C (Hrsg.) Psychotherapeutische Diagnostik. Wien: Springer (in Vorbereitung).
Längle A, Eckhardt P (2001) Skalen zur Erfassung von existentieller Motivation, Selbstwert und Sinnerleben. Existenzanalyse 18(1): 35–39.
Längle A, Görtz A, Probst C, Probst M, Lopatka C, Kubin M, Steinert K (2005) Wie wirksam ist existenzanalytische Psychotherapie: ein Projektbericht zur Existenzanalyse. Psychotherapie Forum 13(2): 54–60.

Längle A, Görtz A, Rauch J, Jarosik H, Haller R (2000a) Effektivitätsstudie zur Existenzanalyse. Explorativer Vergleich mit anderen Psychotherapiemethoden im stationären Setting. Existenzanalyse 17(3): 17–29.

Längle A, Görtz A, Rauch J, Jarosik H, Haller R (2014) Wirksamkeit existenzanalytischer Psychotherapie bei SuchtpatientInnen im stationären Setting. Eine explorative prä-post Studie. In: Psychologische Medizin 25, 2: 13–19.

Längle A, Klaassen D (2019) Phenomenology and Depth in Existential Psychotherapy. In: J Humanistic Psychology: 1–12.

Längle A, Orgler C, Kundi M (2000b) Die Existenz-Skala ESK. Göttingen: Hogrefe-Beltz.

Längle A, Osin E, Längle AS (2021) Test of Existential Motivations – Revised (TEM-R). Existenzanalyse 37(2) (in Vorbereitung).

Längle A, Rühl K (Hrsg.) (2013) Ich kann nicht …: Behinderung als menschliches Phänomen. Wien: Facultas.

Längle S (2001) Die Methodenstruktur der Logotherapie und Existenzanalyse. Existenzanalyse 18(2/3): 19–30.

Längle S (2015) Methode zur Praxis Hermeneutisch-Phänomenologischer Forschung. Existenzanalyse 32(2): 64–70.

Längle S, Görtz A, Krempl C, Steinert K (2006) Was wäre ein gutes Leben? Erste Ergebnisse einer Befragung von Inhaftierten. Existenzanalyse 23(2): 64–68.

Längle S, Görtz A (2015) Lebensqualität vor und nach stationärer Suchttherapie. Quantitative und qualitative Forschungsergebnisse im Vergleich. Existenzanalyse 32(2): 51–63.

Längle S, Häfele-Hausmann S (2016) Übungen zur Phänomenologischen Forschungsmethode. Existenzanalyse 33(2): 65–74.

Längle S, Steinert K (2004) Der Weg zur inneren Bewegung. Eine existenzanalytische Fallbesprechung zur Depression. Existenzanalyse 21(2): 82–86.

Launeau M, Klaassen D, Kwee J (2018) Finding meaning in the aftermath of family bereavement: An existential analytic approach. In: Armstrong LL (Hrsg.) Existential elements of the Family. Walpole: Peeters: S. 331–354.

Launeau M, Klaassen D, Muir BA (2019) Logotherapy and Existential Analysis Therapy Illustration. Personal Existential Analysis in Clinical Practice. In: van Deurzen E, Craig E, Längle A, Schneider KJ, Tantam D, du Plock S (Hrsg.) The Wiley World Handbook of Existential Therapy. Chichester, West Sussex: Wiley: S. 356–368.

Lazarus RS, Folkman S (1984) Stress, Appraisal, and Coping. New York: Springer.

Lleras F (2000) Phänomenologische Haltung. In: Stumm G, Pritz A (Hrsg.) Wörterbuch der Psychotherapie. Wien: Springer: S. 513 f.

Löffler-Stastka H, Datz F (2016) State of the Art Praxisorientierte Psychotherapieforschung. Psychotherapieforum 12.

Loktionova AV (2014) Verweigerungsreaktion und Hospitalismus bei einem einjährigen Kind im phänomenologischen und existentiellen Verständnis. Existenzanalyse 31(2): 113 –119.

Lukas E (1980) Auch dein Leben hat Sinn. Logotherapeutische Wege zur Gesundung. Freiburg/Bern: Herder

Lukas E (1986) Logo-Test. Test zur Messung von »innerer Sinnerfüllung« und »existentieller Frustration«. Wien: Deuticke.

Lukas E (1981) Der Widerstand aus Sicht der Logotherapie. In: Petzold H (Hrsg.) Widerstand. Ein strittiges Konzept in der Psychotherapie. Paderborn: Junfermann: 191–207.

Lukas E (2004) Sehnsucht nach Sinn. Logotherapeutische Antworten auf existentielle Fragen. München: Profil.

Lukas E (2014) Lehrbuch der Logotherapie. Menschenbild und Methoden. München: Profil.

Luss K (1996) Die existentielle Rekonstruktion der Person nach einer reaktiven Depression. Existenzanalyse 26(2): 30–33.

Luss K, Freitag P, Längle A, Tutsch L, Längle S, Görtz A (1999) Diagnostik in Existenzanalyse und Logotherapie. In: Existenzanalyse 16(2): 4–9.

May R (1969) Existential Psychology. New York: Random House.

Mayerweg M (2003) Die Grundbedingungen erfüllter Existenz aus der Sicht der Existenzanalyse und ihr Zusammenhang mit der subjektiv erlebten Lebensqualität. Wien: Univ. Wien, Psych. Fak., unveröff. Dissertation.

Merleau-Ponty M (1966) Phänomenologie der Wahrnehmung. Berlin: de Gruyter.

Möstl R (2010) Phänomenologische Einzelfallstudie bei einem Suchtpatienten. Erprobung einer neuen Forschungsmethode. Lochau: Schloss Hofen, Zentrum für Wissenschaft und Weiterbildung, unveröff. Masterarbeit.

Mullan B (2004) Gespräche mit Franz B. Bericht über meine Arbeit mit einem hörgeschädigten Mann. Existenzanalyse 21(1): 56–60.

Nietzsche F (1889) Götzen-Dämmerung – oder wie man mit dem Hammer philosophirt. - Sprüche und Pfeile.

Norcross, JC, Wampold, BE (2010) What works for whom: Tailoring psychotherapy to the person. Journal of Clinical Psychology 67(2): 127–132.

Orgler C (1990) Die existenzanalytische Anthropologie als ätiologischer Erklärungsbeitrag für psychopathologische Prozesse. Die Existenz-Skala. Eine Validierungsstudie im Gesundheitsbereich. Wien: Univ. Wien, Psych. Fak., unveröff. Dissertation.

Parfy E, Schuch B, Lenz G (2003) Verhaltenstherapie. Moderne Ansätze für Theorie und Praxis. Wien: Facultas UTB.

Payer K (2006) Sein und Zeit. Zum Seyn als Ereignis: Der Unterschied zwischen Mensch und Tier. (http://seinundzeit.at/existenz2.html, Zugriff am 31.12.2020).

Persons JB, Silberschatz G (1998) Are results of randomized controlled clinical trials useful to psychotherapists? In: Journal of Clinical and Consulting Psychology, 66 (1): 126–135.

Pfeifer W et al. (1993) Etymologisches Wörterbuch des Deutschen, digitalisierte und von Wolfgang Pfeifer überarbeitete Version im Digitalen Wörterbuch der

deutschen Sprache, (https://www.dwds.de/wb/wb-etymwb, Zugriff am 08.02. 2019).
Prandl S (2004) Einfluss der Partnerbeziehung während der Schwangerschaft auf Selbstwert und Lebensqualität. Zusammenfassung der Diplomarbeit. Existenzanalyse 21(1): 66–69.
Pointner S (2016) Adam wo bist Du? Eva was tust Du? Befreiung aus Isolation und Abhängigkeit in Paarbeziehungen. Wien: Orac.
Probst C (2002a) Existenzanalytische Therapie bei einem Patienten mit schizoider Persönlichkeitsstörung. Existenzanalyse 19(1): 28–31.
Probst C (2002b) Therapie eines Patienten mit Borderline-Persönlichkeitsstörung. Existenzanalyse 19(1): 32–34.
Probst C (2003) Wider die Trotzmacht des Geistes. Mut und Demut in personalexistentieller Angstbehandlung. Existenzanalyse 20(2): 42–47.
Rattner J (1991) Pioniere der Tiefenpsychologie. VE Frankl. Wien: Europa Verlag. S. 726–747.
Regazzo LD, Längle A, Regazzo G (2008) Efficacia della Psicoterapia Analitico Esistenziale: Esperimento, Studi e Ricerche. Padua: Cleup. Deutsch: Wirksamkeit der existenzanalytischen Psychotherapie. Experimentelle Grundlagen. Studien und Forschungsarbeiten. Padua: Cleup.
Revenstorf D (2003) Psychotherapeutische Verfahren III. Humanistische Therapien. Band 3. Stuttgart: Kohlhammer Verlag.
Rogers CR (1957) The necessary and sufficient conditions of therapeutic personality change. Journal of Consulting Psychology. 21 (2): 95–103.
Rogers CR (1981) Der neue Mensch. Stuttgart: Klett-Cotta.
Rogers CR, Dymond RF (Hrsg.) (1954) Psychotherapy and Personality Change. Chicago: Chicago University Press.
Rosenberg D, Green R (1998) Meaning and Mental health. A review of the PIL: validity, reliability and predictive value. J Psychometric Research 22(1).
Rudolf G (2006) Strukturbezogene Psychotherapie. Leitfaden zur psychodynamischen Therapie struktureller Störungen. Stuttgart: Schattauer.
Sagerschnig S, Strizek J (2018) Ausbildungsstatistik 2017: Psychotherapie, Klinische Psychologie, Gesundheitspsychologie. Ergebnisbericht. Wien: Gesundheit Österreich.
Sartre J-P (1946) L´être et le néant. Essai d´ontologie phénoménologique. Paris: Gallimard; dt: (1993) Das Sein und das Nichts. Hamburg: Rowohlt.
Scheler M (1957) Ordo amoris. In: Schriften aus dem Nachlaß, Bd. I: Zur Ethik und Erkenntnistheorie. Bern: Francke, 2. erw. Aufl.
Scheler M (1980) Der Formalismus in der Ethik und die materiale Wertethik. Bern: Francke.
Scheyer D (2011) Verbesserung selbst bei Therapieabbruch. Wien: Univ Wien, Psych Fak, unveröff. Diplomarbeit..
Scheyer D (2012) Zeit für einen Wandel. Grundlegende Gedanken zur Psychotherapieforschung. Existenzanalyse 29(1): 4–8.

Schirl CE, Kimeswenger IP (1999) Klientenzufriedenheit in Existenzanalyse und Logotherapie. Eine katamnestische Feldstudie. Salzburg: Univ Salzburg, Psych Fak, unveröff. Diplomarbeit.

Schmid P (1996) Therapie mit einer chronisch schizophrenen Frau im ambulanten Bereich. Existenzanalyse 13(3): 28–30.

Schneider K (2009) Awakening to Awe: Personal Stories of Profound Transformation. Lanham: Jason Aronson.

Schneider K (2015) Existential-Integrative Psychotherapy: Guideposts to the Core of Practice. New York: Routledge.

Schneider K, Krug O (2012) Humanistisch-Existentielle Therapie (Wege der Psychotherapie). München: Ernst Reinhardt Verlag.

Schumacher J, Klaiberg A, Brähler E (2003) Diagnostik von Lebensqualität und Wohlbefinden – Eine Einführung. In: Schumacher J, Klaiberg A, Brähler E (Hrsg.) Diagnostische Verfahren zu Lebensqualität und Wohlbefinden. Göttingen: Hogrefe.

Skvortsova NS, Shoumskiy VB (2014) Existential-Phenomenological analysis of dependence in close interpersonal relationships. Existenzanalyse 30(1): 4–13.

Soucek W (1948) Die Existenzanalyse Frankls, die dritte Richtung der Wiener Psychotherapeutischen Schule. Deutsche Medizinische Wochenschrift 73: 594–595.

Spinelli E (2005) The interpreted World: An Introduction to Phenomenological Psychology. London: Sage.

Steering Committee (2002) Empirically supported therapy relationships conclusions and recommendations of the Division 29 task foce. In: Norcross JC (Hrsg.) Psychotherapy relationships that work: therapist contributions and responsiveness to patients. Oxford: Univ Press. S. 441–443.

Steinert K (1997) Der Einfluß der inneren Sinnerfüllung auf die Unfallbewältigung. Wien: Univ. Wien, Psych. Fak., unveröff. Diplomarbeit.

Steinert K (2007) Wie die Offenheit der Therapeutin Beziehung ermöglicht. Voraussetzungen einer phänomenologischen Haltung. Existenzanalyse 24(2): 62–64.

Steinert K (2016) (Wie) sprichst Du mit dir? Anleitung zum inneren Dialog In: Längle S, Gawel B (Hrsg.) Themen der Existenz – Existenz in Themen. Ein Lesebuch zur Existenzanalyse.Wien: facultas: 57–63.

Stumm G (2000) Die personale Existenzanalyse aus der Sicht des personzentrierten Ansatzes nach C. Rogers. In: Längle A (Hrsg.) Praxis der Personalen Existenzanalyse. Wien: Facultas: 85–98.

Stumm G (Hrsg.) (2011) Psychotherapie. Schulen und Methoden. Eine Orientierungshilfe für Theorie und Praxis. Wien: Falter.

Swoboda H, Längle A, Tutsch L (2004) Existenzielle Themen psychiatrisch Kranker – eine Untersuchung aus existenzanalytischer Perspektive. Psychologische Medizin. Österr. Fachzeitschrift für Medizinische Psychologie, Psychosomatik und Psychotherapie 15(4): 15–22.

Tschukke V (2005) Die Psychotherapie in Zeiten evidenzbasierter Medizin. Fehlentwicklungen und Korrekturvorschläge. Psychotherapeutenjournal 2: 106–115.
Tutsch L (2001) Existenzanalytische Teamsupervision. Ein Konzept. Existenzanalyse 19(2+3): 41–44.
Tutsch L (2007) Verliebtsein und Begehren im therapeutischen Setting. Existenzanalyse 24(1): 23–27.
Tutsch L (2011) Stürmisch mit sonnigen Abschnitten. Diagnostik und Methoden in der Therapie einer Patientin mit schwerer Traumafolgestörung. Existenzanalyse 28(1): 18-27.
Tutsch L, Luss K (2000) Anleitung für die biographische Arbeit in der Existenzanalyse: Biographische Existenzanalyse – BEA. Existenzanalyse 17(1): 31–35.
Tutsch L, Drexler H et al. (2000) Ist Sinn noch aktuell? Teil I. Existenzanalyse 17(3): 4–16 + Teil II in: (2001) Existenzanalyse 18(1): 4–14.
Vetter H (1989) Die phänomenologische Haltung. In: Selbstbild und Weltsicht, Tagungsbericht der GLE 1989, Jahrgang 4, 1. Wien: GLE: 14–22.
Vetter H (2007) Was ist Phänomenologie? Existenzanalyse 24(2): 4–10.
Vos J, Craig M, Cooper M (2015) Existential Therapies: A Meta-Analysis of Their Effects on Psychological Outcomes. Journal of Consulting and Clinical Psychology 83(1): 115–128.
Vos J (2016) Working with meaning in life in mental health care: A systematic literature review of the practices and effectiveness of meaning-centered therapies. In: Russo-Netzer P, Schulenberg SE, Batthyány A (Hrsg.) To thrive, to cope, to understand – Meaning in positive and existential psychotherapy. Switzerland: Springer International Publishing: 59–88.
Waldenfels B (2000) Das leibliche Selbst. Vorlesungen zur Phänomenologie des Leibes. Frankfurt/M: Suhrkamp.
Wampold BE, Bathi KS (2004) Attending to the omissions: A historical examination of evidence-based practice movements. Professional Psychology: Research and Practice 35(6): 563–570.
Wittgenstein L (2003) Tractatus logico-philosophicus, Logisch-philosophische Abhandlung. Frankfurt am Main: Suhrkamp.
Yalom ID (2010) Existentielle Psychotherapie. Gevelsberg: EHP.
Ziering U (2012) Existenzielle Motivation in der der Musiktherapie. Eine empirische Studie zum subjektiven Erleben von Rhythmus und Klang in strukturierten Musikimprovisationen. Lochau: Schloss Hofen, Zentrum für Wissenschaft und Weiterbildung, unveröff. Masterarbeit.
Zurhorst G. (2003) Eminenz-basierte, Evidenz-basierte oder Ökologisch-basierte Psychotherapie? Psychotherapeutenjournal 2(2): 97–104.

Sachwortregister

A

Affekte 29, 56, 74, 85, 126, 133
Angst 52, 54, 131
Anthropologie 13–15, 22, 24, 30
Authentizität 31, 35, 58

B

Basistheorem
– dialogisches 23, 29
– existenzanalytisches 40
Beziehung 20, 26, 38, 40
– therapeutische 57, 146, 158
Bezogensein 38–39, 41
Borderline 58, 143
Buber, Martin 27–28, 31

C

Coping-Reaktionen 72, 110, 117, 119, 134

D

Depression 56, 62, 131, 143
Dereflexion 53, 129
Diagnostik 75, 79
Dialog 20–21, 23, 32, 34, 36, 38, 74, 79, 98
Dimensionen der Existenz 30, 43, 51, 153

E

Emotion 19, 21, 56, 138, 154
Epoché 21, 94, 100
Existentielle Situation 38, 74, 82
Existentielle Wende 18, 60, 122, 134, 138
Existentielles Vakuum 18, 120, 144
Existenz 18, 20, 27–28, 159
Existenzanalyse 17, 19, 28

F

Fallbeispiel 53, 56, 59, 61, 74, 97, 108, 122–123, 127, 132
Frankl, Viktor 11, 14, 17–18, 21, 61, 69–70, 120, 122, 124–125, 129, 144, 164, 170, 172
Freiheit 17, 20, 22, 28, 33, 61, 96, 105, 120

G

Geistige Dimension 12–13, 15, 17, 29, 145
Generatives Feld 148
Grundmotivationen 19, 44, 46, 62, 81, 111, 133, 151
– erste 46, 49, 146
– zweite 46, 55, 138, 147
– dritte 47, 57, 138, 147
– vierte 47, 60, 148

193

H

Halt 51, 54, 146
Heidegger, Martin 20, 27, 91–92, 94, 102
Hingabe 45, 60
Husserl, Edmund 27, 91–92
Hysterie 58, 134, 137, 143

I

Ich-Strukturen 38, 71, 83–84, 86
Intentionalität 20, 42

J

Jaspers, Karl 27, 87, 92

K

Kierkegaard, Sören 27

L

Logotherapie 11, 13, 15–16, 18–19, 144, 150

M

Methoden 96, 121, 143, 162
Motivation 17, 19, 44

N

Narzissmus 58, 143

O

Offenheit 31, 34, 36–37, 60, 95, 99, 147

P

Person 17, 20, 24, 28–29, 31–32, 58, 120, 154
Personale Existenzanalyse (PEA) 66, 79, 105, 133, 152, 154
Personale Situation 37, 74
Phänomenologie 19–20, 36, 60, 76, 89, 130, 157, 161, 163
Prozessmodell 36, 66, 68, 105
Psyche 17, 24, 31, 33, 41, 117–118
Psychodynamik 23, 72, 85
Psychologismus 12–13
Psychopathologie 32, 80, 116, 119

R

Reduktionismus 12, 14–15, 22

S

Scheler, Max 12, 15, 27, 92
Seinsgrund 46, 49
Selbst-Annahme 29, 69, 74, 110
Selbst-Distanzierung 17, 29, 68, 74, 80, 101
Selbst-Transzendenz 17, 70, 110, 129, 144
Sinn 11, 13, 16, 18–19, 60, 130, 143, 157
Stellungnahme 35, 68, 70, 107, 138
Strukturmodell 48–49, 62, 111

T

Trauer 54, 57, 139
Triebe 15, 17, 29, 51
Trotzmacht des Geistes 35, 69

V

Verantwortung 17–18, 28, 58

Verstehen   68, 90

W

Welt   23, 25, 28, 32, 36, 42, 51, 154
– innere   36
Werte   17, 56, 73, 90
– -kategorien   61
Wille   23, 62, 131, 139, 148

Wille zum Sinn   16–17
Wirklichkeit   41, 128, 149
– doppelte   41

Z

Zustimmung   20, 44, 46, 56, 73, 135